南開大學

金融学本科教材系列

Excel与金融工程学

周爱民 张晓斌 编著

厦门大学出版社
XIAMEN UNIVERSITY PRESS
国家一级出版社
全国百佳图书出版单位

前言

本书是与南开大学金融学系本科生与硕士生课程“金融工程学”配套的实验教材，也是我们南开金融十几本实验课程教材体系中的一本。

作为金融工程专业的主干核心课程，“金融工程学”里面有许多可以帮助学生通过实际动手计算来加深其对理论了解的环节，这些环节作为实验单元后来就慢慢形成了金融工程学专业的一门专门实验课程——实验金融学。随着“实验金融学”这一实验课的开设，越来越多的金融实验被发掘出来，慢慢地形成了实验单元超出了课时设置的情况。于是，我们在简化“金融工程学”课堂讲授的基础上，将一些实验环节转移到“金融工程学”课程中来。这些实验单元与“金融工程学”的内容都是密切相关的，涉及权证定价、远期与期货定价、互换定价、期权定价、抵押贷款定价、ARM 定价等内容。虽然我们还有一门名为“金融衍生产品定价”实验课程，但在此课程中学生们接触到的更多是金融衍生产品的定价。

本书虽然是本科生的实验教材，但也可供研究生教学使用，同时我们相信它也是一些在金融机构任职的在职人员的参考书。微软的 Excel 功能很强大，并不亚于一些昂贵的高级软件，特别是它所见即所得的友好界面是其他大多数高级软件所不具备的。在嵌入了公式的模板中我们可以反复改变参数进行模拟结果的比较，使得每一个环节都能够得到最大限度的实验。这也是这次我们专门只讲 Excel 金融实验，而没有涉及更多软件语言的原因。

本书的另外一位编者是内蒙古科技大学的张晓斌老师，是曾经的南开硕士。参编者包括我的博士生周霞（她为本书贡献了重要的两章内容，3 万字以上），还包括南开金融学系以及南开金融发展研究院的硕士生朱鸽、孙洋洋、袁艳彩、林森、吴明辉、林永钦、鲁登荣、刘晓晴、张珂、刘立达十位同学。

我们希望读者不会花费很多的时间就能了解书中所释放出来的信息，并能举一反三更加熟练地使用 Excel。当然，本书的错误在所难免，还请方家指教。

执笔：周爱民

2010 年春于南开园

目录

前言

第一章

Excel 基础

第一节 Excel 的函数与公式

在由美国微软公司提供的 Microsoft Office 办公软件中，Excel 是人们经常用来制作电子表格和图形的。而且与其他软件所作的电子表格和图形相比，Excel 所能提供的电子表格和图形无疑都是最棒的。但人们往往忽略了 Excel 强大的计算功能，以及所见即所得的数据库结构。事实上，作为一款实用型办公软件，Excel 的计算功能、画图功能、数据库功能、电子表格功能都很优良。它不仅自带有大量的内部函数，可以很方便地进行许多的运算，而且还有内部嵌入的 Visual Basic 工具，可以将一些重复性的计算过程做成运算模块，作为内部函数的补充。Excel 简单易学，功能强大，作为本科生阶段比较适宜掌握的办公软件，一旦熟练掌握，必将一生受益。

Excel 的公式包括四项可能的内容：函数、引用、运算符和常量。

一、函数

函数是指在 Excel 内部预先给出定义的一些公式，使用一些称为参数的特定数值来按特定的顺序或结构执行计算任务。

(一)函数的结构

是以等号“＝”开始的，后面紧跟函数名称和左括号，然后以逗号分隔输入参数，最后是右括号。

（二）函数名称

Excel 中包括 330 个自定义的函数，分为 11 大类（见表 1.1.1）。如果要查看可用函数的列表，可单击一个单元格并按 Shift＋F3。

（三）函数参数

是指数字、文本、逻辑值（TRUE or FALSE）、数组、错误值（＃N/A）或单元格引用这 6 类。指定的参数都必须为有效参数值，也可以是常量、公式或其他函数。

（四）参数工具提示

在键入 Excel 的自定义函数时，会出现一个带有语法和参数的工具提示。例如，当在任意一个单元格内键入“＝sum(”时，工具提示就会出现：“sum(number1,[number2],…)”。

（五）输入公式

当创建含有函数的公式时，“插入函数”的对话框有助于输入工作表函数，它不仅显示可插入函数的名称、参数、功能，还会显示函数参数的说明、函数的当前结果和整个公式的当前结果。

（六）嵌套函数

有时候可能需要将一个函数作为另一个函数的参数使用。例如：当我们在一个单元格里输入：“＝if(average(c1:c10)＞4,1,0)”时，就相当于在该单元格里定义了这样的一个变量 X：当变量 C 前 10 个数值的平均数大于 4 时，该变量 X 取值 1，否则它就取值 0。当嵌套函数作为参数使用时，它返回的数值类型必须与参数使用的数值类型相同，否则，Microsoft Excel 将显示“＃VALUE!”即错误值。Excel 允许公式中最多可包含七级的嵌套函数。

有许多 Excel 函数通过对一组或多组数据进行运算，最后才能得出一组运算结果。这类函数实际上是数组公式，必须按数组的方式输入，即：先选中整个数组所在区域，然后在输入公式后按 Shift＋Ctrl＋Enter 才能使输入的公式进行有效的计算。

表 1.1.1 函数的分类

函数类型	函数简称
数学函数	ABS、ACOS、ACOSH、ASIN、ASINH、ATAN、ATAN2、ATANH、CEILING、COMBIN、COS、COSH、COUNTIF、DEGREES、EVEN、EXP、FACT、FACTDOUBLE、FLOOR、GCD、INT、LCM、LN、LOG、LOG10、MDETERM、MINVERSE、MMULT、MOD、MROUND、MULTINOMIAL、ODD、PI、POWER、PRODUCT、QUOTIENT、RADIANS、RAND、RANDBETWEEN、ROMAN、ROUND、ROUNDDOWN、ROUNDUP、SERIESSUM、SIGN、SIN、SINH、SQRT、SQRTPI、SUBTOTAL、SUM、SUMIF、SUMPRODUCT、SUMSQ、SUMX2MY2、SUMXMY2、TAN、TANH、TRUNC 共 59 种。
统计函数	AVEDEV、AVERAGE、AVERAGEA、BETADIST、BETAINV、BINOMDIST、CHIDIST、CHIINV、CHITEST、CONFIDENCE、CORREL、COUNT、COUNTA、COVAR、CRITBINOM、DEVSQ、EXPONDIST、FDIST、FINV、FISHER、FISHERINV、FORECAST、FREQUENCY、FTEST、GAMAINV、GAMMALN、GEOMEAN、GROEWTH、HARMEAN、HYPGEOMDIST、INTERCEPT、KURT、LARGE、LINEST、LOGEST、LOGINV、LOGNORMDIST、MAX、MAXA、MEDIAN、MIN、MINA、MODE、NEGBINOMDIST、NORMDIST、NORMINV、NORMSDIST、NORMSINV、PEARSON、PERCENTILE、PERCENTRANK、PERMUT、POISSON、PROB、QUARTILE、RANK、RSQ、SKEW、SLOPE、SMALL、STANDARDIZE、STDEV、STDEVA、STDEVP、STDEVPA、STEYX、TDIST、TINV、TREND、TRIMMEAN、TTEST、VAR、VARA、VARP、VARPA、WEIBULL、ZTEST 共 77 种。
工程函数	BESSELI、BESSELJ、BESSELK、BESSELY、BIN2DEC、BIN2HEX、BIN2OCT、COMPLEX、CONVERT、DEC2BIN、DEC2HEX、DEC2OCT、DELTA、ERF、ERFC、GESTEP、HEX2BIN、HEX2DEC、HEX2OCT、IMABS、IMAGINARY、IMARGUMENT、IMCONJUGATE、IMCOS、IMDIV、IMEXP、IMLN、IMLOG10、IMLOG2、IMPOWER、IMPRODUCT、IMREAL、IMSIN、IMSQRT、IMSUB、IMSUM、OCT2BIN、OCT2DEC、OCT2HEX 共 39 种。
财务函数	ACCRINT、ACCRINTM、AMORDEGRC、AMORLINC、COUPDAYBS、COUPDAYS、COUPDAYSNC、COUPNCD、COUPNUM、COUPPCD、CUMIPMT、CUMPRINC、DB、DDB、DISC、DOLLARDE、DOLLARFR、DURATION、EFFECT、FV、FVSCHEDULE、INTRATE、IPMT、IRR、ISPMT、MDURATION、MIRR、NOMINAL、NPER、NPV、ODDFPRICE、ODDFYIELD、ODDLPRICE、ODDLYIELD、PMT、PPMT、PRICE、PRICEDISC、PRICEMAT、PV、RATE、RECEIVED、SLN、SYD、TBILLEQ、TBILLPRICE、TBILLYIELD、VDB、XIRR、XNPV、YIELD、YIELDDISC、YIELDMAT 共 53 种。

续表

函数类型	函数简称
逻辑函数	AND、FALSE、IF、NOT、OR、TRUE 共计 6 种。
文本数据函数	ASC、BAHTTEXT、CHAR、CLEAN、CODE、CONCATENATE、RMB、EXACT、FIND、FIXED、JIS、LEFT、LEN、LOWER、MID、PHONETIC、PROPER、REPLACE、REPT、RIGHT、SEARCH、SUBSTITUTE、T、TEXT、TRIM、UPPER、VALUE 共 27 种。
日期时间函数	DATE、DATEVALUE、DAY、DAYS360、EDATE、EOMONTH、HOUR、MINUTE、MONTH、NETWORKDAYS、NOW、SECOND、TIME、TIMEVALUE、TODAY、WEEKDAY、WEEKNUM、WORKDAY、YEAR、YEARFRAC 共 20 种。
数据库函数	DAVERAGE、DCOUNT、DCOUNTA、DGET、DMAX、DMIN、DPRODUCT、DSTDEV、DSTDEVP、DSUM、DVAR、DVARP、GETPIVOTDATA 共 13 种。
信息函数	CELL、ERROR. TYPE、INFO、ISBLANK、ISERR、ISERROR、ISEVEN、ISLOGICAL、ISNA、ISNONTEXT、ISNUMBER、ISODD、ISREF、ISTEXT、N、NA、TYPE 共 17 种。
查找引用函数	ADDRESS、AREAS、CHOOSE、COLUMN、COLUMNS、HLOOKUP、HYPERLINK、INDEX、INDIRECT、LOOKUP、MATCH、OFFSET、ROW、ROWS、RTD、TRANSPOSE、VLOOKUP 共 17 种。
外部函数	CALL、EUROCONVERT、GETPIVOTDATA、REGISTER. ID、SQL. REQUEST 共 5 种。

二、引用

用于指明公式中所使用的数据位于工作表上哪一个具体单元格或单元格区域，通过引用可在公式中使用工作表不同区域的数据，或在多个公式中使用相同区域的数据，还可使用同一个工作簿中不同工作表上的单元格和其他工作簿中的数据（即链接），见表 1.1.2。

（一）引用的类型

1. A1 引用

此为 Excel 的默认引用，可引用从 A 到 IV 共 256 列的字母标识列和从 1 到 65536 的数字标识行。这些字母和数字分别被称为行号和列标，对任意一个单元格的引用都是通过列标和行号来指定的。例如，A3 引用的是列 A 和行 3 交叉处的单元格。

A1 相对引用是一种相对引用方式，是基于包含公式和单元格引用的单元格的相对位置。如果公式所在单元格的位置改变,其引用也会随之改变。如果多行或多列地复制公式,引用也会自动调整。在默认情况下,新公式使用相对引用。例如,如果在单元格 B2 中键入"＝A1",然后按 Ctrl＋Shift＋Enter,那么在 B2 位置会出现 A1 的数值;如果将 B2 位置的这一引用复制到单元格 B3 的话,B3 会自动出现 A2 位置的数值。

2. 绝对引用

在引用的行列号前如果使用"＄",则为绝对引用,绝对引用不会因为公式的复制而改变引用的单元格或单元格区域。例如＄A＄1 总是指 A 列第 1 行的单元格,即使公式所在单元格的位置改变,绝对引用也会保持不变;多行或多列地复制公式,绝对引用也不会调整。

表 1.1.2　具体的引用标识

标识	义　　释
A2	A 列和第 2 行交叉处的单元格(点)
A2:A20	在 A 列第 2 行到第 20 行之间的单元格区域(列)
A1:E1	在第 1 行 A 列到 E 列之间的单元格区域(行)
1:1	第 1 行中的全部单元格(行)
1:10	第 1 行到第 10 行之间的全部单元格(阵)
A:A	A 列中的全部单元格(列)
A:E	A 列到 E 列之间的全部单元格(阵)
A5:E10	A 列第 5 行到 E 列第 10 行之间的单元格区域(阵)
＄A1:＄A10	绝对的 A 列第 1 行到 A 列第 10 行之间的单元格区域(列)
A＄1:E＄1	绝对的第 1 行 A 列到第 1 行 E 列之间的单元格区域(行)
SHEET2! A1:A10	同工作簿第 2 个工作表上 A 列 1 行到 10 行之间的全部单元格(列)
SHEET1:SHEET5! A1:B10	同工作簿第 1 至第 5 个工作表上 A 列 1 行至 B 列 10 行之间的全部单元格(三维阵)

3. 混合引用

当所引用的行与列之前缺少一个"＄"号时就是混合引用,包括绝对引用行、绝对引用列以及既有绝对引用的行列又有相对引用的行列。绝对引用行(行固定)采用 A＄1 的形式,绝对引用列(列固定)采用＄A1 的形式。第三种情形例如:如果在 B1 位置上键入:"＝sum(＄A＄1:A1)"或者:"＝sum(A＄1:A1)",它意味着只计算 A1 位置的数据和,但随着该公式在 B 列中其他单元格里的复制,对 A 列求和的起始行不变,但对 A 列求和的末期行在变化,并与 B 列单元格同行。即当公式所在单元格的位置改变时，只有相对引用改变，而绝对引用不变。所以，上述两个公式的计算结果是一样的。

如果多行或多列地复制公式，相对引用会自动调整，而绝对引用不做调整。前面提到的第二个 sum 函数本来是对 A 列求和，但随着该公式在 C 列复制粘贴时，我们在 C 列里得到的就是 B 列数据的累加和了，但第一个累计和公式此时变成对 A1:Bn 区域累计求和了。

有时候我们需要计算一个二项式的和：$\sum_{i,j=1}^{N} a_{ij}x_i x_j$，如图 1.1.1，二项式的表示矩阵（$a_{ij}$）为 B1:C2 区域的数据，二项式的变量取值则为 B7:C7 或者 A4:A5 区域的数据。则区域 B4:C5 中的每个单元格计算的都是二项式中的一项，随着公式由 B4 单元格向 C4（或 B5）单元格的复制粘贴，公式由"＝B1 * $A4 * B$3"变为："＝C1 * $A4 * C$3"（"＝B2 * $A5 * B$3"），而公式在 C5 单元格里则变为："＝C2 * $A5 * C$3"。最后求和是在 B6 单元格里完成的。

4. 三维引用

三维引用是指对同一工作簿中多张工作表上的相同单元格或单元格区域中数据的引用，前面加上工作表名称的范围。Excel 使用存储在引用开始名和结束名之间的任何工作表。例如，当我们在某个单元格里输入："＝SUM(Sheet1:Sheet5! A10)"，意味着在该单元格里将计算从工作表 1 到工作表 5 中位于 B5 单元格内所有值的和。但三维引用不能用于数组公式中，也不能与交叉引用运算符（空格）一起使用，也不能用在使用了绝对交集的公式中。

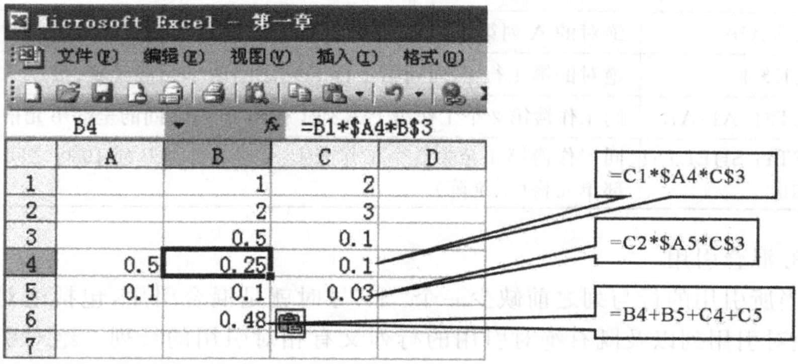

图 1.1.1　绝对引用与相对引用

当移动、复制、插入或删除三维引用中的工作表时会对三维引用产生影响。例如：当使用公式："＝SUM(Sheet1:Sheet5! A10)"而对从 Sheet1 到

Sheet5 的每张工作表中位于 A10 的单元格求和时：

(1)如果在 Sheet1 和 Sheet5 之间插入或复制工作表的话，Excel 将重新计算这个包含了所添加的工作表中位于单元格 A10 的所有数值的和；

(2)如果删除了 Sheet1 到 Sheet5 之间的工作表，Excel 也将删除计算中相应的值；

(3)如果将 Sheet1 和 Sheet5 之间的工作表移动到引用工作表区域之外的位置，Excel 也将删除计算中相应的值；

(4)如果将 Sheet1 或 Sheet5 移到同一工作簿中的其他位置，Excel 将对计算进行调整以包含它们之间的新工作表区域；

(5)而如果删除了 Sheet1 或 Sheet5，Excel 将对计算进行调整以包含它们之间的工作表区域。

5. R1C1 引用

也可使用同时统计工作表上行和列的引用样式。R1C1 引用样式对于计算位于宏内的行和列很有用。在 R1C1 样式中，Excel 指出了行号在 R 后而列号在 C 后的单元格的位置。

当您录制宏时，Excel 将使用 R1C1 引用样式录制命令。例如，如果要录制这样的宏，当单击“自动求和”按钮时，该宏会插入将某区域中单元格求和的公式。Excel 使用 R1C1 引用样式，而不是 A1 引用样式来录制公式。R1C1 引用的实例见表 1.1.3，打开或关闭 R1C1 引用样式的步骤如下：

(1)单击“工具”菜单上的“选项”，再单击“常规”选项卡。

(2)在“设置”下，选中或清除“R1C1 引用样式”复选框。

表 1.1.3 R1C1 引用的实例

引用	含义
R[−2]C	对在同一列、上面两行的单元格的相对引用
R[2]C[2]	对在下面两行、右面两列的单元格的相对引用
R2C2	对在工作表的第二行、第二列的单元格的绝对引用
R[−1]	对活动单元格整个上面一行单元格区域的相对引用
R	对当前行的绝对引用

(二)引用中的名称与标志

可以在工作表中使用列标志和行标志引用这些行和列中的单元格，还可创建描述名称来代表单元格、单元格区域、公式或常量值。如果公式引用的是相同工作表中的数据，那么就可以使用标志；如果您想表示另一张工作表上的区域，那么可以使用名称。可以使用已定义的名称来表示单元格、常量或者公式。

在公式中定义名称使人们更容易理解公式的含义。例如，公式："=SUM(一季度销售额)"要比公式："=SUM(C20:C30)"更容易理解。名称可用于所有的工作表，例如：如果名称"预计销售"引用了工作簿中第一个工作表的区域A20:A30，则工作簿中的所有工作表都使用名称"预计销售"来引用第一个工作表中的区域A20:A30。

名称也可用来代表不会更改的(常量)公式和数值。例如，可使用名称"销售税"代表销售额的税率(如6.2%)。也可以与另一个工作簿中的定义名称链接，或定义一个引用了其他工作簿中单元格的名称。例如，公式："=SUM(Sales.xls! ProjectedSales)"表示"销售额"工作簿中一个被命名为ProjectedSales的区域。在默认状态下，名称使用绝对单元格引用。

1. 名称的命名规则

(1)允许使用的字符：名称的第一个字符必须是字母或下划线，其余字符可以是字母、数字、句号和下划线。名称不能与单元格引用相同，例如Z$100或R1C1。可以使用多个单词，但名称中不能有空格。可以用下划线和句号作单词分隔符，例如：Sales_Tax或First.Quarter。

(2)名称长度：名称最多可以包含255个字符。如果为区域定义的名称超过253个字符，那么将无法从"名称"框中选择。

(3)名称不区分大小写：名称可以包含大、小写字符，名称中不区分大小写。例如，如果已经创建了名称Sales，接着又在同一工作簿中创建了名称SALES，则第二个名称将替换第一个。

(4)将已有行列标志作为名称使用：在创建需要引用工作表中数据的公式时，可以使用工作表中的列标与行标来引用数据。例如：若要计算"产品"列数据的总和，可以使用公式："=SUM(Product)"。

2. 标志的使用

如果要引用"东部"分支机构的"产品 3"的数量(例如数值110.00)，可以使用公式："=产品 3　东部"。公式中"产品 3"和"东部"之间的空格为区域运算符。该运算符表示Microsoft Excel将查找并返回行标为"东部"、列标为"产品 3"单元格中的数值。

在默认情况下，Excel不会识别公式中的标志，若要在公式中使用标志，请单击"工具"菜单上的"选项"，再单击"重新计算"选项卡。在"工作簿选项"之下，选中"接受公式标志"复选框。

(1)层叠标志:如果工作表中使用行列标志,则可以使用它们创建引用工作表中数据的公式。如果工作表中有层叠列标,即一个单元格标志的下面紧接着一个或多个标志。在公式中可以使用层叠标志来引用工作表中的数据。例如:标志"West"位于单元格 E5,标志"Projected"位于单元格 E6,公式:"=SUM(West Projected)"将返回"West Projected"列中数据的汇总值。

(2)层叠标志的次序:如果用层叠标志引用信息,应按照标志的出现顺序引用信息,即从上到下。如果标志"West"位于单元格 F5,标志"Actual"位于单元格 F6,则可以在公式中使用"West Actual"引用实际数字。例如,如果要计算"West"实际数字的平均值,可使用公式:"=AVERAGE(West Actual)"。

(3)将日期作为标志使用:如果使用"标签区域"对话框添加标志,并且该区域中还包含年或日期作为标志,则在公式中键入标志时,Excel 会通过为标志添加单引号而将日期定义为标志。例如,如果工作表中包含标志 2007 和 2008,而且已经使用"标签区域"对话框指定了这些标志,则当键入公式:"=SUM(2008)"时,Microsoft Excel 将自动将公式变为:"=SUM('2008')"。

三、运算符

运算符对公式中的元素进行特定类型的运算。Microsoft Excel 包含四种类型的运算符:算术运算符、比较运算符、文本连接运算符和引用运算符。

(一)算术运算符

算术运算符包括 6 种普通的计算运算:加法、减法(负数)、乘法、除法、百分比和乘幂,见表 1.1.4。

表 1.1.4 Excel 的算术运算符

算术运算符	含义(示例)
+(加号)	加法运算(3+3)
-(减号)	减法运算(3-1)或负(-1)
*(星号)	乘法运算(3*3)
/(正斜线)	除法运算(3/3)
%(百分号)	百分比(20%)
^(插入符号)	乘幂运算(3^2)

(二)比较运算符

比较运算符包括 6 种逻辑比较:等号、大于号、小于号、大于等于号、小于等于号以及不等号。当用运算符比较两个值时,结果是一个逻辑值,不是 TRUE 就是 FALSE,见表 1.1.5。

表 1.1.5　Excel 的比较运算符

比较运算符	含义(示例)
=(等号)	等于(A1=B1)
＞(大于号)	大于(A1＞B1)
＜(小于号)	小于(A1＜B1)
＞=(大于等于号)	大于或等于(A1＞=B1)
＜=(小于等于号)	小于或等于(A1＜=B1)
＜＞(不等号)	不相等(A1＜＞B1)

(三)文本运算符

文本运算符只有一种,即和号"&",是将两个或多个文本字符串相连接而产生一串文本的运算符,见表 1.1.6。

表 1.1.6　Excel 的文本连接运算符

文本连接运算符	含义(示例)
&(和号)	将两个文本值连接起来产生一个连续的文本值("North"&"wind")

(四)引用运算符

引用运算符包括 3 种:冒号、逗号和空格,见表 1.1.7。

表 1.1.7　Excel 的引用运算符

引用运算符	含义(示例)
:(冒号)	区域运算符,产生对包括在两个引用之间的所有单元格的引用(B5:B15)
,(逗号)	联合运算符,将多个引用合并为一个引用(SUM(B5:B15,D5:D15))
(空格)	交叉运算符产生对两个引用共有的单元格的引用。(B7:D7 C6:C8)

(五)运算符的运算次序

Excel 中的公式通常是以等号"="开始的,紧随等号之后的是需要进行计算的元素(操作数),各操作数之间以运算符分隔。Excel 将根据公式中运算符的特定顺序从左到右计算公式,但一般是按特定次序来计算数值的。

如果公式中同时用到多个运算符,Excel 将按表 1.1.8 所示的顺序进行运算。如果公式中包含相同优先级的运算符，则 Excel 将从左到右进行计算。

表 1.1.8 运算符的优先级

运算符	说明
:（冒号）；_（单个空格）；,（逗号）	引用运算符
—	负号（例如—1）
%	百分比
^	乘幂
* 和/	乘和除
＋和—	加和减
&	连接两个文本字符串（连接）
=＜＞＜=＞=＜＞	比较运算符

若要更改求值的顺序，请将公式中要先计算的部分用括号括起来。例如：公式"＝5＋2＊3"的结果是 11，因为 Excel 先进行乘法运算后进行加法运算。但公式"＝(5＋2)＊3"则与此相反，括号的使用改变了语法，Excel 先用 5 加上 2，再用结果乘以 3，得到结果 21。

公式："＝(B4＋25)/SUM(D5:F5)"第一部分中的括号表明 Excel 应首先计算 B4＋25，然后再除以单元格 D5、E5 和 F5 中数值的和。

（四）常量

常量是不用计算的值，例如日期：2008—10—9、数字：210 以及文本"季度收入"就都是常量。表达式或由表达式得出的结果不是常量，如果在公式中使用常量而不是对单元格的引用(例如，＝30＋70＋110)，则只有在自己更改公式时其结果才会更改。

第二节 Excel 的数据与图表

一、Excel 的数据

（一）Excel 的数据来源

Excel 的数据大致有 3 种来源：手工输入、内部函数生成与外部导入。

1. 手工输入数据

当数据量很小且又无规律可循的情况下，一般都采用手工输入的方法。手工输入时，一般都以列为变量，以行为样本。第 1 行或第 10 行作为变量名的所在，在后一种情况下，数据是从第 11 行开始的，将数据最后一行所在的行号减 10 就是样本容量。

2. 内部函数生成数据

对于那些有规律的数据，无论数据量大小都可以用 Excel 的内部函数生成。例如：生成一个序号变量列，只需要在 A2 单元格输入："1"，然后在 A3 单元格输入："＝A2＋1"，回车后将 A3 单元格向下拖到想生成的单元格位置即可。当然，在拖数据的时候，鼠标要放在 A3 单元格的右下角位置，而且是在鼠标的光标形成十字光标时才行。为什么是在 A2 单元格生成数字 1 呢？因为 A1 单元格肯定是放变量名的地方。

3. 外部导入数据

对于有现成数据来源的数据，可以使用外部导入的方法。

(1)打开数据文件：从 Excel"文件"菜单中的"打开"命令处指明数据文件的路径与格式，就可以直接读入数据库文件、Web 文件、XML 文件、文本文件以及其他电子表格式的文件等。

(2)建立数据查询：根据数据来源的不同建立数据查询，数据查询可以分成"Web 查询"和"数据库查询"两大类。从 Web 上导入少量数据的简单方法有两种：

第一种方法是在浏览器中右击所需要的数据，从快捷菜单中执行"复制"，其快捷键为 Ctrl＋C 两键，然后在 Excel 工作表中选中要放置数据的位置(可以选中一个或一组单元格)，从菜单或常用工具栏中执行"粘贴"命令，其快捷键为 Ctrl＋V 两键，就可以把 Web 页上的数据拷贝到工作表中。

第二种方法适合于导入 Web 页上的表格数据，在 IE 浏览器中打开数据所在页面，在选定数据的表格处点击鼠标右键，从快捷菜单中执行"导出到 Microsoft Excel"，无论此时 Excel 是否打开，操作系统都会自动在 Excel 中建立一个空白工作簿文件，并将数据输入。使用这种方法导入数据，还会同时建立对源地址的查询链接，可以在需要时，执行刷新命令以更新数据。从 Web 上导入大规模数据的更规范做法是创建 Web 查询，其具体过程是点击 Excel "数据"菜单中的"导入 Web 数据"，然后在弹出的窗口中点击"新建 Web 查询"，即可以打开创建查询的对话框，见图 1.2.1。

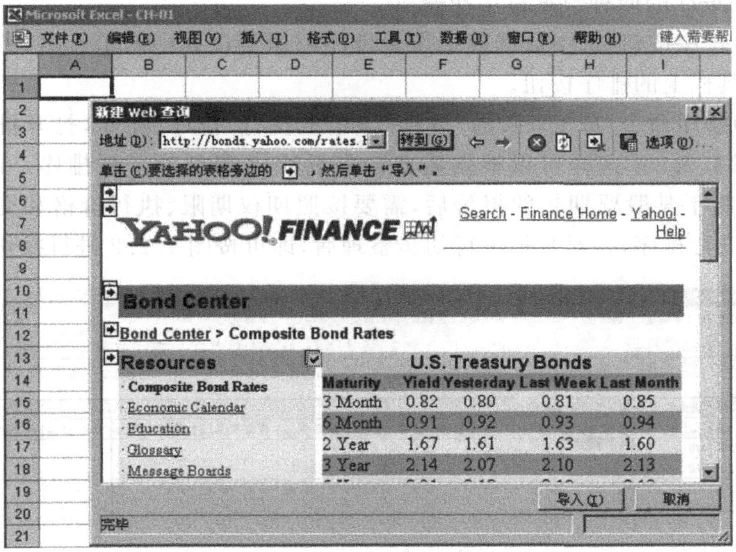

图 1.2.1　在 Excel 中建立 Web 查询

(二)Excel 的排序与筛选

排序与筛选是 Excel 常见的数据处理方式，排序是按照某一个或某几个特定字段重新排列数据的顺序，筛选则是从全体数据中选择出符合某种条件的数据。

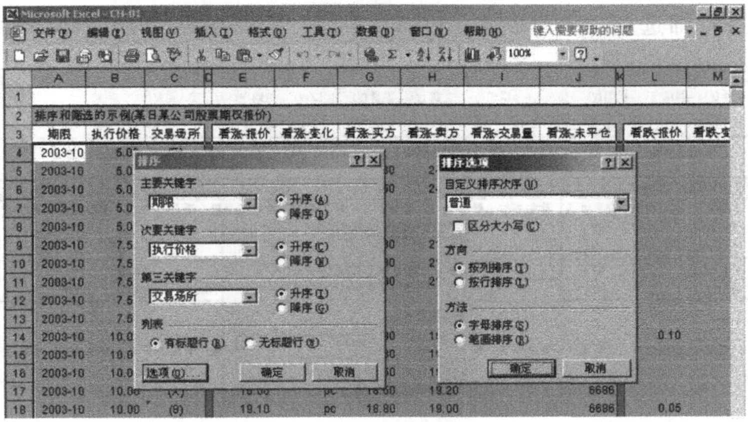

图 1.2.2　Excel 的自动排序命令

1. Excel 的两种数据排序功能

(1)排序按钮：选中数据表中作为排序依据所在列中的单元格，然后点击常用工具栏上的排序按钮。

(2)排序命令：从 Excel 的“数据”菜单上执行“排序”命令，打开排序对话框，见图 1.2.2。这样可以根据需要的先后次序来对若干列排序。例如：从 Web 下载了某股票期权的报价后，需要按照期权期限、执行价格和交易场所对报价进行排序，在对数据进行初步整理后，即可按图 1.2.2 进行操作。

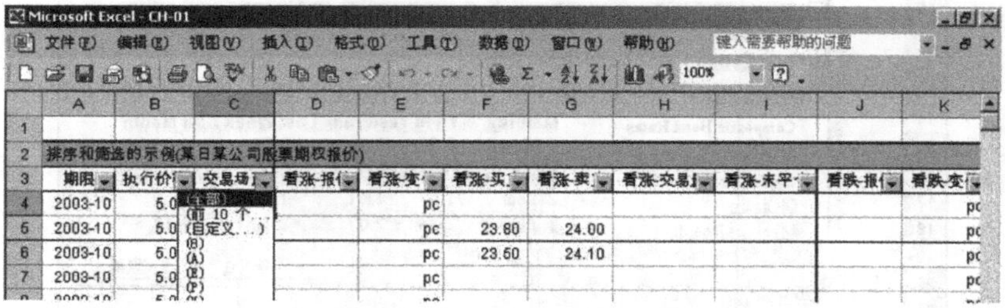

图 1.2.3　Excel 的高级排序命令

2. Excel 的两种数据筛选

(1)自动筛选命令：执行 Excel“数据”菜单上的“筛选”功能，然后在弹出的窗口里点击“自动筛选”命令，工作表中每列的标题行上就会出现筛选按钮：“▼”，点击要作为筛选依据的那一列的筛选按钮，从中选择要显示项目的条件，其他不符合该条件的行就会被隐藏起来。可以同时在一个数据表上的多个列上进行筛选。

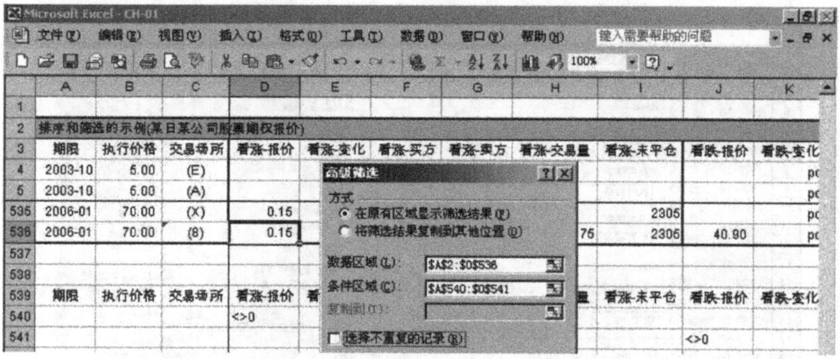

图 1.2.4　Excel 的高级筛选

(2)高级筛选命令:当需要设定更复杂的筛选条件时,可以使用高级筛选命令。“高级筛选”命令像“自动筛选”命令一样筛选清单,但不显示列的下拉列表,而是在工作表上单独的条件区域中键入筛选条件,它允许根据更复杂的条件进行筛选。并且,在筛选完成后,可以选择把筛选结果显示在原来位置或复制到其他区域。

二、Excel 的图表

Excel 的图表功能是非常强大的,不仅种类繁多(见表 1.2.1),而且直观漂亮。

在用图表表示多组数据之间的对比关系时,Excel 有三个常用的技巧:组合图表、双标度显示以及趋势线绘制。

表 1.2.1 Excel 的图表类型

类别	类型	特征
第一类	柱形图、折线图、散点图	这类图表主要用来反映数据的变化趋势及对比,其中散点图与柱型、折线图的区别在于前者的横轴按类别表示是离散的,而后者的横轴按数值表示是连续的。条形图、圆柱图、圆锥图、棱锥图都是柱形图的变种。
第二类	曲面图	曲面图是一种真三维图表(三维柱形、圆柱、圆锥、棱锥等类型,当数据轴上只有一组数据时,本质上只是二维图),它适合分析多组数据的对比与变化趋势。
第三类	饼图、圆环图、雷达图	这三种图的基本面都是圆形的,主要用来观察数据之间的比例。
第四类	面积图	面积图与折线图类似,但它具有堆积面积图和百分比堆积面积图两种变种,因此可以更好地反映某一(组)数据在全部数据(组)中所占比例。
第五类	气泡图、股价图	气泡图可以看作是散点图的扩展,它用气泡大小反映数据点的另一组属性。股价图顾名思义是反映类似股市行情的图表,它在每一个数据点上可以包括:开盘价、收盘价、最高价、最低价、成交量。

(一)组合图表

所谓组合图表是指在同一幅图表中使用不同的图表类型表示不同组别的数据,一个常见的例子是带有交易量的股价图,见图 1.2.5。这种图形是由 5 列数据生成,而且按照 Excel 的要求,这 5 列数据的排列顺序是:成交量、开盘价、最高价、最低价、收盘价。

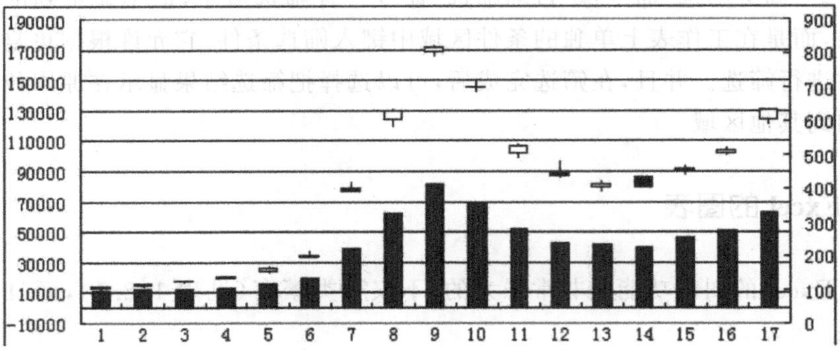

图 1.2.5 Excel 做出的股价图

(二)双标度显示

所谓双标度是指 Excel 允许在同一图表中对两组具有不同数量级的数据使用不同的坐标轴,即在原有的数据轴之外,用不同单位或刻度使用次坐标轴来表示另外一组数据。如图 1.2.6,就是成交量与开盘价两个标度相差悬殊的序列图形。划黑 A2:B18 区域,点 Excel 的绘图图标,选择散点图,可以做出如图 1.2.6 中的图形。

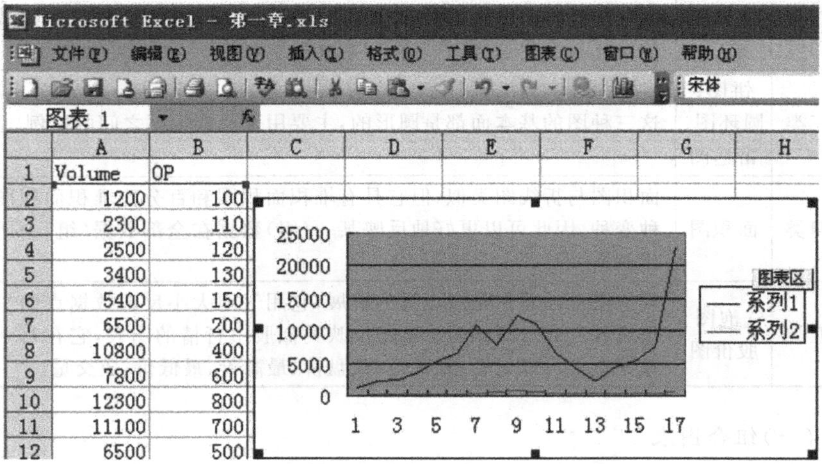

图 1.2.6 标度不同的序列画在一起很难看

由于开盘价序列数值较低，其图线在成交量图线的对比下几乎是一条水平线。为了在同一图形上展示图线，我们可以在作图之后，用鼠标右键点击图形上的任何一条曲线，然后在弹出的窗口中选择“数据系列格式”，见图 1.2.7。然后再在新的“数据系列格式”窗口里选择次坐标轴，即可在同一图形中得到图线变化丰富且标度不同的两条曲线了。

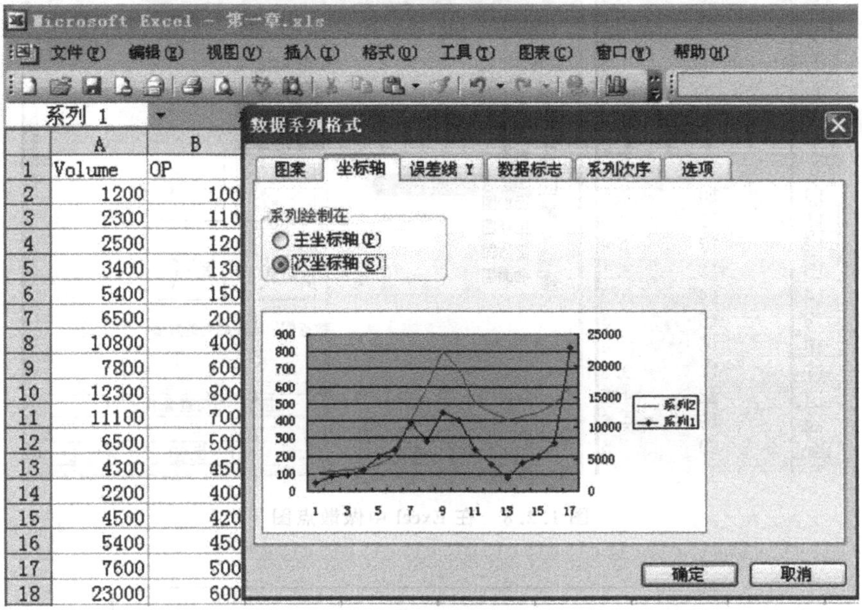

图 1.2.7　Excel 调用次坐标轴给出双标度

(三)趋势线绘制

Excel 图表中的另一项重要功能是绘制趋势线，这一功能是基于统计学中的回归和内插预测理论。图 1.2.8 所示的工作表里是某企业能源消耗数据，单位：万吨。将第 A、B 列划黑，点击 Excel 的绘图图标 ，选择散点图，见图 1.2.8，点击“完成”之后就可以做出图形如图 1.2.9。

当我们用鼠标右键点击该散点图上的点时，会弹出一个新窗口。在这个窗口中选择“添加趋势线”，Excel 就会弹出一个新窗口，选择“添加趋势线”后，又会弹出一个新窗口见图 1.2.10。预置的类型为“线性趋势线”，此外还可以选择对数趋势线、多项式趋势线、乘幂趋势线、指数趋势线以及移动平均趋势线。

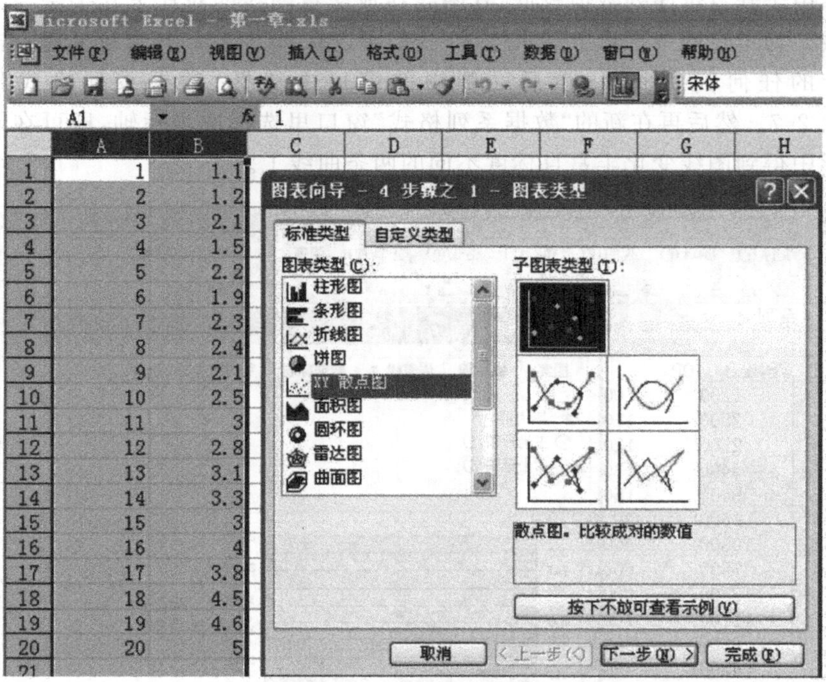

图 1.2.8　在 Excel 中做散点图

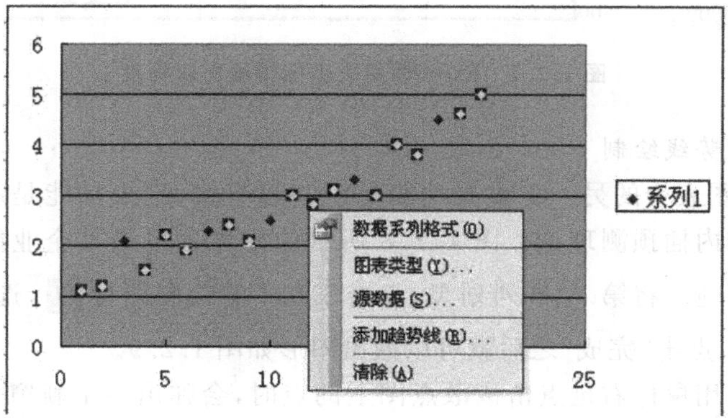

图 1.2.9　散点图的图例选择

我们选择预置的线性趋势线，然后在选项窗口中勾中“显示公式”和“显示 R 平方值”(见图 1.2.11)，确定后可得作图结果，见图 1.2.12。

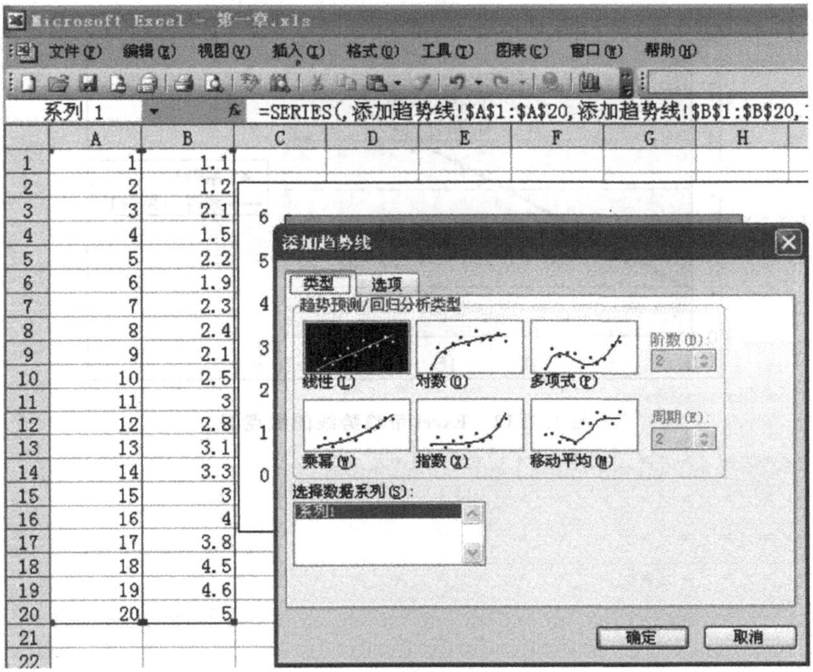

图 1.2.10　添加趋势线的类型选择

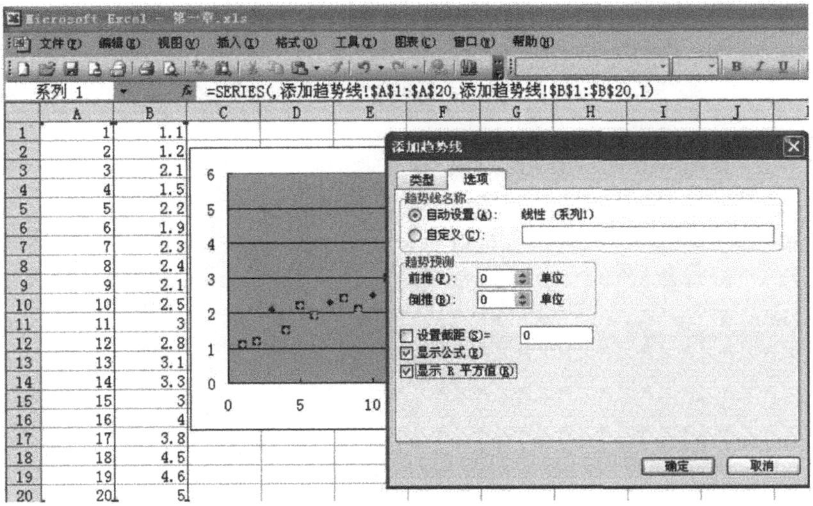

图 1.2.11　添加趋势线中的选项窗口

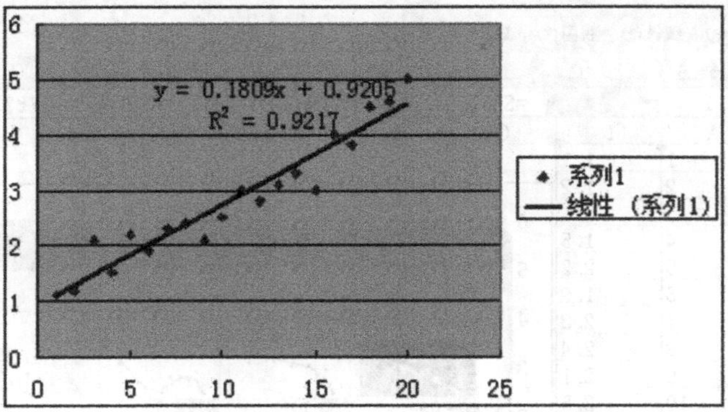

图 1.2.12　Excel带趋势线的散点图

第二章 现金流的时间价值

第一节 单利、复利与连续复利

货币是有时间价值的，货币的时间价值是指货币经历一定时间的投资和再投资所增加的价值，也称资金的时间价值。本杰明·弗兰克说：钱生钱，并且所生之钱会生出更多的钱。这就是货币时间价值的本质。

货币的时间价值有两种方式来度量：一种是绝对方式即利息，它是一定量本金货币在一定时间内产生增值的绝对数额。另一种是相对方式即利率，利率又称利息率，表示一定时期内利息量与本金的比率，通常用百分比表示，按年计算则称为年利率。

利息的具体计算方式有以下三种：

一、单利

每次计息时，都是以本金作为计算基数：

$$I = P \times r \times n \tag{2.1.1}$$

其中 P 为本金额，r 为利率，n 为期数。若 r 为年利率，那么 n 则为年份数。

二、复利

复利就是俗话说的“驴打滚利”或者“利滚利”。复利计算的特点是：把上期末的本利和作为下一期的本金，在计算时每一期本金的数额是不同的。复利的计算公式是：

$$I=P[(1+r)^{n}-1]\approx P\times r\times n \tag{2.1.2}$$

当 r 很小时，复利与单利是近似相等的。

三、连续复利

连续复利是在计算复利时，当期数趋于无穷大的极限情况下得到的利率，此时不同期数之间的间隔很短，可看成是趋于零，因此有：

$$\begin{aligned} I &= \lim_{m\to+\infty} P[(1+r/m)^{nm}-1] \\ &= \lim_{x\to 0} P[(1+x\times r)^{n/x}-1] \\ &= P\left\{\exp\left[\lim_{x\to 0}\frac{\ln(1+x\times r)}{(x/n)}\right]-1\right\} \\ &= P\left\{\exp\left[\lim_{x\to 0}\frac{nr}{1+x\times r}\right]-1\right\} \\ &= P(e^{rn}-1) \end{aligned} \tag{2.1.3}$$

其中 m 为每年计息的次数，n 为年份，且令 $x=1/m$。

【例 2.1.1】如果本金 $P=1\,000$ 元，利率 $r=5\%$，$n=10$，则三种计息方式下的对比如图 2.1.1。

步骤介绍：

(1)在 A3 中输入“1”，然后把光标放在 A3 单元格的右下角，当光标变成十字架的时候往下拖至 A12，放下鼠标，能看到这个标志，然后右击选择“以序列方式填充”，就会出现期数。

(2)在 A3 中输入：“= $B3 * A3 * $B$1”；在 D3 中输入：“= $B3 * ((1 + $B$1)^A3－1)”；在 E3 中输入“= $B3 * (EXP($A3 * B$1)－1)”，然后分别拖至 A12，D12，E12。就会得出每年的利息。

(3)将 E3 复制粘贴到 F3、G3、H3，粘贴后双击这些单元格的右下角，就得出在利率分别为 8%、10%、12%下的连续复利利息。

图 2.1.1 为在一定利率下(5%)三种计息方式下利息的差别；图 2.1.2 为不同利率水平下连续复利利息的比较图。从图中可以看出，单利情况下与另两种的差别较大，而复利与连续复利下情况差别不是很大。

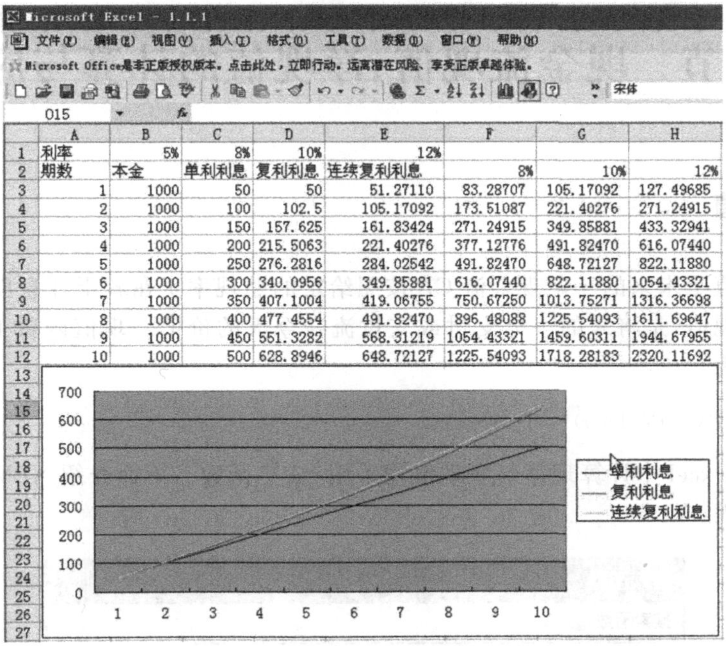

	A	B	C	D	E	F	G	H
1	利率	5%	8%	10%	12%			
2	期数	本金	单利利息	复利利息	连续复利利息	8%	10%	12%
3	1	1000	50	50	51.27110	83.28707	105.17092	127.49685
4	2	1000	100	102.5	105.17092	173.51087	221.40276	271.24915
5	3	1000	150	157.625	161.83424	271.24915	349.85881	433.32941
6	4	1000	200	215.5063	221.40276	377.12776	491.82470	616.07440
7	5	1000	250	276.2816	284.02542	491.82470	648.72127	822.11880
8	6	1000	300	340.0956	349.85881	616.07440	822.11880	1054.43321
9	7	1000	350	407.1004	419.06755	750.67250	1013.75271	1316.36698
10	8	1000	400	477.4554	491.82470	896.48088	1225.54093	1611.69647
11	9	1000	450	551.3282	568.31219	1054.43321	1459.60311	1944.67955
12	10	1000	500	628.8946	648.72127	1225.54093	1718.28183	2320.11692

图 2.1.1 单利、复利与连续复利的区别

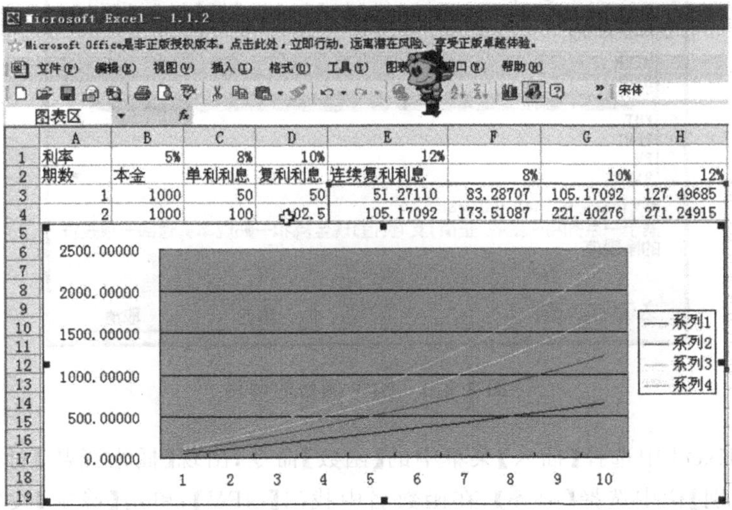

	A	B	C	D	E	F	G	H
1	利率	5%	8%	10%	12%			
2	期数	本金	单利利息	复利利息	连续复利利息	8%	10%	12%
3	1	1000	50	50	51.27110	83.28707	105.17092	127.49685
4	2	1000	100	102.5	105.17092	173.51087	221.40276	271.24915

图 2.1.2 不同利率水平下连续复利利息曲线差别

第二节　现金流现值、净现值的计算与应用

一、现值

现值是未来的一定现金流 CF 按照给定的贴现率 r 在若干计息期前按复利的贴现值，是将来的一笔支付或支付流在今天的价值。现值函数 PV 的计算公式为：

$$PV = P/(1+r)^n = P(1+r)^{-n} \tag{2.2.1}$$

在 Excel 中计算现值与净现值均采用 NPV 函数。下面介绍 NPV 函数的调用过程。

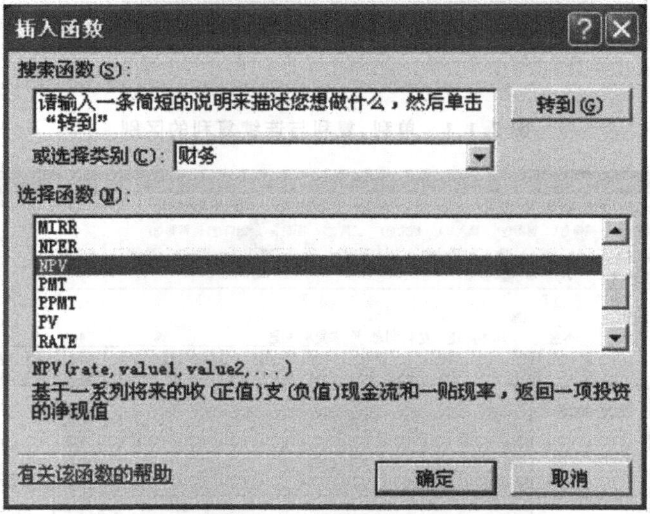

图 2.2.1　NPV 函数的调用

在 Excel 中选择【插入】菜单中的【函数】命令，出现【插入函数】对话框，在【选择类别】栏中选择【财务】，在函数名中找出【NPV】，单击【确定】按钮即可。如图 2.2.1 所示。下面通过一个例子介绍此函数的应用。

【例 2.2.1】假设某投资项目在未来的 4 年的年末会分别产生 90、100、

120、80 元的确定的现金流，贴现率为 8%，求该投资项目的现金流的现值。

具体步骤：

（1）如上所述，调用 NPV 函数，出现 NPV 函数的对话框。如图 2.2.2 所示：

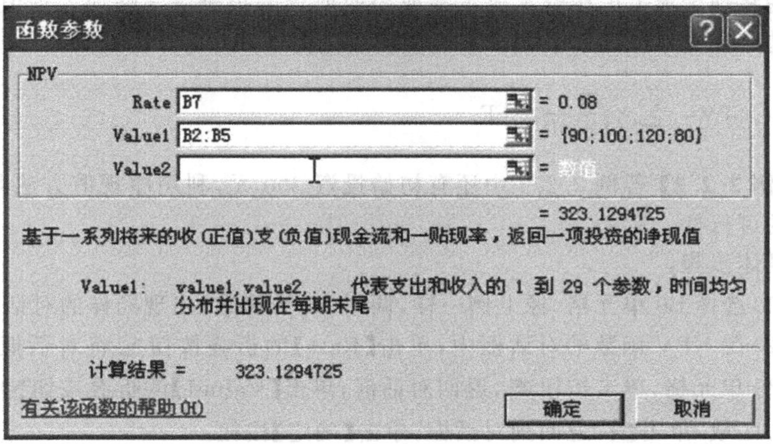

图 2.2.2　NPV 函数对话框

（2）在 NPV 函数的对话框中，单击【Rate】的折叠按钮将对话框折叠，选取 B7 单元格，单击按钮，返回对话框，单击【Value1】的折叠按钮，选取 B2:B5 区域，单击，返回到对话框，如图 2.2.2 所示。

（3）单击【确定】按钮，结果如图 2.2.3。

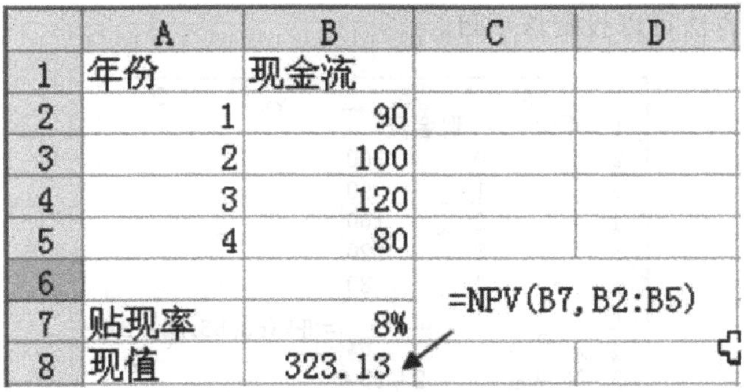

	A	B	C	D
1	年份	现金流		
2	1	90		
3	2	100		
4	3	120		
5	4	80		
6				
7	贴现率	8%		
8	现值	323.13		

图 2.2.3　现值的计算结果

二、净现值

净现值是指投资项目投入使用后，在项目预计使用年限为 n 年的情况下，各年的将现金流 CF_t 按资本成本率或企业要求的报酬率 r 贴现为现值的和，减去初始投资额 CF_0 的余额。净现值函数记为 NPV，计算公式为：

$$NPV=\sum_{t=1}^{T}\frac{CF_t}{(1+r)^t}-CF_0 \quad (2.2.2)$$

【例 2.2.2】 若例 2.2.1 中还有初始投资 300 元，利用净现值方法判断该项目的可行性。

具体步骤：

(1)选择 B9 单元格，像上例一样，调用 NPV 函数，出现同样的对话框。

(2)在 NPV 函数的对话框中，单击【Rate】的折叠按钮将对话框折叠，选取 B8 单元格，单击按钮，返回对话框，单击【Value1】的折叠按钮，选取 B3:B6 区域，单击，返回到对话框，单击【确定】按钮。

(3)编辑栏中显示 NPV 函数及其参数，在函数后面加上"－"，然后单击 B2 单元格，如图 2.2.4 所示：

图 2.2.4 NPV 计算公式

最终的结果如图 2.2.5 所示。可以看出，本项目的净现值为 23.13＞0，根据净现值方法可以投资该项目。

	A	B	C	D
1	年份	现金流		
2	0	300		
3	1	90		
4	2	100		
5	3	120		
6	4	80		
7				
8	贴现率	8%	=NPV(B8,B3:B6)-B2	
9	净现值	23.13		

图 2.2.5 NPV 最后计算结果

第三节　现金流终值的计算与应用

终值与现值相对，是指一定本金 P 按照给定利率 r 在若干计息期 n 后按复利计算的本利和，终值的计算公式为：

$$FV = P(1+r)^n \tag{2.3.1}$$

【例 2.3.1】 一项本金为 1 000 元的投资，年利率为 8%，投资期限为 5 年，五年后的本利和为多少？

此题较简单，直接套用公式即可到到结果，见图 2.3.1。

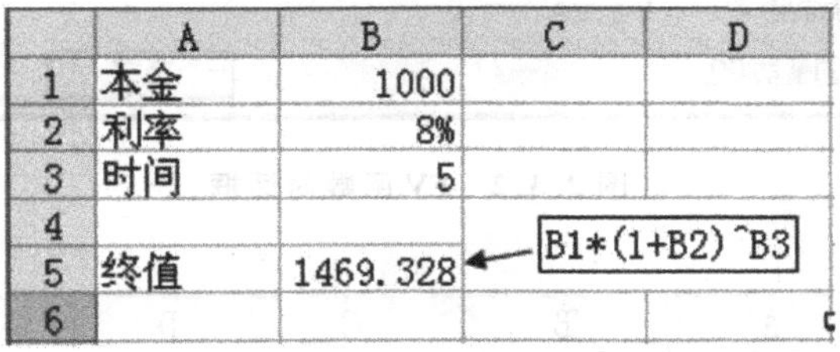

	A	B	C	D
1	本金	1000		
2	利率	8%		
3	时间	5		
4				
5	终值	1469.328	← B1*(1+B2)^B3	
6				

图 2.3.1　用公式计算终值

【例 2.3.2】 一项投资在期初投入 500 万元，然后分十个月又陆续在每月的月初各投入 200 万元，年利率为 8%，试计算该项投资的终值。

具体步骤为：

(1)选定 B9 单元格，选择【插入】菜单中的【函数】命令，出现【插入函数】对话框，在【选择类别】栏中选择【财务】，在函数名中找出【FV】，单击【确定】按钮即可。出现如图 2.3.2 的对话框。

(2)在 FV 函数的对话框中，单击【Rate】的折叠按钮将对话框折叠，选取 A2 单元格，单击按钮，返回对话框，然后再除以 12，如图 2.3.2 所示。单击【Nper】的折叠按钮，选取 A3，单击，返回到对话框。单击【Pmt】的折叠按钮，选取 A4，单击，返回到对话框。单击【PV】的折叠按钮，选取 A5，单击，返回到对话框。在【Type】中输入 1，单击【确定】按钮。得出结果如图 2.3.3。

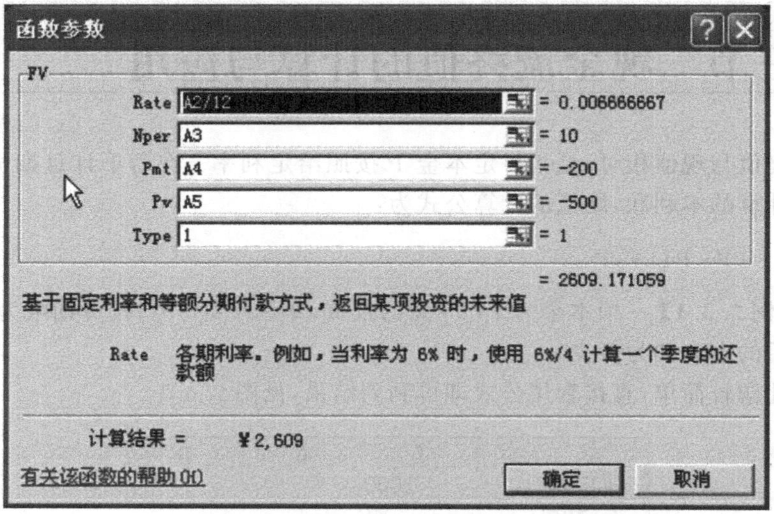

图 2.3.2　FV 函数对话框

	A	B	C	D	E
1	数据	说明			
2	8%	年利率			
3	10	付款期总数			
4	-200	各期付款额			
5	-500	期初付款额			
6			=FV(A2/12, A3, A4, A5, 1)		
7	终值	￥2,609			

图 2.3.3　终值计算结果

第四节　年金及其应用

年金是指一系列有稳定规律的、持续一段时间的现金流支付活动。年金是一种常用的金融工具，参与年金计划是一种很好的投资安排，比如购买养老保险，其实就是参与年金合同。

假设从现在起的 T 期内，每期期末都会收到 C 元的现金流，利率为 r，那么这一系列现金流所组成的年金的现值为：

$$PV=\frac{C}{1+r}+\frac{C}{(1+r)^2}+\cdots+\frac{C}{(1+r)^T}=C\left[\frac{1}{r}-\frac{1}{r(1+r)^T}\right] \tag{2.4.1}$$

这样的年金即普通年金，是指从第一期起，在一定时期内每期期末等额收付的系列款项，又称为后付年金。从第一期起，在一定时期内每期期初等额收付的系列款项，称为先付年金也称给付年金。先付年金与普通年金的区别仅在于付款时间的不同。所以公式也很容易得出。

下面介绍年金的应用，主要介绍两个方面，也是年金最经常见到的两个应用即房屋抵押贷款的支付和养老金的存取问题。通过下面两个例子解释这两个应用。

【例 2.4.1】 假设某客户为了买房，申请了 30 万元的房屋抵押贷款，贷款年利率为 6%，银行要求其在 20 年还清贷款，则每年末应该还款多少？

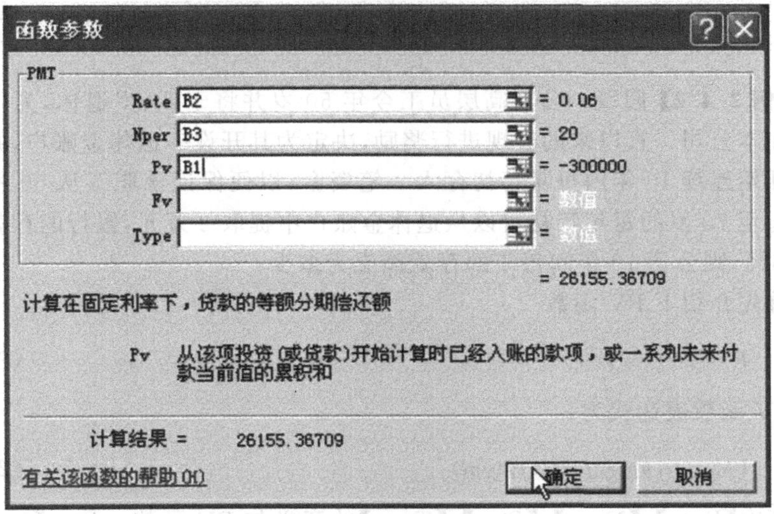

图 2.4.1 PMT 函数对话框

在这里要首先介绍下针对此类问题专用的一个函数，即 PMT 函数。PMT 函数是专门用来计算在固定利率下贷款的分期等额偿还问题。

$$PMT(rate, nper, pv, fv, type) \tag{2.4.2}$$

其中【Rate】、【Nper】、【Type】的意义与 FV 函数一致。

【Pv】中输入值为期初借款额，应为负值。否则计算出来的每年还款额将是负值。

【Fv】中应输入最后一次付款后可获得的现金余额,默认值为0。

具体步骤:

(1)调用PMT函数,像调用其他上面用过的函数一样,出现如图2.4.1的对话框。

(2)像上述例子一样,把各个参数填写好,然后点击确定,就会出现如图2.4.2的结果。

	A	B	C	D
1	贷款额	-300000		
2	年利率	6%		
3	贷款期限	20		
4			=PMT(B2,B3,B1)	
5	年偿还额	￥26,155		

图2.4.2 利用PMT计算结果

【例2.4.2】 假设一公司高层员工今年50岁并将于60岁退休,为了对该员工在本公司一直以来的表现进行奖励,决定为其开设一退休金账户,并将于今年开始连续10年内每年年初存入一笔资金,以便保证该职工从60岁退休那年起至70岁的每年年初可以从退休金账户中提取2万元,银行的存款年利率为8%,则公司10年间每年的存款额应为多少?

首先介绍下PV函数

$$PV = P/(1+r)^{-n} \tag{2.4.3}$$

PV函数表达式为:

$$PV(rate, nper, pmt, fv, type) \tag{2.4.4}$$

其中【Rate】、【Nper】、【Pmt】、【Type】的意义与FV函数一致。【Fv】为未来值,或在最后一次支付后希望得到的现金金额,如果省略fv,则其假设值为0;若忽略fv,则必须包含pmt参数。

现在开始解答此题目,根据题意应有下列等式存在:

$$\sum_{t=0}^{9} \frac{\text{年存款额}}{(1+8\%)^t} = \sum_{t=10}^{20} \frac{20\,000}{(1+8\%)^t} \tag{2.4.5}$$

$$\text{年存款额} = \sum_{t=10}^{20} \frac{20\,000}{(1+8\%)^t} \Big/ \sum_{t=0}^{9} \frac{1}{(1+8\%)^t} \tag{2.4.6}$$

为了计算最后的结果,我们可以分别计算分子、分母,然后让两者相比即得到最后的结果，而分子分母的计算都可以运用上面介绍的 PV 函数。PV 函数的调用如上面所述的调用方法一样，不再赘述。参考图 2.4.3 至 2.4.5 这 3 个图示。

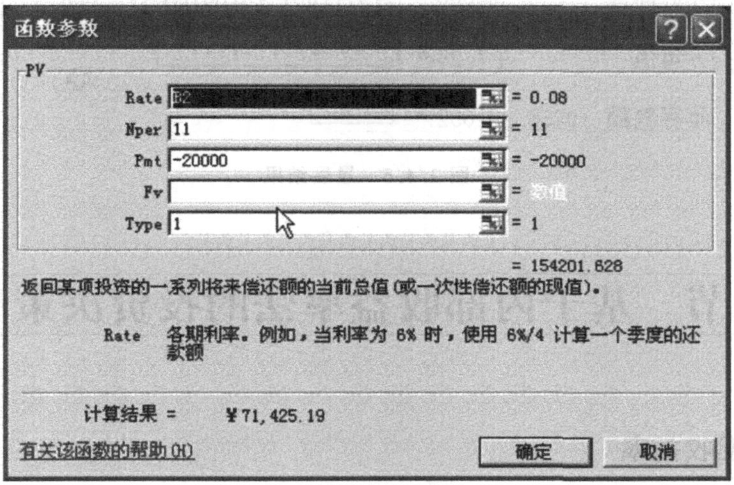

图 2.4.3 用 PV 函数计算分子

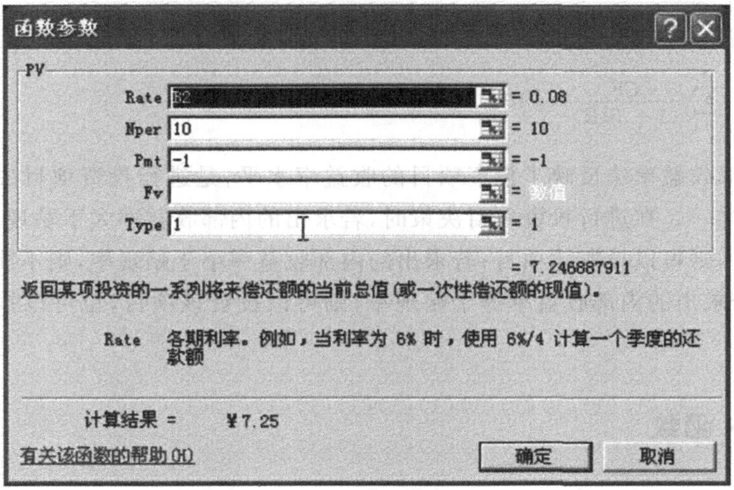

图 2.4.4 用 PV 函数计算分母

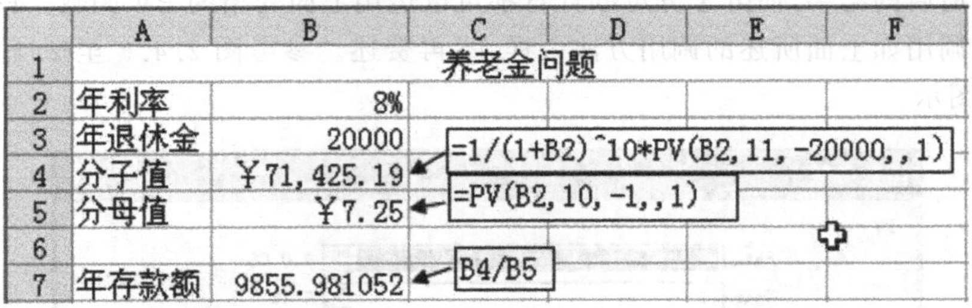

图 2.4.5　最后结果

第五节　基于内部收益率法的投资决策分析

一、内部收益率

内部收益率可定义为使项目在寿命期内现金流入的现值等于现金流出的现值的折现率，也就是使项目净现值为零时的折现率，用 IRR 表示。当 NPV＝0 时，有：

$$\sum_{t=1}^{T}\frac{CF_t}{(1+IRR)^t}=CF_0 \tag{2.5.1}$$

内部收益率法反映了投资项目的收益率水平，是进行投资项目决策常用的方法之一。在进行投资项目决策时，若求出的内部收益率大于贴现率（资金的成本），则可以投资该项目；若求出的内部收益率小于贴现率，则不能投资该项目；若求出的内部收益率等于贴现率，则可以投资该项目，也可以投资其他项目。

二、IRR 函数

对于内部收益率的求解，可应用 Excel 中的 IRR 函数。IRR 函数是返回由数值代表的一组现金流的内部报酬率。这些现金流不一定为均衡的，但作为年金，它们必须按固定的间隔发生，其形式为：

$$IRR(values, guess) \tag{2.5.2}$$

其中，values 为数组或单元格的引用，必须包括至少一个正数和一个负数，以计算内部报酬率；guess 为函数计算结果的估计值，大多数情况下，并不需要为函数的计算结果提供 guess 值，如果省略，假设它为 0.1。

三、利用内部收益率进行投资决策

(一)内部收益率为单个解的情况下

【例 2.5.1】 某项目在现在投资 1 000 元后，将在未来的四年内每年获得 300 元的现金流入，采用的贴现率为 7%，现在判断该项目是否可行。

现在用三种方法来求解：

1. 运用 IRR 函数直接求解

(1)选定 B8 单元格，通过【插入】/【函数】/【财务】/【IRR】调用该函数。出现如下的对话框：

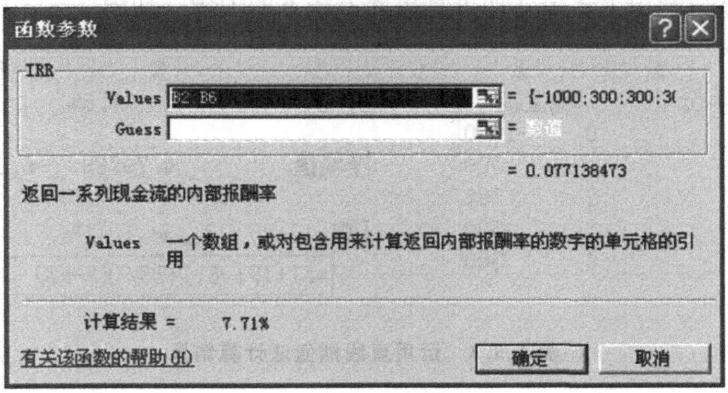

图 2.5.1 IRR 函数对话框

(2)选定取值区域 B2:B6，点击确定，则就会出现结果，如图 2.5.2。

2. 运用直线插值方法求 IRR。如果根据定义，运用高次方程求解 IRR 较为繁琐。我们一般会用试算法来求。当折现率的变化范围很小时，近似认为净现值函数曲线为一段直线，用直线插值法可求出 IRR，公式为：

$$IRR = r_1 + \frac{NPV_1}{NPV_1 + |NPV_2|}(r_2 - r_1) \tag{2.5.3}$$

当折现率为 r_1 时，$NPV_1 > 0$；折现率为 r_2 时，$NPV_2 < 0$。同时，一般要求

	A	B	C
1	年份	现金流	
2	0	-1000	
3	1	300	
4	2	300	
5	3	300	
6	4	300	
7			
8	内部收益率	7.71%	=IRR(B2:B6)
9	贴现率	7%	

图 2.5.2　利用 IRR 函数计算结果

$(r_2-r_1)\leqslant 3\%\sim 5\%$，否则按上述线性插值法算出的 IRR 近似误差较大。

针对此例，运用此方法计算 IRR 的具体步骤为：

(1)选取两个合适的折现率，如 7.5%、8%，分别计算各个折现率下投资的净现值。

(2)然后利用上述公式即可算出此方法下的 IRR。如图 2.5.3 所示。

	A	B	C	D	E	F
1	年份	现金流		折现率	7.5%	8%
2	0	-1000				
3	1	300		净现值	4.79788	-6.3619
4	2	300				
5	3	300		IRR	7.71%	
6	4	300				
7				=E1+(F1-E1)*E3/(E3-F3)		

图 2.5.3　运用直线插值法计算结果

3. 运用 Excel 中的单变量求解功能

具体步骤：

(1)当折现率为 7%时，净现值如图 2.5.4 所示。

(2)单击【工具】/【单变量求解】命令，出现如图 2.5.5 的单变量求解对话框：

(3)在对话框中，按下【目标单元格】里的折叠按钮将对话框折叠，选取 G3 单元格，单击按钮，返回对话框；在【目标值】里填写“0”；按下【可变单元格】里的折叠按钮将对话框折叠，选取 G1 单元格，单击按钮，返回对话框，单击确定，即得到想要的结果(见图 2.5.6)。

	A	B	C	D	G
1	年份	现金流		折现率	7.00%
2	0	-1000			
3	1	300		净现值	16.16
4	2	300			
5	3	300			
6	4	300			

图 2.5.4　单变量求解准备工作

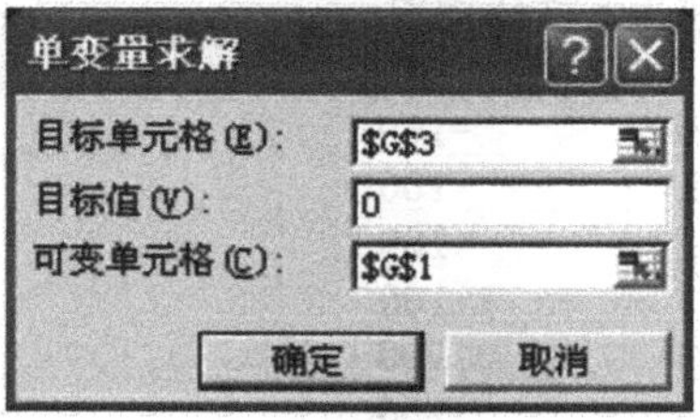

图 2.5.5　单变量求解对话框

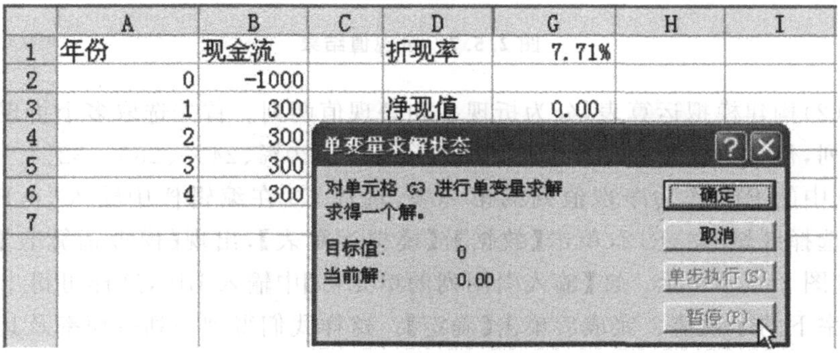

图 2.5.6　单变量求解 IRR 结果

（二）内部收益率为多个解的情况下

一般投资项目期初有投资支出，其净现金流量为负值。以后项目逐年有投资收益，为一正的净现金流量序列，通常在项目寿命期内净现金流量的符号仅变化一次。但有些项目，寿命期内净现金流序列的符号变化很多次，这样的情况下，此时项目的内部收益率会出现多个解。

【例 2.5.2】某投资项目的现金流如图 2.5.6 所示，该项目的折现率为

8%，试求该项目的内部收益率。

在担心会出现多个内部收益率的情况下，我们可以利用 Excel 中的模拟运算表功能做一个模拟运算表，然后运用此表在 Excel 中作出一个折现率—净现值曲线，通过此曲线与横轴的交点的个数直观地来判断内部收益率的个数。

下面介绍具体步骤：

(1)在折现率为 8%时，运用 NPV 函数求出此时的净现值，如图 2.5.7 所示。

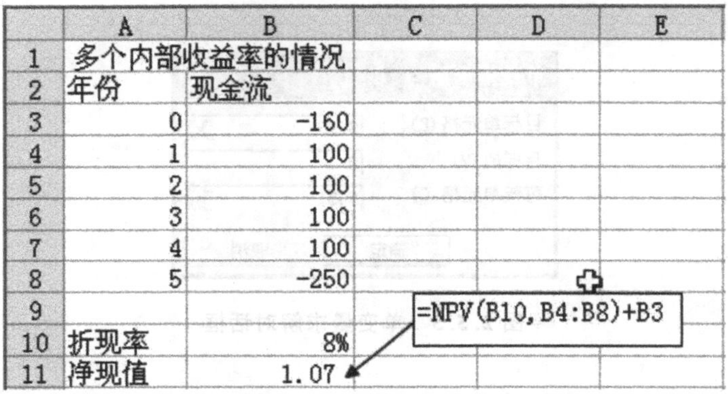

	A	B	C	D	E
1	多个内部收益率的情况				
2	年份	现金流			
3	0	-160			
4	1	100			
5	2	100			
6	3	100			
7	4	100			
8	5	-250			
9			=NPV(B10,B4:B8)+B3		
10	折现率	8%			
11	净现值	1.07			

图 2.5.7　净现值结果

(2)构建模拟运算表，分为折现率和净现值两列。首先选取多个折现率作为一列，例如，可采用 0、4%、8%、12%、16%、20%、24%、28%、32%。将图 2.5.6中的 B11 作为净现值列的第一项，选择 E3 在编辑栏中输入“＝B11”。然后选择区域 D3：E12，单击【数据】/【模拟运算表】，出现【模拟运算表】对话框，如图 2.5.8 所示。在【输入引用列的单元格】中输入 B10，这样可得出不同折现率下的净现值。完成后单击【确定】。这样我们得到一列折现率及其下的净现值，可以做出一个两者的对应关系曲线，如图 2.5.9 所示。

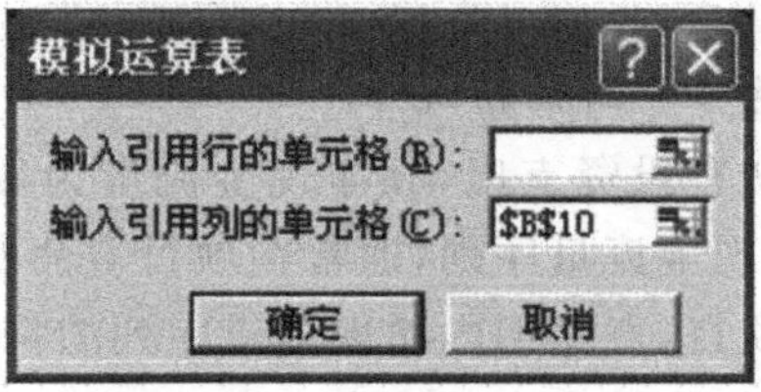

图 2.5.8　模拟运算表对话框

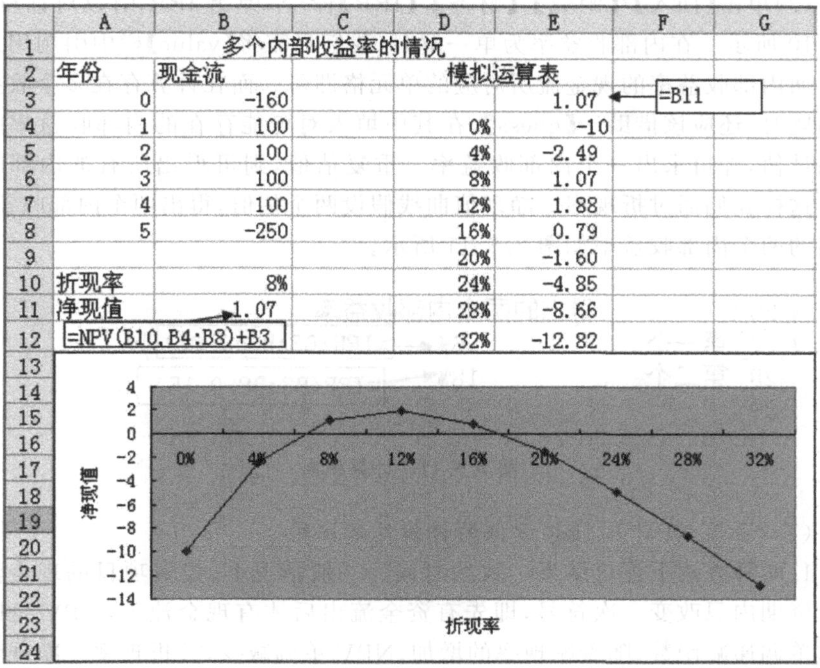

	A	B	C	D	E	F	G
1		多个内部收益率的情况					
2	年份	现金流		模拟运算表			
3	0	-160			1.07	=B11	
4	1	100		0%	-10		
5	2	100		4%	-2.49		
6	3	100		8%	1.07		
7	4	100		12%	1.88		
8	5	-250		16%	0.79		
9				20%	-1.60		
10	折现率	8%		24%	-4.85		
11	净现值	1.07		28%	-8.66		
12	=NPV(B10,B4:B8)+B3			32%	-12.82		

图 2.5.9 具有两个 IRR 的净现值函数曲线

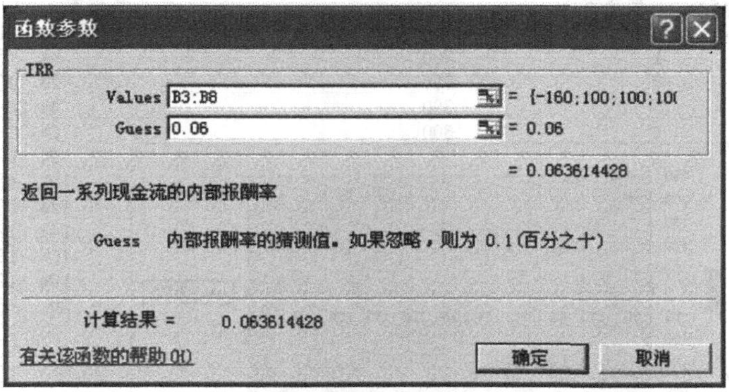

图 2.5.10 内部收益率函数对话框

从两者的对应关系图可以看出，对应于 NPV＝0 的折现率有两个，即内部收益率有两个。这时，IRR 中的【guess】便发挥了作用。

(3)单击【插入】/【函数】/【财务】/【IRR】命令，弹出 IRR 函数对话框，如2.5.10 所示。在内部收益率为单一解时，我们只需将【value】栏中引用用来计算返回内部收益率的现金流所对应的单元格即可。而在计算存在多个收益率的问题时，还应该借助于【guess】，在其中填入对可能存在的内部收益率的一个估计值，即可求出一个内部收益率。重复估值，则可得出所有的内部收益率。这样我们通过折现率—净现值曲线假设两个估值，得出两个内部收益率。得出的两个内部收益率如图 2.5.11 所示。

26	得出的两个内部收益率		
27	第一个	6%	=IRR(B3:B8,0.06)
28	第二个	18%	=IRR(B3:B8,0.15)
29			

图 2.5.11　计算结果

(三)运用 NPV 与 IRR 方法的评价结果比较

1. 两种方法下评价结果一致的时候。一般情况下，投资项目的现金流量在投资期内只改变一次符号，即先有资金流出后才有现金流入，NPV 是贴现率的单调递减函数，随着贴现率的增加，NPV 单调减少，其折现率—净现值曲线如图 2.5.12 所示。曲线与横轴只有一个交点，只形成一个 IRR。

	A	B	C	D	E	F	G
1	年份	现金流				折现率	NPV
2	0	-1000					16.16
3	1	300				0%	200
4	2	300				2%	142.3186
5	3	300				4%	88.96857
6	4	300				6%	39.53168
7						8%	-6.36195
8						10%	-49.0404
9						12%	-88.7952
10						14%	-125.886
11						16%	-160.546
12						18%	-192.981
13						20%	-223.38
14							
15							
16							
17							
18							
19							

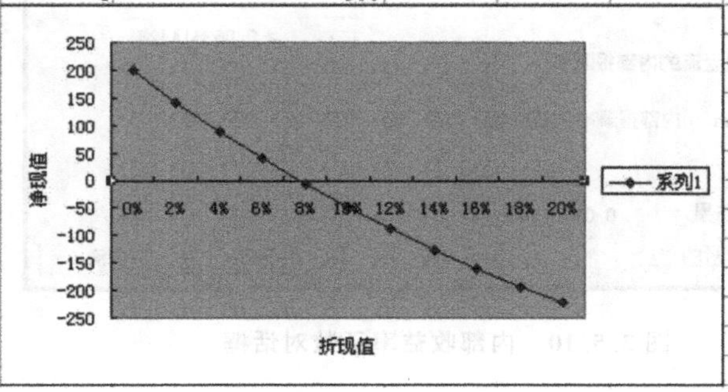

图 2.5.12　NPV 和 IRR 评价结果一致时的净现值曲线

显然在 IRR 点左边的 NPV 均为正数，而在 IRR 点右边的 NPV 均为负数。也就是说，如果 NPV＞0，则 IRR 大于贴现率；反之，如果 NPV＜0，则 IRR 小于贴现率。因此使用这两种方法得出的结论是一致的。

2. 当两种方法评价结果不一致的情况下。在评估一些项目时，有时候用两种方法进行项目排序会出现矛盾。产生这种现象的原因有两个：一个是两个项目的投资规模不同，二是项目现金流量发生的时间不一致。下面只对由项目投资规模不同导致的矛盾进行分析。

假设有两个投资项目 A 和 B，如图 2.5.13 所示。两者的内部收益率均大于资本成本 12%，净现值均大于零，如果可能的话，两者都可被接受。如果两个重要选一个的话，按照内部收益率标准应选择 A，而按净现值标准则应该选 B 项目，这两个标准得出的结论是矛盾的。

	A	B	C	D	E	F	G
1	年份	现金流量			折现率	12%	
2		A	B				
3	0	-27000	-56000			A	B
4	1	10000	20000		NPV	3373.49	4746.99
5	2	10000	20000		IRR	18%	16%
6	3	10000	20000				
7	4	10000	20000				

图 2.5.13　投资规模不同的 A、B 项目的 NPV 与 IRR

这种情况下，可进一步考虑项目 A 与 B 的增量现金流量，即 B－A，两项目的增量现金流量如下图：

	A	B	C	D	E	F	G	H
1	年份	现金流量			折现率	12%		
2		A	B	B-A				
3	0	-27000	-56000	-29000		A	B	B-A
4	1	10000	20000	10000	NPV	3373.49	4746.99	1373.49
5	2	10000	20000	10000	IRR	18%	16%	14%
6	3	10000	20000	10000				
7	4	10000	20000	10000				

图 2.5.14　A、B 项目的增量现金流量 B－A

B－A 相当于在项目 A 的基础上追加投资，其 IRR 为 14%，大于资本成本 12%；净现值＞0。所以无论哪种标准，追加投资项目都应接受。

所以，在资本无限量的情况下，投资者在接受项目 A 后，还应该接受项目

B－A，即选择项目 B；反之，如果出现 B－A 项目的 IRR 小于资本成本应放弃 B－A 项目，即选择项目 A。在考虑追加项目的情况下，净现值与内部收益率所得结论趋于一致。对于现金流发生时间不一致的情况，仍然可以使用此方法解决。

第三章

固定收益证券定价

第一节 固定收益证券的基本特征及其分类

固定收益证券(fixed income securities),是指在一定的期间内,证券的发行者会根据事先约定的利率(股利率)支付投资者利息(股息),使投资期间每期收益均为"固定"可知的证券。

一、固定收益证券的基本特征

固定收益证券虽然种类繁多,但彼此之间或多或少都有一些共同的特性存在。固定收益证券的基本特性主要有以下几点。

(一)利息发放的频率固定

固定收益证券通常是每季、每半年或者每年付息一次,大部分的固定收益证券有固定的票面利率,在付息日投资者可以领取固定的利息收入,虽然有些固定收益证券采取浮动的票面利率,因此每次支付的利息金额并不确定,然而支付的频率却是可以确定的。

(二)证券到期要兑付本金

大多数的固定收益证券都有一定的到期期限,投资者在到期期限终了前可领取利息,到期时则可以领取本金,这也是固定收益证券与普通股最大的不同点。

(三)有优先求偿权,可以节税

对于发行企业来说,由于公司债有优先求偿权,每期还可以领取固定的利息保障，因此发行债券的资金成本通常较发行普通股来得低，且每期支付的利息属于营业外费用，具有降低企业盈余的效果，进而使得所需缴纳的经营所得税也跟着减少，因此发行债券可以产生节税的效果。

（四）相对较有保障

例如投资政府发行的公债，由于背后有政府的资信作担保，可以完全不必担心违约风险；投资企业发行的公司债或者优先股，虽然必须承担企业违约的风险，然而其享有优先被偿还的权利，求偿顺序优于普通股，故相对较有保障。

二、固定收益证券的分类

以证券到期期限的长短划分，固定收益证券可以划分为：

（一）货币市场固定收益证券

它是指1年以内到期的固定收益证券，其特征为低风险、高流动性。由于货币市场的参与者众多，市场效率性高，不会因为变现而使收益有所牺牲，故成为短期资金最佳的停靠站。比较常见的货币市场固定收益证券主要包括国库券、可转让定期存单、银行承兑汇票及商业本票，现分别简介如下。

1. 国库券

国库券是国家财政当局为弥补国库收支不平衡，用以解决短期财政收支失衡而发行的一种政府债券。我国国库券的期限最短的为1年，而西方国家国库券品种较多，一般可分为3个月、6个月、9个月、1年期四种，其面额起点各国不一。国库券采用不记名形式，无须经过背书就可以转让流通。发行国库券的主要目的在于筹措短期资金，解决财政困难。当中央政府的年度预算在执行过程中发生赤字时，国库券筹资是一种经常性的弥补手段。由于期限短、流动性强、安全性高，国库券被视为零风险债券或“金边债券”（gilt-edged bond）。

2. 可转让定期存单

所谓可转让定期存单，是指由银行发行借以取得大额资金的金融工具，其和一般以存款户为诉求的定期存单有所不同。一般的银行定期存单是按月计息，且中途可以提前解约，而可转让定期存单则是到期一次偿还本息，并不按月计息，且无法提前解约。

3. 银行承兑汇票

所谓银行承兑汇票，是指由国内外商品或劳务交易当事人委托银行为付款人，并经银行承兑的远期汇票，到期银行承兑汇票的持有者可以要求银行支付汇票上标明的金额。银行承兑汇票是以贴现的方式发行,期限不得超过180天,且签发银行承兑汇票须有具体商品交易或者劳务提供的事实,也就是银行承兑汇票必须具有“自偿性”。

4.商业本票

所谓商业本票是指企业以信用作为担保,于货币市场发行的短期债务工具,又叫一般本票。商业本票的发行大多采取折价(discount)方式进行,但大多数是通过经纪中介商的渠道而发售的。商业本票的利率因发行公司的信用等级不同而有所差异,企业信用愈好的商业本票,其市场的流通性愈佳,在此级市场的市场价格会愈高。基本上,商业本票可分为两类:一为企业因实际交易行为,以付款为目的而签发的,称之为交易商业本票;二为企业为筹措短期资金而发行的,称之为融资商业本票。

(二)资本市场固定收益证券

资本市场的固定收益证券主要有:

1.公债

所谓公债,是指国家为了筹措资金而向投资者出具的,承诺在一定时期支付利息和到期还本的债务凭证。广义的公债是指公共部门债务,狭义的公债是指政府部门债务。在我们现实生活中,所指的公债大多是狭义的,即政府举借的债。

一般把中央政府发行的债券称为中央政府债券,或国家债券,简称国债;而把地方政府发行的债券称为地方政府债券,简称地方债。

公债作为债券体系中的一个品种,与其他债券相比,显示了四个方面的特点。

(1)安全性高。在各类债券中,公债的信用等级通常被认为是最高的。

(2)流通性强。公债的二级市场十分发达,转让很方便。

(3)收益稳定。公债的付息由政府保证,对于投资者来说,投资公债的收益是比较稳定的。

(4)免税待遇。大多数国家规定对于购买公债所获得的收益,可以享受税收上的免税待遇。

2.公司债券(corporate bond)

公司债券是指公司依照法定程序发行的,约定在一定期限还本付息的有价证券。公司债券是公司债的表现形式,基于公司债券的发行,在债券的持有人和发行人之间形成了以还本付息为内容的债权债务法律关系。因此,公司债券是公司向债券持有人出具的债务凭证。

公司债券的主要特点：

(1)风险性较大，公司债券的还款来源是公司的经营利润，但是任何一家公司的未来经营都存在很大的不确定性，因此公司债券持有人承担着损失利息甚至本金的风险。

(2)收益率较高，风险与收益成正比的原则，要求较高风险的公司债券需提供给债券持有人较高的投资收益。

(3)对于某些债券而言，发行者与持有者之间可以相互给予一定的选择权。

(4)因其反映的是债权关系，故不拥有对公司的经营权，但是可以比股东优先享有索取利息和优先要求补偿和分配剩余资产的权利。

3. 金融债券

金融债券是银行等金融机构作为筹资主体为筹措资金而面向个人发行的一种有价证券，是表明债务、债权关系的一种凭证。债券按法定发行手续发行，承诺按约定利率定期支付利息并到期偿还本金。它属于银行等金融机构的主动负债。

金融债券是由银行和非银行金融机构发行的债券。在英、美等欧美国家，金融机构发行的债券归类于公司债券。在我国及日本等国家，金融机构发行的债券称为金融债券。

4. 资产支持证券

资产支持证券，也称资产支持债券、资产证券化，是以美国为首的西方发达资本市场国家在20世纪80年代金融创新中涌现的金融品种，是以某种资产组合为基础发行的债券。

5. 国际债券

国际债券是一国政府、金融机构、工商企业或国家组织为筹措和融通资金，在国外金融市场上发行的，以外国货币为面值的债券。国际债券的重要特征，是发行者和投资者属于不同的国家，筹集的资金来源于国外金融市场。国际债券的发行和交易，既可用来平衡发行国的国际收支，也可用来为发行国政府或企业引入资金从事开发和生产。

依发行债券所用货币与发行地点的不同，国际债券又可分为外国债券和欧洲债券。

外国债券是指借款人在其本国以外的某一个国家发行的、以发行地所在国的货币为面值的债券。外国债券是传统的国际金融市场的业务，已存在几个世纪，它的发行必须经发行地所在国政府的批准，并受该国金融法令的管辖。在美国发行的外国债券(美元)称为扬基债券,在日本发行的外国债券(日元)称为武士债券。

欧洲债券是借款人在债券票面货币发行国以外的国家或在该国的离岸国际金融市场发行的债券。欧洲债券是欧洲货币市场三种主要业务之一,因此它的发行无需任何国家金融法令的管辖。

6. 浮动利率债券

根据债券利率在偿还期内是否变化,可将债券区分为固定利率债券和浮动利率债券。

浮动利率债券是指发行时规定债券利率随市场利率定期浮动的债券,也就是说,债券利率在偿还期内可以进行变动和调整。浮动利率债券往往是中长期债券。浮动利率债券的利率通常根据市场基准利率加上一定的利差来确定。美国浮动利率债券的利率水平主要参照 3 个月期限的国债利率,欧洲则主要参照伦敦同业拆借利率(指设在伦敦的银行相互之间短期贷款的利率,该利率被认为是伦敦金融市场利率的基准)。

(三)优先股

优先股是公司的一种股份权益形式,持有这种股份的股东先于普通股股东享受分配收益的权利,通常为固定股利。优先股收益不受公司经营业绩的影响。其主要特征有:享受固定收益、优先获得分配、优先获得公司剩余财产的清偿、无表决权。除了这些本质特征外,发行人为了吸引投资者或保护普通股东的权益,对优先股附加了很多定义,如可转换概念、优先概念、累计红利概念等。

第二节　债券定价

债券的价格是持有债券期间所有现金流的现值,包括持有期间利息支付的现值和到期价值的现值两部分。给定一个债券的现金流和必要收益率,我们就可以计算出债券的价值。

一般来说,债券的定价公式可以表示如下:

$$P=\frac{C}{(1+r)^1}+\frac{C}{(1+r)^2}+\frac{C}{(1+r)^3}+\cdots+\frac{C}{(1+r)^n}+\frac{M}{(1+r)^n}$$

其中:P 表示债券的价格,C 表示每期支付的利息,r 表示期间利率(年必要收益率除以年付息次数),n 表示期间数(年数乘以付息次数),M 表示到期价值。

【例 3.2.1】甲公司发行一种票面价值为￥10 000的债券，年息为10%，半年支付利息一次，10年到期，设必要收益率为12%，计算该债券的价格。

为计算债券的价格，我们先分析债券的现金流。因为债券为10年期，半年付息一次，且票面价值为￥10 000，年息为10%，故此后每隔半年投资者将会获得10 000×10%/2=500元的收入，持续10年20期，到期日除了收到￥500的利息外，还将会获得￥10 000的本金。

又因为必要收益率为12%，期间利率r等于6%。所以按照上面的计算公式，我们有：C=￥500，n=20，r=0.06，M=￥10 000。在这种情况下，我们要计算债券的价格可以把以上数据带入上面的计算公式，利用等比数列求和的方式计算出债券价格，或者我们可以利用Excel里面的一个函数直接求得债券的价格。在此，我们采用第二种方式计算债券价格。

一、在Excel中输入题目中给定条件

如图3.2.1所示，C=500(见A1:B1区域)，n=20(见A2:B2区域)，r=0.06(见A3:B3区域)，M=10 000(见A4:B4区域)。

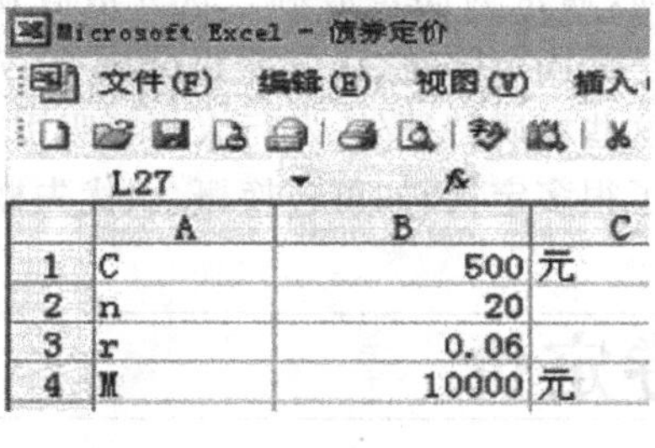

图3.2.1　债券定价条件输入

二、利用Excel中的PV函数计算债券价格

在A7单元格中输入P，在B7单元格中输入："=PV($B$3,$B$2,$B$1,$B$4,0)"，按回车键便可以得出债券的价格。注意，此步骤的具体做法为，在A7单元格中输入P，点击B7单元格选中该单元格，输入"="，点击"插入"，选择"函数"，选择"财务"，并选择"PV"。见图3.2.2。

然后按对话框(见图3.2.3)下方的提示在各个方框中输入相应的数值，

图 3.2.2 插入函数

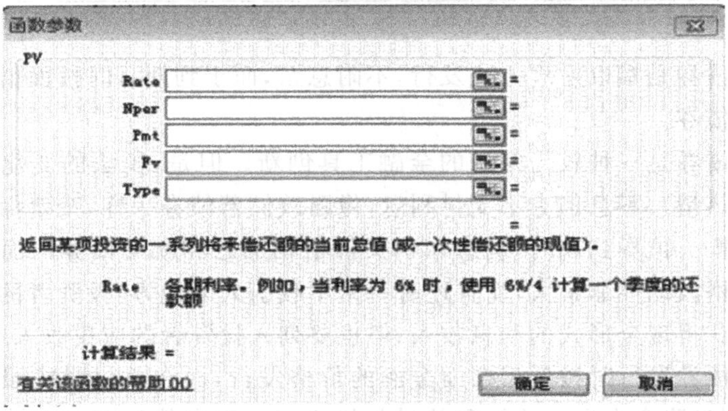

图 3.2.3 输入函数参数

点击“确定”,便可以得到最后的结果,见图 3.2.4。

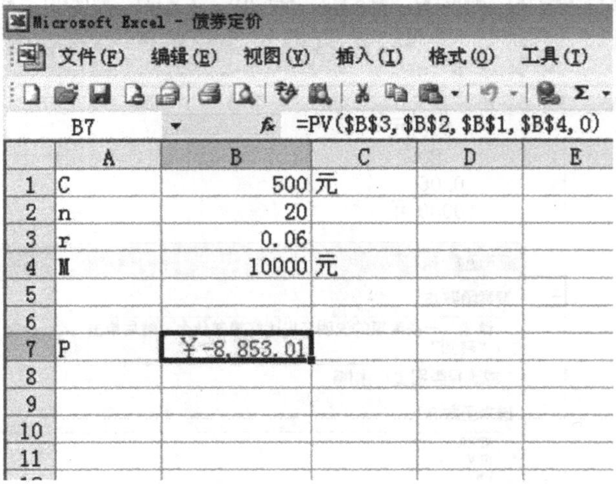

图 3.2.4 债券定价

由于 PV 函数表示的是某项投资的一系列将来偿还额的当前总值(或一次性偿还额的现值),结果中的负号只是表示现金流的流向,所以通过计算债券的价格为8 853.01元。

第三节 零息债券定价

零息债券是指以贴现方式发行,不附息票,而于到期日时按面值一次性支付本利的债券。

零息债券是一种较为常见的金融工具创新。但是,税法的变化影响了市场对它的热情。零息债券不支付利息,像财政储蓄债券一样,按票面进行大幅折扣后出售。债券到期时,利息和购买价格相加之和就是债券的面值。零息债券的价格波动性非常大,而且还有一个不吸引人的地方:投资者的零息债券投资不会获得现金形式的利息收入,但也要列入投资者的应税收入中。

零息债券发行时按低于票面金额的价格发行,而在兑付时按照票面金额兑付,其利息隐含在发行价格和兑付价格之间。零息债券的最大特点是避免了投资者所获得利息的再投资风险。零息债券是不派息的债券,投资者购买时可获折扣(即以低于面值的价格购买),在到期时收取面值。由于这些特性,零息债券对利率的改变特别敏感。一般而言,债券价格与利率变动呈反比关系。

一、零息债券定价

零息债券的价格也是期望现金流的现值。与附息债券不同的是零息债券的唯一现金流是到期后票面价值的赎回。因此,零息债券的价格计算公式为:

$$P=\frac{M}{(1+r)^n}$$

其中:P 表示零息债券的当前价格,M 表示投资者在到期日收到的零息债券的票面价值,r 表示期间利率(等于年利率除以每年付息次数)。

【例 3.3.1】 某公司发行 15 年到期的零息债券,到期价值为 \$ 2 000,假设年必要收益率为 10%,计算该零息债券的当前价格。

因为只有到期日唯一的现金流,相对附息债券来说,零息债券的定价问题较为简单,只需将到期日获得的债券的票面价值进行贴现就可以得到零息债券的价格。

根据题目在 Excel 中输入相应条件,如图 3.3.1。

M=2 000 美元(见 A1:C1 区域),r=0.1(见 B2:C2 区域),n=15 年(见 A3:C3 区域)。

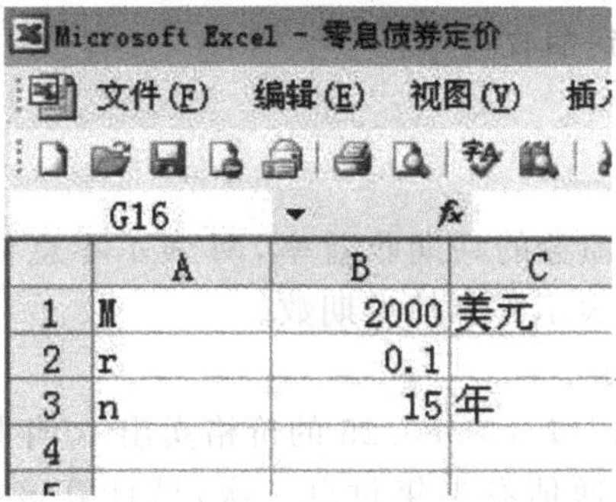

图 3.3.1 零息债券定价条件输入

利用 Excel 计算零息债券价值的过程如下:

在 A6 单元格输入 P,C6 单元格输入"美元",然后在 B6 单元格输入"=B1/

((1+B2)^B3)”点击回车键便可以计算出零息债券的价格，如图 3.3.2 所示。

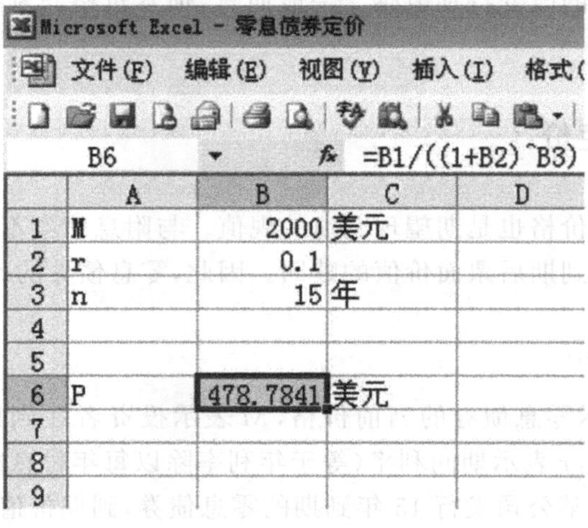

图 3.3.2 零息债券定价

二、零息债券的到期收益率

上面我们已经为零息债券做过定价，下面我们考虑如果零息债券的价格跟票面价值已知，我们怎样计算零息债券的到期收益率。

其实，根据上面的零息债券定价公式，我们不难得出公式中的必要收益率就是我们这里要求的到期收益率：

$$r=\left(\frac{M}{P}\right)^{\frac{1}{n}}-1$$

其中：r 表示零息债券的到期收益率，M 表示零息债券的票面价值，P 表示零息债券的价格，n 表示零息债券期数。

下面给出具体例子。

【例 3.3.2】 甲公司以 \$3 580.25 的价格卖出 10 年期的零息债券，到期价值为 \$10 000，假设普通债券半年付息一次，试计算该零息债券的到期收益率。

1. 根据上面公式利用 Excel 求零息债券的到期收益率

如图 3.3.3，将题目中的已知条件输入 Excel：P=3 580.25 美元(见 A1：C1 区域)，M=10 000 美元(见 A2：C2 区域)，n=20 期(见 A3：C3 区域)。

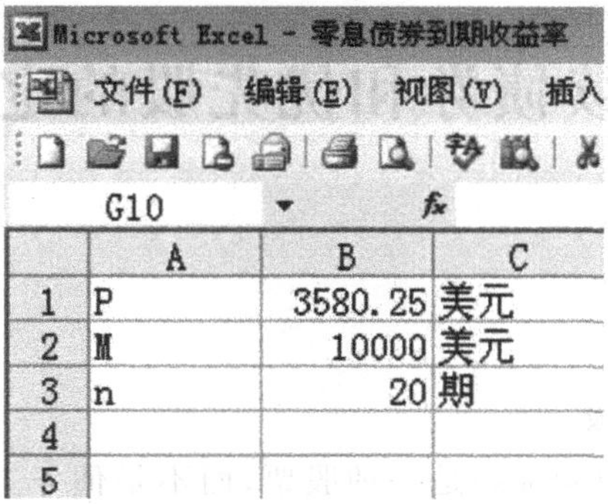

图 3.3.3 零息债券到期收益率条件输入

2. 利用 Excel 求零息债券的到期收益率

根据零息债券到期收益率的计算公式：

$$r=\left(\frac{M}{P}\right)^{\frac{1}{n}}-1$$

在 Excel 工作表的 A6 单元格中输入“r”，在 B6 单元格中输入“=(B2/B1)^(1/B3)-1”，便可以得到零息债券的到期收益率(如图 3.3.4)。

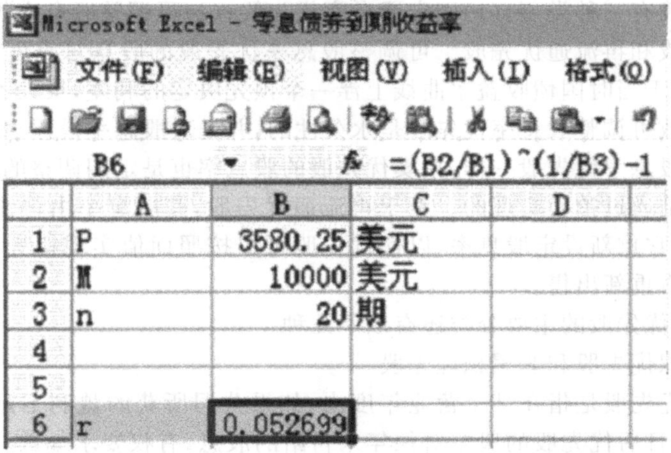

图 3.3.4 零息债券到期收益率

所以，根据 Excel 的计算结果，因为 5.27%是该零息债券半年的收益率，所以它的两倍 10.54%就是该零息债券的到期收益率。

第四节　永续债券和优先股的定价

一、优先股

(一)优先股的定义

优先股(preferred stock)是一种股票,而不是债务工具,但它兼有普通股和债务工具的特点。像普通股股东一样,优先股的持有者有权得到分红。然而不同于普通股的是,优先股股息等于面值的指定百分比。这个百分比称为股息率(dividend rate);在优先股存续期内,它不需要固定不变,可以浮动。

与债务不同的是,对优先股股东的股息支付来自收益。这意味着按照当前税法,优先股股息对公司来说是不能抵税的(相反,利息可以抵税)。

优先股与债务有一些重要的相似之处,体现在两个方面:(1)发行人对优先股股东承诺支付的金额是固定的;(2)优先股股东在股息分发和破产时的资产分摊方面比普通股股东享有优先权。

(二)优先股的类型

优先股有三种类型:(1)固定股息率优先股;(2)可调整股息率优先股;(3)拍卖优先股和再流通优先股。可调整股息率优先股的股息每季度调整一次,调整时,基于当时国债收益率曲线上浮一个预先决定的利差,最大不超过三个点。大多数可调整股息率优先股是永久性的,并且对股息率设浮动的上下限。与可调整股息率优先股一样,拍卖优先股的股息率也是定期调整的,但它的股息率设定是通过拍卖实现的。至于再流通优先股,其股息率由再流通代理人定期决定,它重新设定股息率,以使优先股可以按照面值实现招标,并按照初始发行价格重新出售。

另外,优先股的主要分类还有以下几种:

1. 累积优先股和非累积优先股

累积优先股是指在某个营业年度内,如果公司所获的盈利不足以分派规定的股利,日后优先股的股东对往年未付给的股息,有权要求如数补给。对于非累积的优先股,虽然对于公司当年所获得的利润有优先于普通股获得分派股息的权利,但如该年公司所获得的盈利不足以按规定的股利分配时,非累积优先股的股东不能要求公司在以后年度中予以补发。一般来讲,对投资者来说,累积优先股比非累积优先股具有更大的优越性。

2. 参与优先股与非参与优先股

当企业利润增大，除享受既定比率的利息外，还可以跟普通股共同参与利润分配的优先股，称为"参与优先股"。除了既定股息外，不再参与利润分配的优先股，称为"非参与优先股"。一般来讲，参与优先股较非参与优先股对投资者更为有利。

3. 可转换优先股与不可转换优先股

可转换的优先股是指允许优先股持有人在特定条件下把优先股转换成为一定数额的普通股。否则，就是不可转换优先股。可转换优先股是近年来日益流行的一种优先股。

4. 可收回优先股与不可收回优先股

可收回优先股是指允许发行该类股票的公司，按原来的价格再加上若干补偿金将已发行的优先股收回。当该公司认为能够以较低股利的股票来代替已发行的优先股时，就往往行使这种权利。反之，就是不可收回的优先股。

(三)优先股的特征

优先股的优先特征体现在以下四个方面：

1. 在分配公司利润时可先于普通股且以约定的比率进行分配。

2. 当股份有限公司因解散、破产等原因进行清算时，优先股股东可先于普通股股东分取公司的剩余资产。

3. 优先股股东一般不享有公司经营参与权，即优先股股票不包含表决权，优先股股东无权过问公司的经营管理，但在涉及优先股股票所保障的股东权益时，如公司连续几年不支付或无力支付优先股股票的股息，优先股股东可发表意见并享有相应的表决权。

4. 优先股股票可由公司赎回。由于股份有限公司需向优先股股东支付固定的股息，优先股股票实际上是股份有限公司的一种举债集资的形式，但优先股股票又不同于公司债券和银行贷款，这是因为优先股股东分取收益和公司资产的权利只能在公司满足了债权人的要求之后才能行使。优先股股东不能要求退股，却可以依照优先股股票上所附的赎回条款，由股份有限公司予以赎回。大多数优先股股票都附有赎回条款。

二、永续债券

而所谓永续债券(perpetual bond)，是指每年皆领取固定的利息但却无到期日的债券。由于永无到期日，故等于无法领取本金，因此可以"无穷等比数列”的概念来定价，永续债券的定价公式可以写为：

$$P=\frac{c\times F}{r}$$

其中：P 表示永续债券的价格，c 表示每年获得的利息收入的利息率，F 表示永续债券的票面金额，r 表示永续债券持有者的必要收益率。

类似地，我们这里仅考虑固定股息率优先股的定价问题，由于每年可以领取固定的股利，且与普通股一样没有到期日，故优先股的报偿的特性其实与永续债券极为相似，因此对于此类优先股的定价，我们利用下面的定价公式：

$$V=\frac{d\times F}{r}$$

其中：V 表示优先股的价值，d 表示优先股股东每年获得的股利收入的股利率，F 表示优先股的面额，r 表示优先股股东的必要报酬率。

下面利用具体例子说明优先股的定价问题。

【例 3.4.1】 甲公司于 2009 年发行一种面额为＄100 的优先股，票面利率为 12％，一年付息一次，即该优先股股东每年可以获得＄12 的现金收入，假设该优先股股东的必要报酬率为 10％，试计算该优先股的价值。

根据上面给出的优先股的定价公式：

$$V=\frac{d\times F}{r}$$

我们利用 Excel 为该优先股定价。

1. 首先在 Excel 的工作表中输入题目条件

$F=100$ 美元（见图 3.4.1 中的 A1:C1 区域），$d=12\%$（见 A2:B2 区域），$r=10\%$（见 A3:B3 区域）。

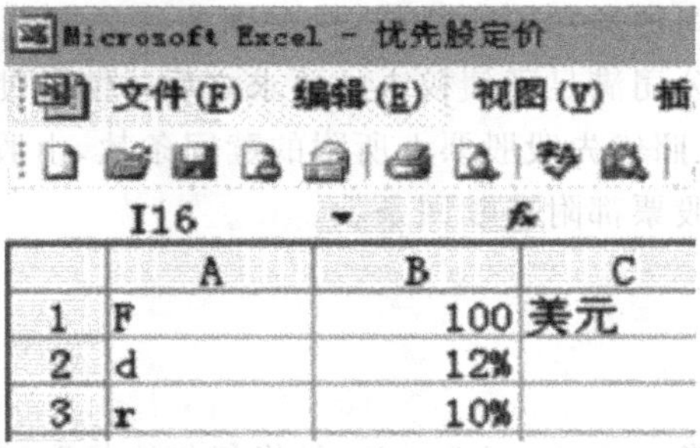

图 3.4.1 优先股定价条件输入

2.利用 Excel 计算优先股的价值

在 A6 单元格输入“V”表示优先股的价值，在 B6 单元格输入“＝B2 * B1/B3”，便可以计算出该优先股的价值，见图 3.4.2。

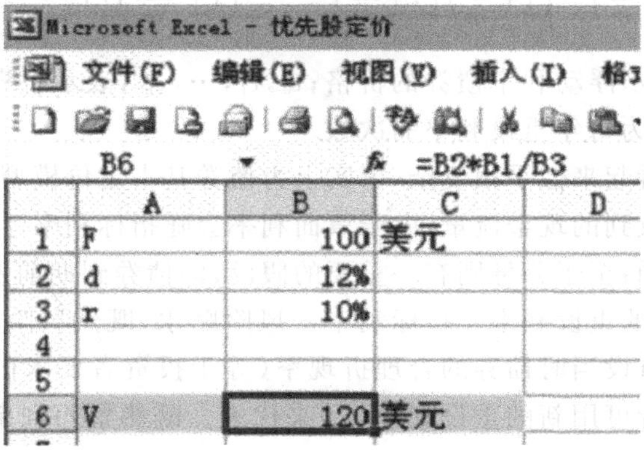

图 3.4.2 优先股定价

第五节　浮动利率债券定价

浮动利率债券是指息票利率以指定的参考利率为基准且在指定日进行调整的一种债券。浮动利率债券的息票公式可以表示为下式：

息票利率＝参考利率±报价差额

报价差额(用基点表示)是发行人一致赞同的针对参考利率所进行的调整。最常用的四种参考利率是伦敦银行同业拆借利率、短期国库券收益率、优惠利率及国内大额存单利率，并且它们出现在多种浮动利率债券的息票公式中。

一、利率重设日附近的定价

上面提到浮动利率债券的票面利率为指标利率再加码，此加码即代表发行者的风险贴水，而票面利率会定期重新设定，以反映指标利率的最新水准。在假设债券到期前发行者的风险贴水不变的条件下，浮动利率债券在利率重设日附近的定价公式为：

$$P=\frac{\frac{c_0}{m}}{\left(1+\frac{c_0}{m}\right)}+\frac{\frac{c_1}{m}}{\left(1+\frac{c_1}{m}\right)\left(1+\frac{c_0}{m}\right)}+\cdots+\frac{\frac{1+c_{n-1}}{m}}{\left(1+\frac{c_{n-1}}{m}\right)\left(1+\frac{c_{n-2}}{m}\right)\cdots\left(1+\frac{c_0}{m}\right)}$$

其中：P 表示浮动利率债券的价格；$c_0, c_1, \cdots, c_{n-1}$ 表示各期重设的票面利率（年利率）；m 为每年重设利率的次数。

这个公式看起来似乎很复杂，事实上为债券基本定价模型的衍生：分子部分仍为每期所收到的现金流量，由于票面利率会随指标利率浮动，故每一期的现金流量皆不同；至于分母则有一重要的假设，即债券到期前发行者的风险贴水不变，又每期的重设利率＝指标利率＋风险贴水，既然风险贴水固定，重设利率必能反映重设当时债券的合理折现率（等于投资者要求的收益率），故每一期的收益率皆可用新的重设利率（c_i）来代表。既然票面利率约等于投资者要求的报酬率，则浮动利率债券的价格将会很接近其面值（票面利率等于要求的收益率时，债券为平价），利率风险很小。但如果发行者的风险贴水改变（加码改变），则重设日的重设利率（指标及加码部分），将不再等于发行公司的合理折现率，所以浮动利率债券的价格即使在重设日时也不会回归其面值：若公司的风险贴水变小，则债券会因而溢价，反之则债券会折价。

二、利率重设后的债券定价

前面的定价公式仅适用于利率重设日附近，至于重设日之后的定价，则由于票面利率在下一重设日之前已经不会再变动，故此时浮动利率债券将类似于固定利率债券，即若市场指标利率走跌，此一债券会微幅溢价，反之会微幅折价。因此价格可以下列公式估算：

$$P=100+\frac{(I_0-I_{now})\times\frac{100}{m}}{1+\bar{r}\left(\frac{f}{d}\right)}$$

其中：I_0 表示已经重设过的指标利率，I_{now} 表示当日市场的指标利率，$\bar{r}$ 表示折现率，f 表示当日至下一付息日之间的天数，d 表示以当日为基准之前后两次重设日之间的天数，m 表示每年重设的次数。

由此一公式可以看出，若指标利率走高，则 I_{now} 会高于 I_0，$(I_{now}-I_0)$ 将小于零，即 P(价格指数)将小于 100，即债券将折价；反之，若指标利率走低，则债券就会溢价。

即使市场指标利率不变，但风险贴水(rp)改变也会造成浮动利率债券价格的变动，且变动的幅度应等于“因风险贴水改变而造成现金流量现值变动的幅度”。下列的公式，就是在重设利率后，同时考虑指标利率与风险贴水改变的浮动利率债券定价公式：

$$P=100+\frac{[(rp_c+I_0)-(rp_{now}+I_{now})]\times\frac{100}{m}+P_{next}}{1+\bar{r}\left(\frac{f}{d}\right)}$$

其中：$P_{next}=\sum_{i=1}^{n}\frac{(rp_c-rp_{now})\times\frac{100}{m}}{\left[1+\frac{\bar{r}}{m}\right]^i}$，将总风险变动的影响折现至下一个付息日；$I_0$ 表示已定的当期指标的计息；I_{now}表示当日指标的计息；rp_c 表示票面利率中固定的风险贴水；rp_{now}表示目前市场期望的风险贴水；f 表示当日至下一付息日之间的天数；d 表示前后两个利率重设日之间的天数；m 表示计息的次数；n 表示下一个付息日起算至到期日的期数。

【例 3.5.1】甲公司于 2005 年 12 月 31 日发行 3 年期的浮动利率债券，该债券于 2008 年 12 月 31 日到期，票面利率是美元 LIBOR+0.30%，利息重设日为每年的 3 月 31 日、6 月 30 日、9 月 30 日以及 12 月 31 日，2006 年 9 月 30 日的美元 LIBOR 为 5%，所以重设利率为 5%+0.30%=5.30%，又 2006 年 11 月 10 日乙投资者想要买进该债券，此时的美元 LIBOR 为 4.5%，市场期望的风险贴水变为 0.25%，计算此时该浮动利率债券的市场价格。

根据题目条件，我们不难看出本题涉及指标利率与风险贴水同时改变的情形，下面我们利用相应的浮动利率债券定价公式计算浮动利率债券的价格。

1. 在 Excel 中输入题目中的条件

$n=8$(见图 3.5.1 中的 A1:B1 区域)，$m=4$(见 A2:B2 区域)；$d=91$(见 A3:B3 区域)，$f=51$(见 A4:B4 区域)；$I_0=5\%$(见 A5:B5 区域)，$I_{now}=4.5\%$(见 C1:D1 区域)；$rp_c=0.3\%$(见 C2:D2 区域)，$rp_{now}=0.25\%$(见 C3:D3 区域)；$\bar{r}=4.75\%$(见 C4:D4 区域)。

2. 根据上面公式计算 P_{next}

在 A9 单元格输入“$(rp_c-rp_{now})\times\frac{100}{m}$”，A12 单元格输入“$\frac{\bar{r}}{m}$”，然后在

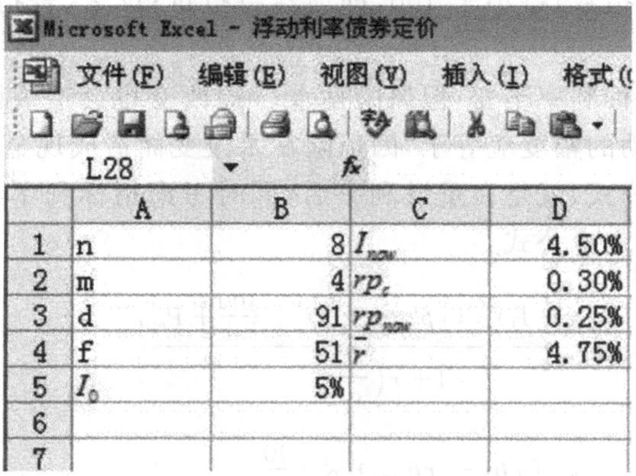

	A	B	C	D
1	n	8	I_{now}	4.50%
2	m	4	rp_c	0.30%
3	d	91	rp_{now}	0.25%
4	f	51	$\bar{r}$	4.75%
5	I_0	5%		
6				
7				

图 3.5.1 浮动利率债券定价条件输入

C9、B12 单元格分别输入："＝(D2－D3)＊100/B2"、"＝D4/B2"；在 A14 单元格输入："$\overline{P_{next}}$"，利用上面已经用到过的 PV 函数计算 P_{next} 的相反数，在 B14 单元格输入："＝PV(B12,B1,C9,0,0)"。

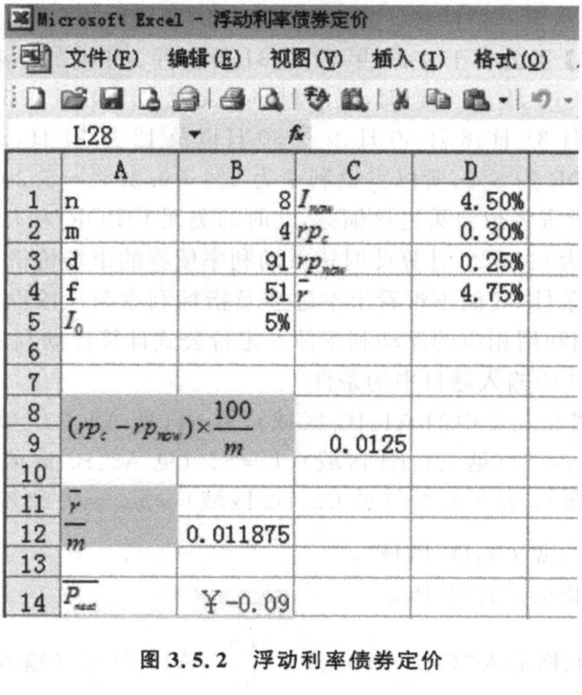

	A	B	C	D
1	n	8	I_{now}	4.50%
2	m	4	rp_c	0.30%
3	d	91	rp_{now}	0.25%
4	f	51	$\bar{r}$	4.75%
5	I_0	5%		
6				
7				
8	$(rp_c - rp_{now}) \times \frac{100}{m}$			
9			0.0125	
10				
11	$\frac{\bar{r}}{m}$			
12		0.011875		
13				
14	$\overline{P_{next}}$	¥-0.09		

图 3.5.2 浮动利率债券定价

3. 计算浮动利率债券价格 P

在 A15 单元格输入："P_{next}"，然后在 B15 单元格输入"0.09"。根据浮动利率债券的定价公式，计算该债券价格：

$$P=100+\frac{[(rp_c+I_0)-(rp_{now}+I_{now})]\times\frac{100}{m}+P_{next}}{1+\bar{r}\left(\frac{f}{d}\right)}$$

在 A18 单元格输入"P"，在 B18 单元格输入："=100+(((D2+B5)-(D3+D1))*100/B2+B15)/(1+D4*B4/B3)"，从而得出债券价格，此价格系将下期现金流量完全加以折现，因此为含息价，见图 3.5.3：

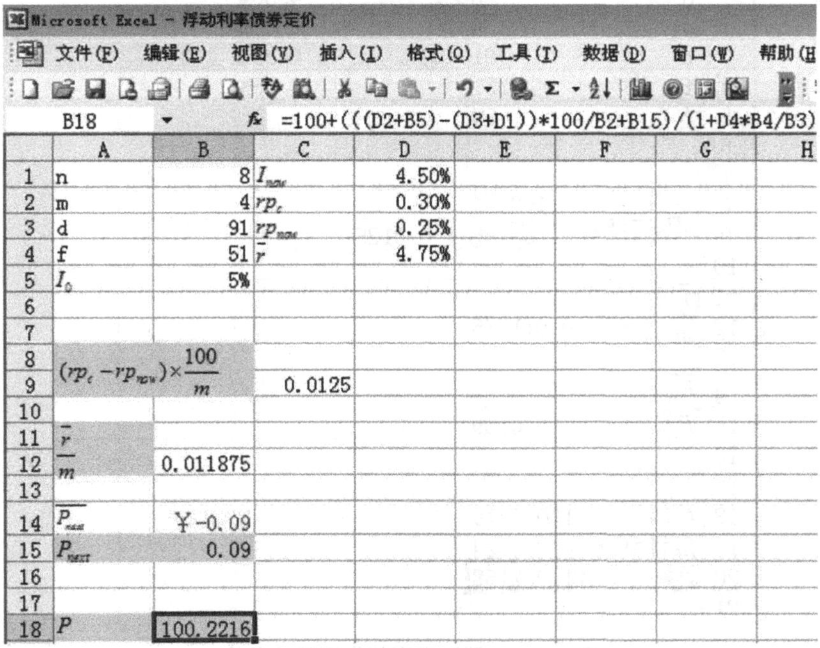

	A	B	C	D	E	F	G	H
1	n	8	I_{now}	4.50%				
2	m	4	rp_c	0.30%				
3	d	91	rp_{now}	0.25%				
4	f	51	$\bar{r}$	4.75%				
5	I_0	5%						
6								
7								
8	$(rp_c-rp_{now})\times\frac{100}{m}$							
9			0.0125					
10								
11	$\frac{\bar{r}}{m}$							
12		0.011875						
13								
14	$\overline{P_{next}}$	¥-0.09						
15	P_{next}	0.09						
16								
17								
18	P	100.2216						

图 3.5.3 浮动利率债券定价含息价

4. 计算应计利息和债券的除息价格

应计利息的计算公式为：

$$应计利息=\frac{rp_c+I_0}{m}\times\frac{d-f}{d}$$

在 Excel 中的 A19 单元格中输入："应计利息"，然后在 B19 单元格中输入:"=(D2+B5)/B2*(B3−B4)/B3",便可以算出应计利息。

在 A20 单元格中输入"$\bar{P}$",表示浮动利率债券除息后的价格,然后在 B20 单元格中输入"=B18−B19",用含息价格减去应计利息,便得到浮动利率债券的除息价格。最后的结果见图 3.5.4:

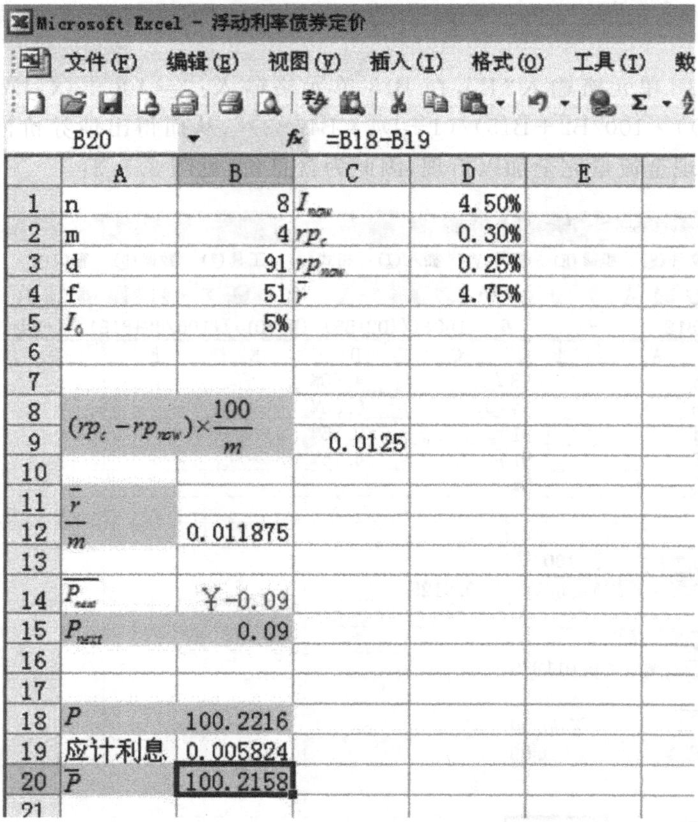

Microsoft Excel - 浮动利率债券定价

B20 | =B18-B19

	A	B	C	D	E
1	n	8	I_{new}	4.50%	
2	m	4	rp_c	0.30%	
3	d	91	rp_{new}	0.25%	
4	f	51	$\bar{r}$	4.75%	
5	I_0	5%			
6					
7					
8	$(rp_c - rp_{new})\times\frac{100}{m}$				
9			0.0125		
10					
11	$\frac{\bar{r}}{m}$				
12		0.011875			
13					
14	$\overline{P_{next}}$	¥-0.09			
15	P_{next}	0.09			
16					
17					
18	P	100.2216			
19	应计利息	0.005824			
20	$\bar{P}$	100.2158			
21					

图 3.5.4　浮动利率债券定价除息价

由 Excel 计算结果可知,指标利率与风险贴水同时变化之后,该浮动利率债券的含息价格为 100.2216 美元,应计利息为 0.005824 美元,所以除息价格为 100.2158 美元。

第六节　债券久期

一、久期(duration)

久期的概念最早是麦考雷(Macaulay)在 1938 年提出来的,所以又称麦考雷久期(简记为 d)。麦考雷久期是使用加权平均数的形式计算债券的平均到期时间,实际表示的是投资者收回初始投资所需的实际时间。它是债券在未来产生现金流的时间的加权平均,其权重是各期现金流现值在债券价格中所占的比重。

具体的计算是将每次债券现金流的现值除以债券价格得到每一期现金支付的权重,并将每一次现金支付的时间同对应的权重相乘,最终合计出整个债券的久期。

(一)麦考雷久期的计算公式

麦考雷久期的计算公式如下:

$$D=\frac{\sum_{t=1}^{T}PV_t\times t}{B}=\sum_{t=1}^{T}\left(\frac{PV_t}{P_0}\times t\right)$$

其中,D 是麦考雷久期,B 和 P_0 是债券当前的市场价格,PV_t 是债券未来第 t 期现金流(利息或资本)的现值,T 是债券的到期时间。需要指出的是在债券发行时以及发行后,都可以计算麦考雷久期。计算发行时的麦考雷久期,T(到期时间)等于债券的期限;计算发行后的麦考雷久期,T(到期时间)小于债券的期限。

上面公式中的久期是以期间来记,而要计算以年来表示的久期,我们可以利用下面的公式计算:

$$\text{麦考雷久期(年)}=\frac{\text{麦考雷久期(以期间记)}}{k}$$

其中,k 是指债券每年支付现金流的次数。

(二)修正久期(modified duration)

对于给定的到期收益率的微小变动,债券价格的相对变动与其麦考雷久期成比例。当然,这种比例关系只是一种近似的比例关系,它的成立是以债券的到期收益率很低为前提的。为了更精确地描述债券价格对于到期收益率变动的灵敏性，又引入了修正久期模型(modified duration model)。修正久期被定义为：

$$D^*=\frac{D}{1+y}$$

其中，D^* 表示修正的麦考雷久期，D 表示麦考雷久期，y 表示期间收益率。

二、麦考雷久期与债券价格的关系

对于给定的收益率变动幅度，麦考雷久期越大，债券价格的波动幅度越大：

$$\frac{\Delta P}{P}\approx -D\times\frac{\Delta y}{1+y}$$

到期时间、息票率、到期收益率是决定债券价格的关键因素，与久期存在以下的关系：零息债券的久期等于它的到期时间。到期日不变，债券的久期随息票利率的降低而延长。息票利率不变，债券的久期随到期时间的增加而增加。其他因素不变，债券的到期收益率越低，债券的久期越长。

三、久期在债券投资中的应用

(一)利用久期控制利率风险

在债券投资里，久期可以被用来衡量债券或者债券组合的利率风险，一般来说，久期和债券的到期收益率成反比，和债券的剩余年限及票面利率成正比。对于一个普通的附息债券，如果债券的票面利率和其当前的收益率相当的话，该债券的久期就等于其剩余年限。若一个债券是贴现发行的无票面利率债券，那么该债券的剩余年限就是其久期。债券的久期越大，利率的变化对该债券价格的影响也越大，因此风险也越大。在降息时，久期大的债券上升幅度较大；在升息时，久期大的债券下跌的幅度也较大。因此，预期未来降息时，可以选择久期较大的债券；预期未来升息时，可选择久期小的债券。在债券分析中久期已经超越了时间的概念，投资者更多地把它用来衡量债券价格变动对利率变化的敏感度，并且经过一定的修正，以使其能精确地量化利率变动给债券价格造成的影响。修正久期越大，债券价格对收益率的变动就越敏感，收益率上升所引起的债券价格下降幅度就越大，而收益率下降所引起的债券价格上升幅度也越大。

债券对利率变动的反应特征如下：债券价格与利率变化反向变动；在给定利率变化水平下，长期债券价格变动较大，因此债券价格变化直接与期限有关；随着到期时间的增加，债券对于利率变化的敏感度是以一个递减的速度增长；由相同幅度的到期收益率的绝对变化带来的价格变化是非对称的，具体来说，在期限给定条件下，到期收益率降低引起的价格上升，大于到期收益率上升相同幅度引起的价格下降；票息高的债券比那些票息低的债券对利率的敏感性要低。

（二）利用久期进行免疫

所谓免疫，就是构建这样的一个投资组合，在组合内部，利率变化对债券价格的影响可以互相抵消，因此组合在整体上对利率不具有敏感性。而构建这样组合的基本方法就是通过久期的匹配，使附息债券可以精确地近似于一只零息债券。利用久期进行免疫是一种消极的投资策略，组合管理者并不是通过利率预测去追求超额报酬，而只是通过组合的构建，在回避利率波动风险的条件下实现既定的收益率目标。在组合品种的设计中，除了国债可以选入组合外，部分收益率较高的企业债券及金融债券也能加入投资组合，条件是控制好匹配的久期。

但是，免疫策略本身带有一定的假设条件，比如收益率曲线的变动不是很大，到期收益率的高低与市场利率的变化之间有一个平衡点，一旦收益率确实发生了很大的变动，则投资组合不再具有免疫作用，需要进行再免疫，或是再平衡；其次，免疫严格限定了到期支付日，对于那些支付或终止期不能确定的投资项目而言并不是最优；再次，投资组合的免疫作用仅对于即期利率的平行移动有效，对于其他变动，需要进一步拓展应用。

（三）利用久期优化投资组合

进行免疫后的投资组合，虽然降低了利率波动的风险，但是组合的收益率却会偏低。为了实现在免疫的同时也能提高投资的收益率，可以使用回购放大的办法，来改变某一个债券的久期，然后修改免疫方程式，找到新的免疫组合比例，这样就可以提高组合的收益率。但是，在回购放大操作的同时，投资风险也在同步放大，因此要严格控制放大操作的比例。

四、麦考雷久期计算实例

【例 3.6.1】甲投资者购买了乙公司刚刚发行的一份 3 年期的附息债券，

票面金额为＄1 000，票面利率为12%，半年付息一次，必要收益率为10%，计算该债券的价格与久期。

（一）首先计算该债券的价格

甲投资者购买该债券后的现金流为每隔半年收到1 000×12%×1/2＝60美元的利息支付，共6期，债券到期后，甲投资者除了会收到60美元的利息收入外，还将收到1 000美元的本金收入。所以，根据前面提到的债券定价公式：

$$P=\frac{C}{(1+r)^1}+\frac{C}{(1+r)^2}+\frac{C}{(1+r)^3}+\cdots+\frac{C}{(1+r)^n}+\frac{M}{(1+r)^n}$$

在Excel工作表中输入题目中条件，见图3.6.1：

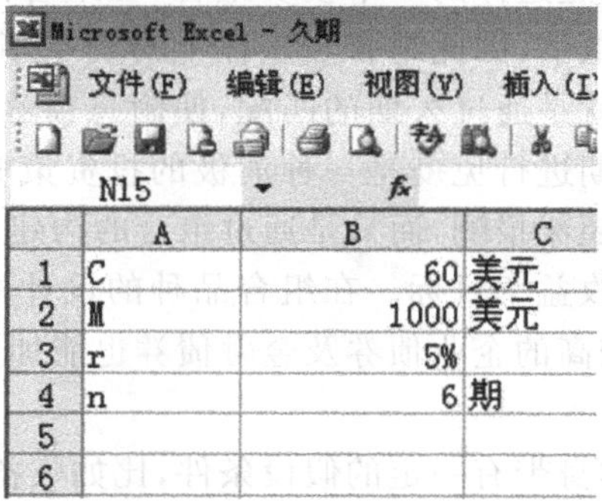

图3.6.1 久期条件输入

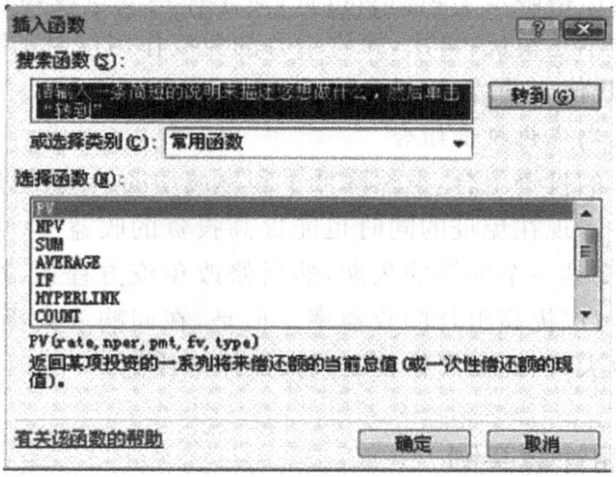

图3.6.2 插入函数

在 A7 单元格中输入“PV”表示利用 PV 函数计算得出的返回值，A8 单元格中输入“P”表示债券的价格。在 B7 单元格中输入插入 PV 函数。

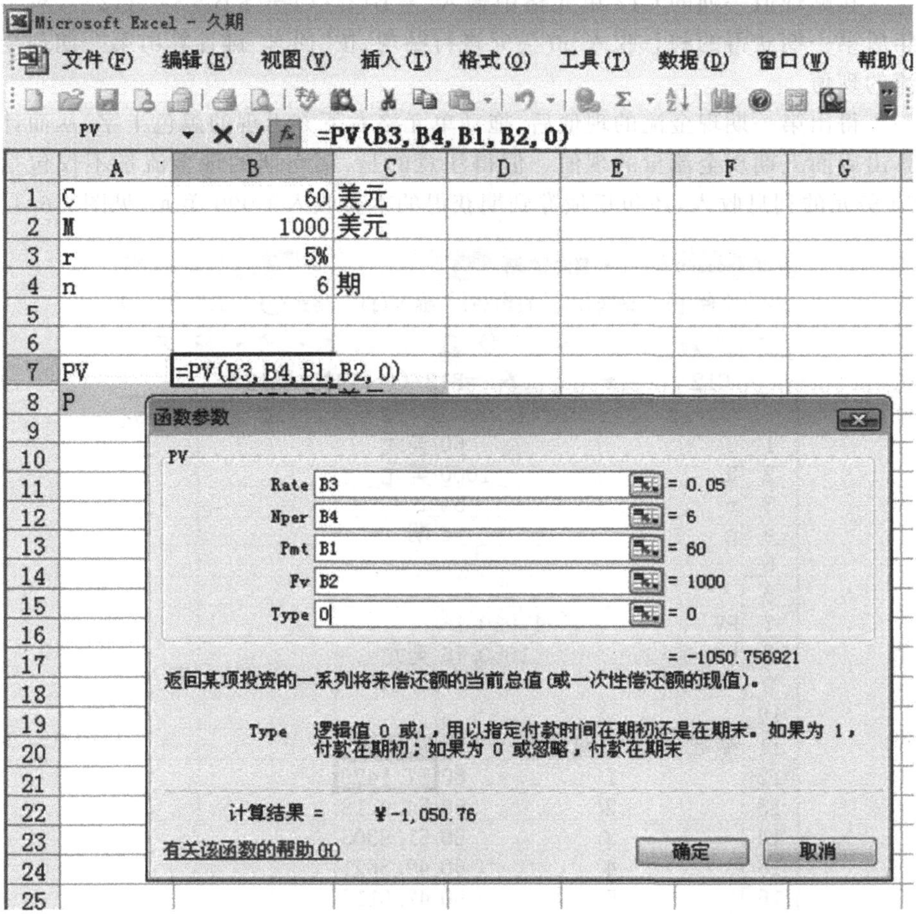

图 3.6.3　输入函数参数

点击“确定”，我们根据 PV 函数的返回值在 B8 单元格中输入 1 050.76，即甲投资者所购买债券的价格，见图 3.6.3。

(二)计算债券的久期

1. 输入题目条件并贴现

分别在 Excel 工作表的 A11、B11 和 C11 三个单元格中输入“期数”“现金流”“贴现值”，然后在 A12:A17 区域分别输入 1 到 6 六个数字期数，在 B12:

B17 区域分别输入各期的现金流量，在 C12：C17 区域分别对各期现金流按 5%的贴现率进行贴现。

在贴现值一列的 C12 单元格中输入“＝B12/((1＋$B$3)^A12)”，对半年后第一期获得的利息收入 60 美元进行贴现，按“回车”键计算出第一期现金流的现值。

得出第一期现金流的现值后，拖动单元格右下方出现的黑色十字，从而计算出后面五期现金流量的现值。值得注意的是，第六期的现金流量不仅包括 60 美元的利息收入，还包括债券到期获得的本金收入 1 000 美元，见图3.6.4。

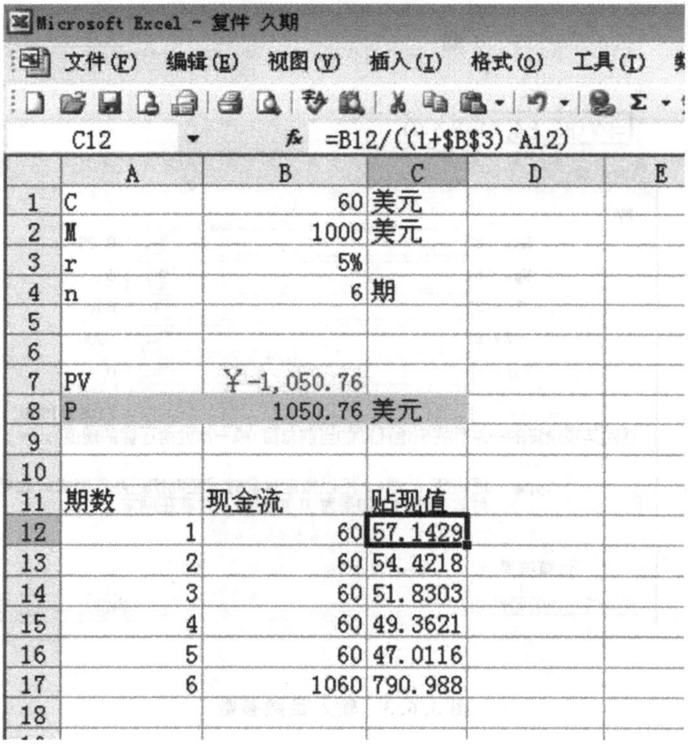

	A	B	C	D	E
1	C	60	美元		
2	M	1000	美元		
3	r	5%			
4	n	6	期		
5					
6					
7	PV	￥-1,050.76			
8	P	1050.76	美元		
9					
10					
11	期数	现金流	贴现值		
12	1	60	57.1429		
13	2	60	54.4218		
14	3	60	51.8303		
15	4	60	49.3621		
16	5	60	47.0116		
17	6	1060	790.988		
18					

图 3.6.4　久期贴现

2.求出各期现值的权重及其与各期数的乘积

在 D11 和 E11 单元格中分别输入“占价格比率”“与期数乘积”，然后在 D12 单元格中输入“＝C12/$B$8”，并拖动单元格右下方出现的黑色十字，得出其他各期的相应结果。同理，在 E12 单元格中输入“＝D12＊A12”，并拖

Microsoft Excel - 复件 久期

文件(F) 编辑(E) 视图(V) 插入(I) 格式(O) 工具(T) 数据(D)

E12 fx =D12*A12

	A	B	C	D	E
1	C	60	美元		
2	M	1000	美元		
3	r	5%			
4	n	6	期		
5					
6					
7	PV	￥-1,050.76			
8	P	1050.76	美元		
9					
10					
11	期数	现金流	贴现值	占价格比率	与期数乘积
12	1	60	57.14286	0.05438241	0.0543824
13	2	60	54.42177	0.05179277	0.1035855
14	3	60	51.83026	0.04932645	0.1479793
15	4	60	49.36215	0.04697757	0.1879103
16	5	60	47.01157	0.04474054	0.2237027
17	6	1060	790.9883	0.75277734	4.5166641
18					

图 3.6.5 久期求权重

动小十字,计算出相应的结果,见图 3.6.5。

3. 计算债券久期

根据久期的定义以及计算公式,我们只要把 E12:E17 区域的结果进行求和便可以计算出债券的久期。

于是,我们在 D18 单元格输入“期间久期”,在 E18 单元格输入“=SUM(E12:E17)”,便可以计算出期间久期。

在 D19 单元格输入“久期”,在 E19 单元格输入“=E18/2”,便得出以年记的久期,见图 3.6.6。

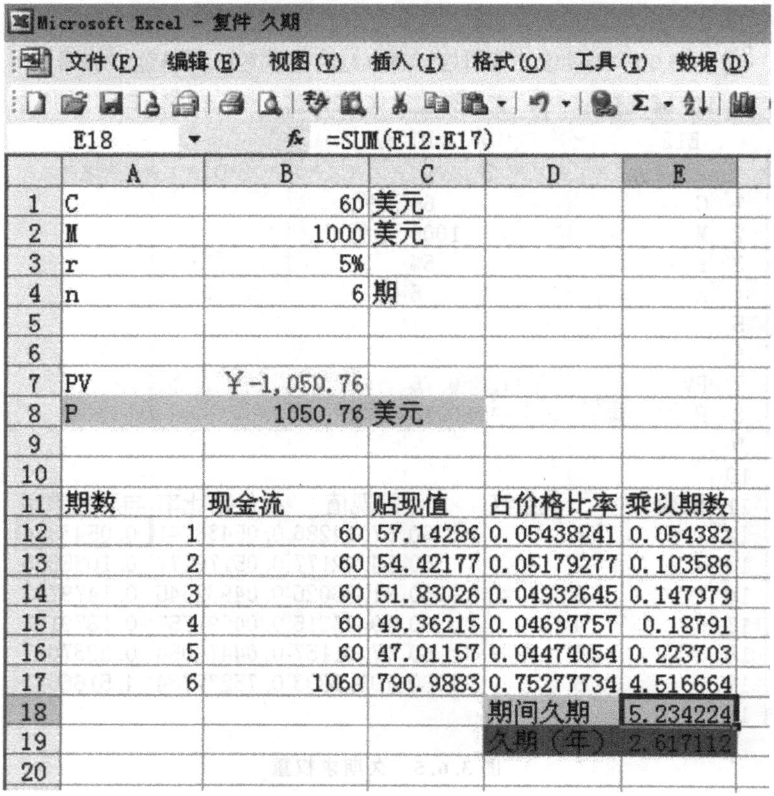

	A	B	C	D	E
1	C	60	美元		
2	M	1000	美元		
3	r	5%			
4	n	6	期		
5					
6					
7	PV	￥-1,050.76			
8	P	1050.76	美元		
9					
10					
11	期数	现金流	贴现值	占价格比率	乘以期数
12	1	60	57.14286	0.05438241	0.054382
13	2	60	54.42177	0.05179277	0.103586
14	3	60	51.83026	0.04932645	0.147979
15	4	60	49.36215	0.04697757	0.18791
16	5	60	47.01157	0.04474054	0.223703
17	6	1060	790.9883	0.75277734	4.516664
18				期间久期	5.234224
19				久期（年）	2.617112
20					

图 3.6.6 久期计算

第四章

权证定价

第一节 背景介绍

认股权证,又称为“认股证”或“权证”,英文名为 Warrant,在香港又译为“涡轮”,权证是一种权利契约,是期权的简单化形式,投资人于支付权利金购得权证后,有权利于某一特定期间或到期日,按约定的价格,认购或沽出一定数量的标的资产。

一、权证的基本要素

权证的基本要素是指认股权证发行、交易以及行使诸环节中涉及的一些常用术语或规则。一项标准的权证合约品种包括以下几个基本的要素。

(一)标的资产

权证的标的可以是指数也可以是个股甚至是其他金融资产。理论上,任何金融资产都可能成为权证的标的资产,其中最常见的标的资产就是股票,即通常所说的“正股”。

(二)各相关主体

权证的发行及交易过程中主要涉及以下主体:

1. 权证发行人:认股权证的发行主体一般分为两类:一类是发行标的资产的上市公司本身;另一类为标的资产发行人以外的第三人,通常为投资银行等金融机构。

2. 权证认购人：在一级市场上支付相应的权利金而购买权证的投资者，或者在认购权证发行人的股票时，因接受发行人赠送而持有权证的投资者。

3. 权证持有人：权证上市后，在各个投资者中转让的过程中，持有权证的投资者，可能是认购人，也可能是在二级市场上购买权证的投资人。

4. 权证行使人：权证到期时，有权行使权证的选择权的即提出要求认购或认沽标的资产之履约要求的人，权证的行使者只能是权证的持有者。

（三）权证的价格与价值

1. 权证价格：权证在一级市场发行或者二级市场交易时的价格，实质是认股权证所代表期权的价格。权证价格＝内在价值＋时间价值。

2. 内在价值：权证立即履约的价值。对于认购权证，若标的股票价格高于权证行使价，则内在价值为正，此时有履约价值，权证为价内权证；若标的股票价格等于或低于权证行使价，就失去履约价值，此时称为价平权证或价外权证。由于权证所代表的只有权利没有义务，因此，在标的股票价格低于权证行使价时，可以不行使，这样权证的内在价值为零。而认沽权证刚好相反。

3. 时间价值：其等于权证价格与内在价值两者之差，实质上是权证在其到期之前获利潜力的价值。简单地说，只要权证还没到期，正股就有可能朝着对权证持有人有利的方向变动（例如对于持有认购证的投资者，正股在权证的剩余期限内可能上涨，从而使投资者获利）。正是这种可能性给权证带来了价值，这就是时间价值。时间价值的大小与权证的剩余期限有关，通常而言，剩余期限越长，权证的时间价值也越大。很多剩余期限较长的权证溢价率也比较高就是这个缘故。此外，时间价值的大小还与正股的波动率有关。正股的波动率越大，权证的时间价值也越大。这主要是因为权证的非对称性，即权证持有人支付权利金后，其损失是有限的，但获利却可能是无限的，因此，正股波动越大，可以给权证带来更多的价值，权证的时间价值也越大。随着时间的流逝，权证的剩余期限不断减少，权证的时间价值也不断损耗，而权证时间价值的损耗并非是均匀的，而是随着到期日的临近，其损耗速度越来越快。

（四）权证的行权

权证的行权，即指权证持有人向权证发行人提出履约要求，要求依据权证的约定以特定的价格认购或售出特定数量的标的资产，包括以下要素：

1. 行权价格：即履约价格，指在权证的发行中所约定的权证持有人于权证行使时间（事先约定的一个期间或到期日）买进（卖出）认购（沽）的标的资产所支付（收到）的价格。

2. 兑换比例：又称为换股比率，指每单位认购（沽）的权证可买入（卖出）多少数量或多少金额的标的股。

3. 到期日：指权证有效的最后日期。通常，美式认股权证的持有人在到期日前，可以随时提出履约要求，以买进或卖出标的资产；而欧式认股权证只能于到期日当天才能行使。权证到期日前的一段时间为权证有效期。

（五）权证的特别条款

1. 行使价格的调整：通常情况下，权证按照既定的认股价格和兑换比率执行。但有时，权证的发行人会特别约定，当出现配股、送股等正股总额增加或减少的情况，或正股除权除息时，权证的行使价格可能会按约定的公式进行调整。

2. 赎回权：权证的发行人大多制定了赎回条款，即规定在特定情况下发行人有权赎回发行在外的认股权证。

3. 收购权益：在认股权证的发行或认购中可能会有这样的条款，即如果有投资者对发行认股权证的上市公司提出收购要约，那么收购方还要对这家上市公司已经发行在外并且在有效期内的认股权证一同收购，此时，不论认股权证的有效期是否届满，认股权证的持有人都可以要求行使认股权。

我们可以看出权证和我们所了解的期权好像是一样的，但权证与期权并不是同一个产品。期权是一种在交易所交易的标准化合约，只要能成交就会产生一期权合约，因此理论上其供给量是无限的。而其合约条款是由交易所制定，所以在标的物的选择上比较有限。而权证是由上市公司或券商等金融机构发行的，既可以在交易所交易也可以在场外交易市场交易，供给量一般是有限的。区别可以归纳如表 4.1.1。

表 4.1.1　权证与一般期权的比较

项目	权　证	期　权
存续期间	一般长达半年或一年以上	通常一年以下，一般数月即到期
契约是否标准化	非标准化，每个上市权证都有不同的条款	上市的契约为标准化契约，不同到期日的选择权契约条款均相同
契约主体	契约关系存在于发行人与持有人之间	契约关系存在于交易所和交易人之间
发行人	通常是标的证券的相关企业、银行、证券公司等机构	没有特定的发行人
卖方担保履约方式	卖方以提供标的股票或现金来担保履约	卖方需缴纳保证金，且保证金依每日市价来重新计算
法令规范	权证被看做是有价证券，在现货市场交易	可在现货或期货市场交易，其中期货类期权只能在期货交易所交易

二、权证的分类

（一）按权利行使期限的不同划分

按权利行使期限的不同，权证可分为欧式权证和美式权证，美式权证的持有人在权证到期日前的任何交易时间均可行使其权利，欧式权证持有人只可以在权证到期日当日行使其权利。权威的分析方法认为，欧式权证的定价模型是期权定价公式，而美式权证的定价公式为二叉树模型。

（二）按买卖方向的不同划分

按买卖方向的不同，权证可分为认购权证和认沽权证。认购权证持有人有权按约定价格在特定期限内或到期日向发行人买入标的证券，认沽权证持有人则有权卖出标的证券。认购权证当正股价格上涨时获利，而认沽权证则相反。

（三）按发行人的不同划分

按发行人的不同，权证可分为股本权证和备兑权证（见表 4.1.2）。股本权证一般是由发行正股的上市公司发行，即以发行人或其子公司的股票作为标的资产而发行的。备兑权证一般是由权证标的资产发行人以外的第三方如证券公司等金融机构发行。

表 4.1.2　股本权证与备兑权证的区别

比较项目	股本权证	备兑（衍生权证）
发行人	标的证券发行人	标的证券发行人以外第三方
标的证券	需要发行新股	已在交易所挂牌交易的证券
发行目的	为筹资或高管人员激励用	为投资者提供避险、套利工具
行权结果	公司股份增加、每股净值稀释	不造成股本增加或权益稀释
交割形式	必须以股票实物交割	既可用实物又可用现金交割

（四）按权证行使价格的不同划分

按权证行使价格是否高于标的证券价格，权证可分为价内权证、价平权证和价外权证（见表 4.1.3）。

表 4.1.3　按行使价格与标的证券价格关系进行分类

价格关系	认购权证	认沽权证
行使价格＞标的证券收盘价格	价外	价内
行使价格＝标的证券收盘价格	价平	价平
行使价格＜标的证券收盘价格	价内	价外

（五）按结算方式可分为证券给付结算型权证和现金结算型权证

权证如果采用证券给付方式进行结算，其标的证券的所有权发生转移；如采用现金结算方式，则仅按照结算差价进行现金兑付，标的证券所有权不发生转移。

三、影响权证价格的主要因素

权证价格是权证合约中唯一的变量，通过竞价最终由供求关系决定。其主要的影响因素如下：

（一）正股价格

由于权证是一种衍生产品，其价格走势直接决定于正股价格，因此，正股价格是众多影响因素中最为重要的一个。对认购权证而言，行权时收益等于正股市价与行权价格之差（以行权比例等于 1 为例），因此，正股价格越高，认购权证的价格也越高。而认沽权证行权时的收益等于行权价格与正股市价之差，因而与认购权证相反，正股价格越高，认沽权证的价格反而越低。

（二）正股价格波动率

由于权证的持有者只具有权利而不承担任何义务，相当于盈利空间很大而亏损空间相对有限。所以，如果正股价格的波动率较大，投资者未来盈利的想象空间也会较大，权证价格自然也应该越高。因此，正股波动率和权证价格呈同向变化。正股波动率越高，无论是认购权证还是认沽权证，权证价格均会越高。

（三）无风险利率

从静态的角度分析，可以认为，利率水平越高，认购权证价格越高，而认沽权证价格则越低。但由于无风险利率作为市场基准利率，对所有金融资产的定价都有影响，往往牵一发而动全身。因此，实际情况中无风险利率对权证价格的影响是十分复杂的，没有一个确定的关系。

（四）行权价格

对权证而言，其行权价格越高，意味着权证行权时获取收益的可能性越小，因而权证的价格越低；反之，认购权证的行权价格越低，意味着权证行权获取收益的可能性越大，权证的价格也应该越高。对于认沽权证而言则相反，行权价格越高，权证价格越高，反之亦然。

（五）剩余期限

一般来说，权证的剩余期限越长，无论是认购权证或认沽权证，权证的价格均越高。对于美式权证而言，由于它可以在有效期内的任何时间行权，剩余期限越长，权证持有人获利的机会也就越大，而且剩余期限长的权证包含了剩余期限短的权证的所有行权机会，因而权证的价格也越高。对于欧式权证而言，由于它只能在期末行权，剩余期限长的权证不一定包含剩余期限短的权证的获利机会。不过，由于剩余期限越长，正股向有利于投资者方向变化的想象空间越大，权证的时间价值也就越大，权证价格也会越高。

第二节　权证收益与风险分布

我们首先定义 K 为执行价格，S 为标的资产价格，D 为权利金。对认购权证的买方来说，其利损线如图 4.2.1，该头寸存在有限的下档风险与理论上无限的上档获利可能。

$$\text{认购权证的买方利损} = \max(S-K, 0) - D \tag{4.2.1}$$

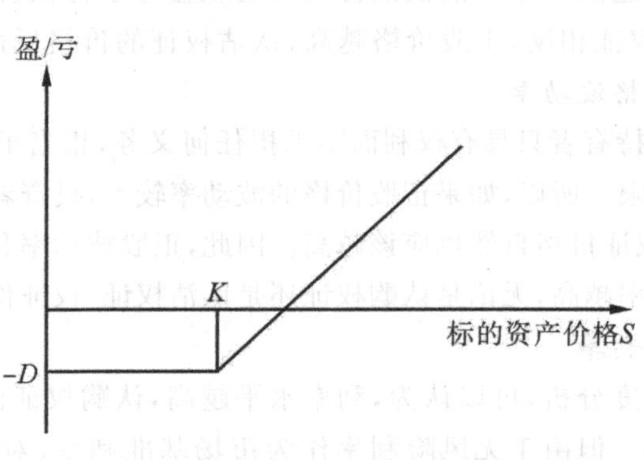

图 4.2.1　认购权证买方损益图与风险分布

对认购权证的卖方而言，其利损线如图 4.2.2。

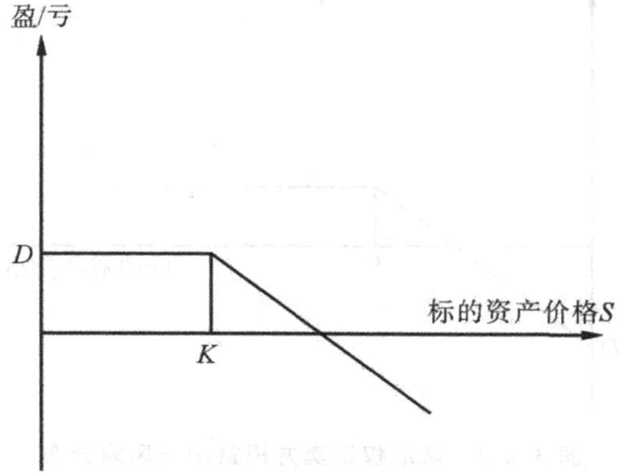

图 4.2.2 认购权证卖方损益图与风险分布

对认沽权证的买方来说，其利损线如图 4.2.3，该头寸同样存在有限的下档风险和理论上无限的上档获利可能。

$$认沽权证的买方利损=\max(K-S,0)-D \quad (4.2.2)$$

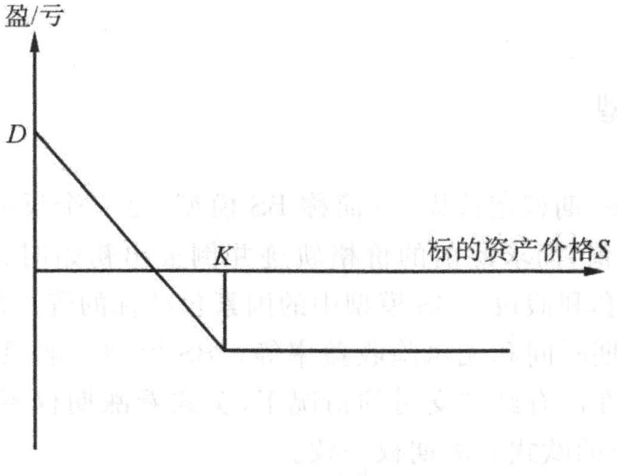

图 4.2.3 认沽权证买方损益图与风险分布

对认沽权证的卖方来说，其头寸的利损线与买方的利损线正好相反，头寸上档的最大获利仅限于买方支付的权利金，但下档的风险理论上是无限的（如图 4.2.4 所示）。

由此，我们可以得出权证的两个很重要的性质，即权证买方仅承担有限的

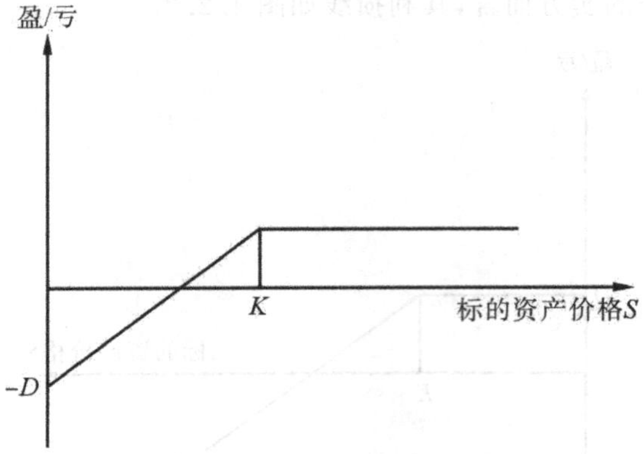

图 4.2.4 认沽权证卖方损益图与风险分布

风险，却拥有理论上无限获利的可能；而权证卖方仅拥有有限的获利潜能，却承担了无限的潜在风险。

第三节　基于BS的权证定价在Excel中的实现

一、BS定价模型

Black-Scholes期权定价模型（简称BS模型）是一个反向微分方程问题，即已知T时刻的值，而求此前的价格轨迹并倒推出初始时刻的值来，其建模的基本思路是无套利假设。BS模型中的因素包括标的资产的市场价格、行权价格、波动率、到期时间和无风险收益率等。BS模型一般只能用于欧式期权定价，但是，由于在没有红利支付的情况下，美式看涨期权不会提前执行。因此，其价值与对应的欧式看涨期权一致。

（一）Black-Scholes期权定价模型基本假设

1. 市场是有效的，证券价格遵循几何布朗运动过程；

2. 允许卖空标的证券，证券的价格及价格变动是连续的；

3. 没有交易费用和税收，所有证券都是完全可分的；

4. 在衍生证券有效期内标的证券没有现金红利支付；

5. 不存在无风险套利的机会；

6. 无风险利率 r 已知，且为常数，不随时间变化；

7. 期权为欧式期权。

（二）Black-Scholes 期权定价公式

$$C=S\cdot N(d_1)-Xe^{-r(T-t)}\cdot N(d_2) \quad (4.3.1)$$

$$P=Xe^{-r(T-t)}\cdot N(-d_2)-S\cdot N(-d_1) \quad (4.3.2)$$

其中：$d_1=\dfrac{\ln(S/X)+(r+\sigma^2/2)(T-t)}{\sigma\sqrt{T-t}}$，$d_2=d_1-\sigma\sqrt{T-t}$，C 为欧式看涨期权的价格，$P$ 为欧式看跌期权的价格，S 为标的资产（股票）的市场价格，X 为期权的执行价格，$T-t$ 为距到期时间，r 为连续复利的无风险利率，σ 为标的资产价格波动率。

注意 1：该模型中的无风险利率必须是连续复利形式。一个简单的或不连续的无风险利率 r_0 一般是一年复利一次，而此模型中的 r 则要求为连续复利。给出 r_0 需转换为 r 才能代入上式计算，两者之间的转化公式为：$r=\ln(1+r_0)$ 或 $r_0=e^r-1$。

注意 2：期权有效期（$T-t$）应折合成年数来表示，即期权有效年数与 365 的比值。

二、基于 Excel 和 BS 公式对权证的定价

我们选取国电 CWB1 为例来具体看一下使用 BS 公式如何来为权证定价。

1. 权证的基本信息（见表 4.3.1）

表 4.3.1

权证代码	580022	权证简称	国电 CWB1
标的证券	600795	标的简称	国电电力
权证类型	欧式认购权证	结算方式	给付结算
发行数量（万份）	42746.5	开盘参考价	2.66
初始行权价（元）	7.47	最新行权价（元）	7.47
初始行权比例（%）	1.0000	最新行权比例（%）	1.0000
存续期起始日	2008－05－22	存续期终止日	2010－05－21
行权起始日	2010－05－17	行权终止日	2010－05－21
行权代码	582022	行权简称	ES100521
发行方式	派发	上市地点	上海证券交易所
发行人	国电电力发展股份有限公司		

2. 正股股票波动率的计算

我们选取 2008 年 1 月 1 日到 2009 年 6 月 30 日之间的股价为基础，计算历史波动率，用于权证价格的计算。

因为一年有 241 个交易日，所以一年这里就按 241 天算，2008 年 1 月 1 日到 2009 年 6 月 30 日大约为 360 个交易日，所以计算出的方差要进行年度化才为波动率，波动率＝方差×241/360。

首先，计算各个收益率，如图 4.3.1 所示：

	A	B	C	D	E	F
1	日期	国电电力				
2	2008-01-02	38.21				
3	2008-01-03	39.16	0.024559		=ln(B3/B2)	
4	2008-01-04	38.98	-0.00461			
5	2008-01-07	38.77	-0.0054			
6	2008-01-08	37.71	-0.02772			
7	2008-01-09	38.23	0.013695			
8	2008-01-10	37.33	-0.02382			
9	2008-01-11	36.38	-0.02578			
10	2008-01-14	37.02	0.017439			
11	2008-01-15	37.65	0.016875			
12	2008-01-16	36.27	-0.03734			
13	2008-01-17	35.05	-0.03422			
14	2008-01-18	35.21	0.004555			
15	2008-01-21	33.2	-0.05878			
16	2008-01-22	29.94	-0.10335			
17	2008-01-23	30.98	0.034146			

图 4.3.1　收益率的计算

接下来计算波动率，如图 4.3.2 所示。

3. 无风险利率资料搜集

无风险利率我们选取银行间债券市场回购的日利率，该资料可以在 wind 网站上得到，并且已经是年度化后的数据(见图 4.3.3)。

4. $T-t$ 的计算

如图 4.3.4 所示。

5. d_1、d_2 的计算

如图 4.3.5 所示。

6. 权证价格的计算

如图 4.3.6 所示。

	A	B	C	D	E	F
344	2009-06-01	27.24	0.010703			
345	2009-06-02	27.28	0.001467			
346	2009-06-03	27.24	-0.00147			
347	2009-06-04	27.78	0.01963			
348	2009-06-05	27.66	-0.00433			
349	2009-06-08	27.7	0.001445			
350	2009-06-09	27.74	0.001443			
351	2009-06-10	28.33	0.021046			
352	2009-06-11	27.87	-0.01637			
353	2009-06-12	27.45	-0.01518			
354	2009-06-15	27.53	0.00291			
355	2009-06-16	27.62	0.003264			
356	2009-06-17	27.66	0.001447			
357	2009-06-18	27.74	0.002888			
358	2009-06-19	28.28	0.019279			
359	2009-06-22	28.58	0.010552			
360	2009-06-23	29.71	0.038777			
361	2009-06-24	29.71	0			
362	2009-06-25	29.58	-0.00439			
363	2009-06-26	29.21	-0.01259			
364	2009-06-29	29.79	0.019662			
365	2009-06-30	29.16	-0.02137			
366			0.000732			
367						

=Var(C3,C365)*241/360

图 4.3.2　波动率的计算

	A	B	C	D	E	F
1	日期	回购利率 R01D	日期	回购利率	日期	利率
2	2008-1-2	2.5862	2008-2-5	2.2541	2008-3-19	2.1536
3	2008-1-3	2.2979	2008-2-13	2.2466	2008-3-20	2.1247
4	2008-1-4	2.3051	2008-2-14	2.2063	2008-3-21	2.2865
5	2008-1-7	2.2625	2008-2-15	2.1892	2008-3-24	2.0513
6	2008-1-8	2.0765	2008-2-18	2.1919	2008-3-25	2.0443
7	2008-1-9	1.9194	2008-2-19	2.196	2008-3-26	2.0794
8	2008-1-10	1.8928	2008-2-20	2.3068	2008-3-27	2.0819
9	2008-1-11	1.881	2008-2-21	2.4387	2008-3-28	2.2638
10	2008-1-14	1.8809	2008-2-22	2.3938	2008-3-31	2.2967
11	2008-1-15	1.8755	2008-2-25	2.3905	2008-4-1	2.5831
12	2008-1-16	1.8912	2008-2-26	2.4376	2008-4-2	2.3715
13	2008-1-17	1.8861	2008-2-27	2.495	2008-4-3	2.3621
14	2008-1-18	1.8814	2008-2-28	2.4794	2008-4-7	2.3228
15	2008-1-21	1.8826	2008-2-29	2.4904	2008-4-8	2.3489
16	2008-1-22	1.8863	2008-3-3	2.4361	2008-4-9	2.3605
17	2008-1-23	1.8804	2008-3-4	1.9515	2008-4-10	2.3693
18	2008-1-24	1.8828	2008-3-5	1.9422	2008-4-11	2.3443
19	2008-1-25	1.9157	2008-3-6	1.935	2008-4-14	2.3936
20	2008-1-28	1.8823	2008-3-7	1.9321	2008-4-15	2.3994
21	2008-1-29	1.8966	2008-3-10	1.9249	2008-4-16	2.4004
22	2008-1-30	1.8972	2008-3-11	1.9139	2008-4-17	2.4012
23	2008-1-31	1.9866	2008-3-12	1.9001	2008-4-18	2.326
24	2008-2-1	1.9999	2008-3-13	1.8897	2008-4-21	2.2443
25	2008-2-2	1.9993	2008-3-14	2.236	2008-4-22	2.1303
26	2008-2-3	2.0004	2008-3-17	2.1785	2008-4-23	2.1155
27	2008-2-4	2.141	2008-3-18	2.1439	2008-4-24	2.0943

图 4.3.3　银行间债券市场回购的日利率(单位%)

	A	B	C	D	E	F
91	2008-05-16	30.42	-0.03107			
92	2008-05-19	30.63	0.00688			
93	2008-05-20	29.41	-0.04065			
94	2008-05-21	31.09	0.055551	2010-5-21		
95	2008-05-22	31.67	0.018484	3.0248963		
96	2008-05-23	31.34	-0.01047	3.0207469		
97	2008-05-26	31.97	0.019903	3.0082988		
98	2008-05-27	31.76	-0.00659	3.0041494		
99	2008-05-28	33.68	0.058697	3		
100	2008-05-29	32.93	-0.02252	2.9958506		
101	2008-05-30	33.64	0.021332	2.9917012		
102	2008-06-02	34.9	0.036771	2.9792531		
103	2008-06-03	34.06	-0.02436	2.9751037		
104	2008-06-04	32.59	-0.04412	2.9709544		
105	2008-06-05	32.55	-0.00123	2.966805		
106	2008-06-06	31.59	-0.02994	2.9626556		
107	2008-06-10	28.45	-0.10469	2.9460581		
108	2008-06-11	27.41	-0.03724	2.9419087		
109	2008-06-12	28.16	0.026995	2.9377593		
110	2008-06-13	26.95	-0.04392	2.93361		

($D$94-A95)/241

图 4.3.4　*T*—*t* 的计算

	A	B	C	D	E	F	G
93	2008-05-20	29.41	-0.04065				
94	2008-05-21	31.09	0.055551	2010-5-21	r	d_1	d_2
95	2008-05-22	31.[illegible]	[illegible]84	3.0248963	0.026517	32.41774	32.37066995
96	2008-05-23	31.[illegible]	[illegible]47	3.0207469	0.02637	32.20548	32.1584453
97	2008-05-26	31.[illegible]	[illegible]	3.0082988	0.027302	32.74871	32.70177618
98	2008-05-27	31.76	[illegible]	[illegible]	0.028804	32.72457	32.67766527
99	2008-05-28	33.68	[illegible]	[illegible]	0.021788	33.54782	33.50094992
100	2008-05-29	32.93	[illegible]	[illegible]	0.025155	33.30365	33.25680809
101	2008-05-30	33.64	[illegible]	[illegible]	0.028573	33.99867	33.95185802
102	2008-06-02	34.9	[illegible]	[illegible]	0.028587	34.85002	34.80330584
103	2008-06-03	34.06	-0.02436	2.9751037	0.02[illegible]	[illegible]	[illegible]36
104	2008-06-04	32.59	-0.04412	2.9709544	0.02[illegible]	[illegible]	[illegible]14
105	2008-06-05	32.55	-0.00123	2.966805	[illegible]	[illegible]	[illegible]
106	2008-06-06	31.59	-0.02994	2.9626556	0.029629	32.8642	32.81762334
107	2008-06-10	28.45	-0.10469	2.9460581	0.034402	30.99475	30.94829882
108	2008-06-11	27.41	-0.03724	2.9419087	0.035361	30.27197	30.22554974
109	2008-06-12	28.16	0.026995	2.9377593	0.034086	30.79137	30.74498833
110	2008-06-13	26.95	-0.04392	2.93361	0.026276	29.36822	29.32186511
111	2008-06-16	27.32	0.013636	2.9211618	0.024023	29.57607	29.52981933
112	2008-06-17	26.03	-0.04837	2.9170124	0.024757	28.59473	28.54850602
113	2008-06-18	28.08	0.075808	2.9128631	0.025459	30.29843	30.25224585
114	2008-06-19	26.53	-0.05678	2.9087137	0.025477	29.08859	29.04243197
115	2008-06-20	29.16	0.094522	2.9045643	0.02653	31.22278	31.17665601
116	2008-06-23	28.16	-0.0349	2.8921162	0.026997	30.55374	30.50771696
117	2008-06-24	28.16	0	2.8879668	0.02684	30.56335	30.51736367
118	2008-06-25	29.5	0.046488	2.8838174	0.02649	31.57248	31.5265288
119	2008-06-26	29	-0.01709	2.879668	0.026704	31.23397	31.18805084
120	2008-06-27	28.28	-0.02514	2.8755187	0.027982	30.78628	30.74038879
121	2008-06-30	26.9	-0.05003	2.8630705	0.027977	29.75256	29.70676636

($D$94-A95)/241

=(LN(B95/7.47)+(E95+0.5*$C$366)*D95)/SQRT($C$366*D95)

=F95-SQRT($C$366*D95)

图 4.3.5　d_1、d_2 的计算

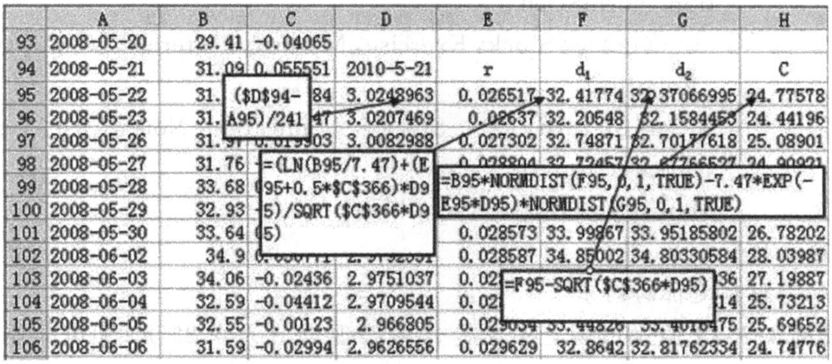

图 4.3.6　权证价格的计算

三、基于 VB 和 BS 公式对权证的定价

上面我们介绍了运用 Black-Scholes 期权定价公式对欧式认购权证进行定价，我们也可以运用 VB 定义的权证定价函数，来为权证进行定价。

（一）权证定价的 VB 程序

VB 定义的 Black-Scholes 权证定价函数的程序如下：

```
FunctiondOne(Stock,Exercise,Maturity,Interest,Volatility)
        dOne=(Log(Stock/Exercise)+(Interest+(Volatility^2)_
        /2) * Maturity)/(Volatility * Sqr(Maturity))
End Function
FunctionCallOption(Stock,Exercise,Maturity,Interest,Volatility)
        CallOption=Stock * Application.NormSDist(dOne(Stock,Ex-
        ercise,_
        Maturity,Interest,Volatility))-Exercise * Exp(-Maturity *
        Interest)_
         * Application.NormSDist(dOne(Stock,Exercise,Maturity,
         Interest,_
        Volatility)-Volatility * Sqr(Maturity))
End Function
FunctionPutOption(Stock,Exercise,Maturity,Interest,Volatility)
        PutOption=Exercise * Exp(-Maturity * Interest) * Applica-
```

```
        tion. NormSDist _
         (-(dOne(Stock, Exercise, Maturity, Interest, Volatility)-
         Volatility _
        * Sqr(Maturity)))-Stock * Application. NormSDist(-dOne
        (Stock, Exercise, _
        Maturity, Interest, Volatility))
End Function
```

(二)权证定价的例子

【例 4.3.2】假设市场上深发展 A 股票现价 S 为 6.22 元，无风险连续复利率 r 为 4%，股票的波动率 σ 为 36%，行权价格 X 是 6.22 元，期权的到期期限($T-t$)为 0.5 年。计算相应的欧式认购权证的合理价格。

我们用此例来说明运用 VBA 定义的 Black-Scholes 期权定价函数来计算权证的理论价值。具体的步骤是：

1. 建立 Excel 工作表，输入例子中的数据，如图 4.3.7 中所示。

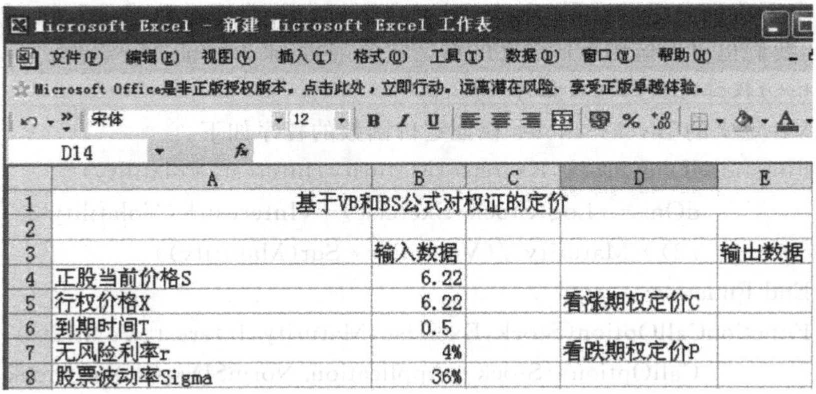

	A	B	C	D	E
1	基于VB和BS公式对权证的定价				
2					
3		输入数据			输出数据
4	正股当前价格S	6.22			
5	行权价格X	6.22		看涨期权定价C	
6	到期时间T	0.5			
7	无风险利率r	4%		看跌期权定价P	
8	股票波动率Sigma	36%			

图 4.3.7　输入例 4.3.2 的数据

2. 选定 E5 单元格，单击："工具/宏"，在弹出的菜单中单击"Visual Basic 编辑器"，进入 Microsoft Visual Basic 窗口。单击"插入"，这时会出现一个编辑框，输入上面的 VBA 程序，如图 4.3.8 所示。

3. 单击"调试/编译 VBAproject(L)"，检查程序是否出错；若编译通过，则单击工具栏中的 Excel 图标 ，返回 Excel 工作表。

4. 单击"插入/函数"，系统弹出"插入函数"对话框，在"选择类别"中选择

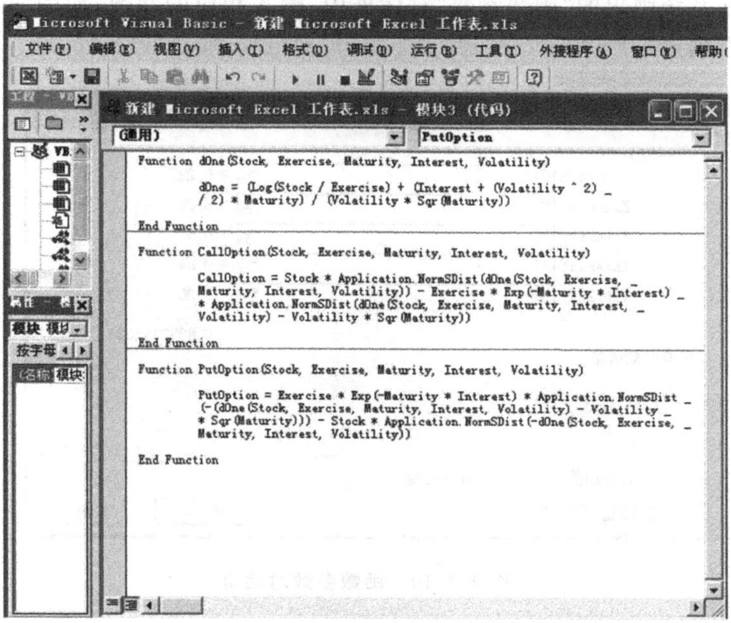

图 4.3.8 VBA 程序编辑窗口

“用户定义”，在选择函数下选择“CallOption”函数，如图 4.3.9 所示，最后单击“确定”。

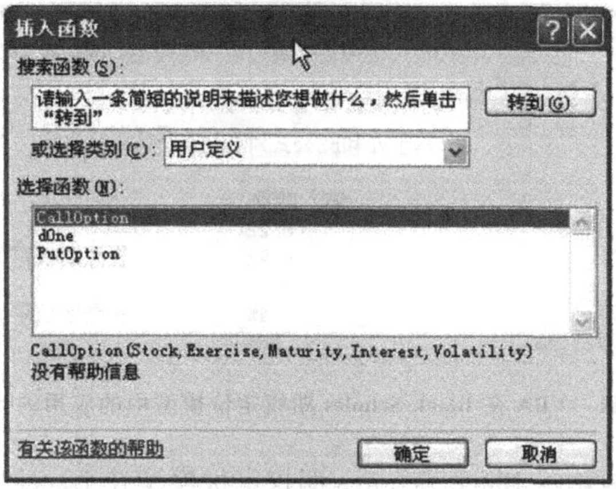

图 4.3.9 调用 CallOption 函数

5. 在系统弹出的“函数参数”对话框中，输入相应的参数，如图 4.3.10 所示，单击“确定”。

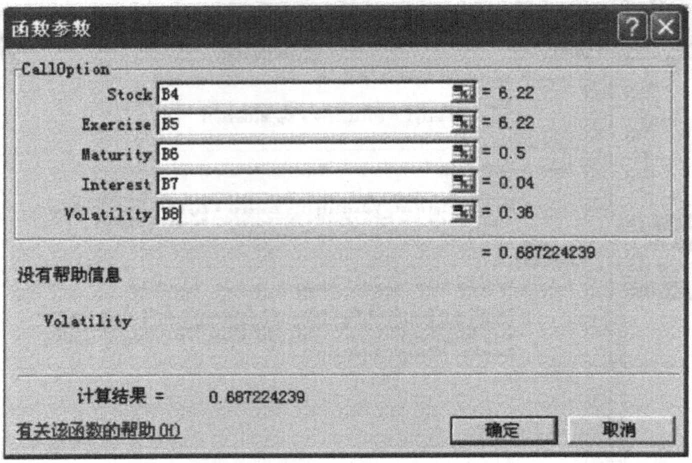

图 4.3.10　函数参数对话框

6. 用同样的方法我们可以算出看跌期权的价格。

最后的计算结果如图 4.3.11 所示。

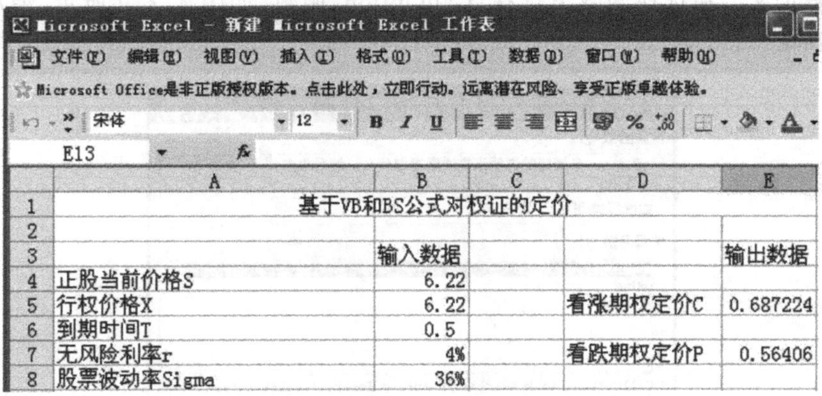

	A	B	C	D	E
1	基于VB和BS公式对权证的定价				
2					
3		输入数据			输出数据
4	正股当前价格S	6.22			
5	行权价格X	6.22		看涨期权定价C	0.687224
6	到期时间T	0.5			
7	无风险利率r	4%		看跌期权定价P	0.56406
8	股票波动率Sigma	36%			

图 4.3.11　VBA 在 Black-Scholes 期权定价模型中的应用的计算结果

至此，我们讨论了 Black-Scholes 期权定价模型在 Excel 中的应用。同学们可以通过网络收集数据，用我们给出的方法来计算认沽权证的价格。

第四节　基于二叉树模型的权证定价在 Excel 中的实现

二叉树模型是另外一种应用最为广泛的期权定价模型，二叉树(binomial tree)期权定价模型最早是由 Cox、Ross 和 Rubinstein 于 1979 年在《期权定价：一种简单的方法》这篇论文中提出的。二叉树期权定价模型弥补了 Black-Scholes 期权定价模型不能为美式期权进行精确定价的缺陷。二叉树期权定价模型有很多优点：模型简单、容易实现；适用于大量复杂的期权定价问题，既适用于欧式期权的定价，又适用于美式期权的定价，弥补了 BS 的不足；也能够使我们更深入地了解期权的风险中性定价机制。本节将重点研究从单阶段到多阶段的二叉树定价模型对美式期权的定价问题。

一、单阶段的二叉树模型下期权定价

(一)无风险原则

这里要用到期权复制，所谓期权复制，是指通过股票与无风险债券来构造投资组合，并使该组合在任何状态下(无论股票价格是上升还是下降)的未来现金流和该看涨期权的未来现金流完全相同。即可以表示为：1 份股票看涨期权的现金流＝A 份股票的未来现金流＋B 份债券的未来现金流，称为由 A 份股票和 B 份债券构成的投资组合为一份看涨期权的复制。

依据无风险定价原则，看涨期权的现在价格与其复制的价格应该相等，即期权的价格可以通过债券和股票来定价。

【例 4.4.1】某权证正股当前价格为 30 元，一年后可能上涨 20%，也可能下降 10%，无风险债券利率为 8%(国库券年利率)，可以假设债券的当前价格为 1 元，现有一份认购权证，行权价格 X＝30 元，到期期限为 1 年，试计算该认购权证的价格。

在 Excel 求解该结果的过程如下：

1.计算正股期末的两种可能的价格即股票的二叉树

股价上涨后的价格为：30×(1＋20%)，单击 D8 单元格，在公式编辑栏中输入：＝$B$9*(1＋B2)。下跌后的价格为：30×(1－10%)，单击 D10 单元格，在公式编辑栏中输入：＝$B$9*(1＋B3)。如图 4.4.1 所示。

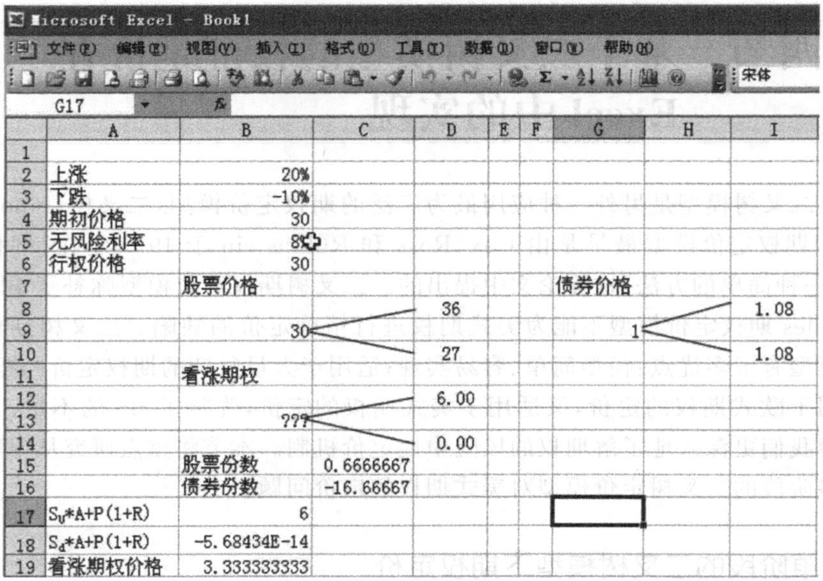
Microsoft Excel - Book1
文件(F) 编辑(E) 视图(V) 插入(I) 格式(O) 工具(T) 数据(D) 窗口(W) 帮助(H)
宋体
G17
上涨
20%
下跌
-10%
期初价格
30
无风险利率
8%
行权价格
30
股票价格
债券价格
36
1.08
30
1
27
1.08
看涨期权
6.00
???
0.00
股票份数
0.6666667
债券份数
-16.66667
S_u*A+P(1+R)
6
S_d*A+P(1+R)
-5.68434E-14
看涨期权价格
3.333333333

图 4.4.1　无套利定价法对期权定价

2. 债券的期末二叉树

单击 I8 单元格，在编辑栏中输入："= \$G\$9 * (1+ \$B\$5)"；然后再单击 I10 输入："= \$G\$9 * (1+ \$B\$5)"。

3. 股票看涨期权的未来现金流(期权的二叉树)

单击 D12，在编辑栏中输入："=MAX(D8－ \$B\$6，0)"，单击 D14 输入："=MAX(D10－ \$B\$6，0)"。

4. 计算期权复制的组合系数

我们是要构造一个由 A 份股票和 B 份债券组成的投资组合，使其期末对应的现金流与期权对应的现金流相同，即有：36A+1.08B=6；27A+1.08B=0。这个式子的求解可以运用 Excel 的规划求解来完成。对应于上涨时组合的现金流，单击 B17 单元格，在编辑栏中输入：=D8 * C15+I18 * C16；对应于下跌时的现金流，单击 B18 单元格，在编辑栏中输入：= D10 * C15+I10 * C16。要完成求解：单击工具里的规划求解，如工具下拉栏中没有规划求解，则点加载宏如图 4.4.2 所示。在出现了如图 4.4.3 所示的选择框后，选择规划求解并单击确定即可。

回到 Excel 主页面，单击工具里的规划求解，会出现图 4.4.4，在对话框中

图 4.4.2 加载宏

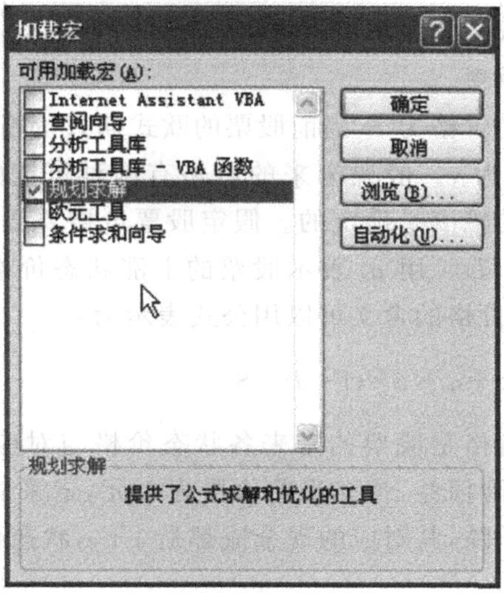

图 4.4.3 加载宏对话框

选择可变单元格区域为：C15：C16；单击添加按钮，在约束栏中输入：

$B$17＝$D$12
$B$18＝$D$14
，完成后单击求解按钮，选择保留规划求解结果：A≈0.67，B≈－16.67。

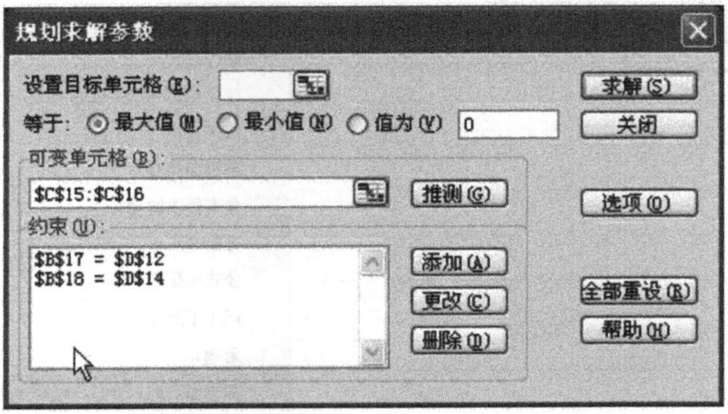

图4.4.4 规划求解参数对话框

5.用期权复制法求解期权价格

单击B19单元格，输入：C15＊B4＋C16，可以看出看涨期权的价格约为3.33元。

此方法就是期权的无套利定价方法。

（二）风险中性原则

假设股票的期初价格为S，当前股票的欧式期权价格为C，期权的执行价格为X，无风险利率为 r。股票未来的价格有两种可能的状态，或上涨或下跌。其上涨和下跌的幅度是确定的。假定股票价格要么上升为S×(1＋u)，要么下跌为S×(1＋d)。用 q_u 表示股票的上涨状态价格，用 q_d 表示股票的下跌状态价格，状态价格的含义可以用公式表示为：

$$q_u \times S \times (1+u) + q_d \times S \times (1+d) = S \quad (4.4.1)$$

即股票的当前价格是股票的未来各状态价格与对应状态价格的乘积之和。同理，对于无风险债券，舍弃当前价格为1元，未来的现金流为：1＋i，无论股价是上升还是下跌，其对应的现金流都是1＋i，状态价格满足：

$$q_u \times (1+i) + q_d \times (1+i) = 1 \quad (4.4.2)$$

联立上面两个方程得，对应于股票价格上涨还是下跌的状态价格分别为：

$$q_u=\frac{i-d}{(1+i)(u-d)}, q_d=\frac{u-i}{(1+i)(u-d)} \tag{4.4.3}$$

依据解出的状态价格，看涨期权的风险中性定价形式为：

$$\begin{aligned} C &= q_u \max[S\times(1+u)-X,0]+q_d \max[S\times(1+d)-X,0] \\ &= \frac{(i-d)\max[S\times(1+u)-X,0]}{(1+i)(u-d)}+\frac{(u-i)\max[S\times(1+d)-X,0]}{(1+i)(u-d)} \end{aligned} \tag{4.4.4}$$

即看涨期权的当前价格是其在未来各状态的现金流与对应的状态价格的乘积之和。这种通过计算状态价格将未来的现金流进行贴现的方法称为期权的风险中性定价方法。

同样运用上例，用此方法给期权定价，步骤如下：

1. 求现金流

求出股票对应的期末可能现金流、债券的期末可能现金流和看涨期权的期末可能现金流，步骤与用无风险定价里(1)(2)(3)相同。

2. 求相应的状态价格 q_u、q_d

单击 q_u 的值对应的单元格 B17，在编辑栏中输入：=(B5－B3)/((1＋B5)*(B2－B3))；单击 q_d 的值对应的单元格 B18，输入：=(B2－B5)/((1＋B5)*(B2－B3))。

3. 求看涨期权价格

单击 B20 单元格，输入：=B17*D12＋B18*D14。结果如图 4.4.5。

比较两个方法得出的结果，可以看出虽然方法不同，但结果是一致的。

二、运用二叉树期权定价模型为美式期权定价

(一)Excel 基础上的二叉树美式期权定价

美式看涨期权在到期日前的价格永远高于其执行的价值，因此，美式看涨期权不会在到期日之前执行，其定价与欧式看涨期权定价是一致的，而看跌期权则不同，本部分就重点介绍下美式期权的二叉树定价模型的使用。

还是前一个例子，然后把认购权证改为认沽权证，买方可以在第一个阶段末执行，也可以在第二个阶段末执行，也可以在两个阶段都不执行，执行期限为两年，其他条件都不变。计算此认沽权证的价格。

看一下两阶段上涨与下跌状态的二叉树如下图 4.4.6

在每个阶段，美式看跌期权的买方可以选择执行或不执行，在各个状态时的价值如下：

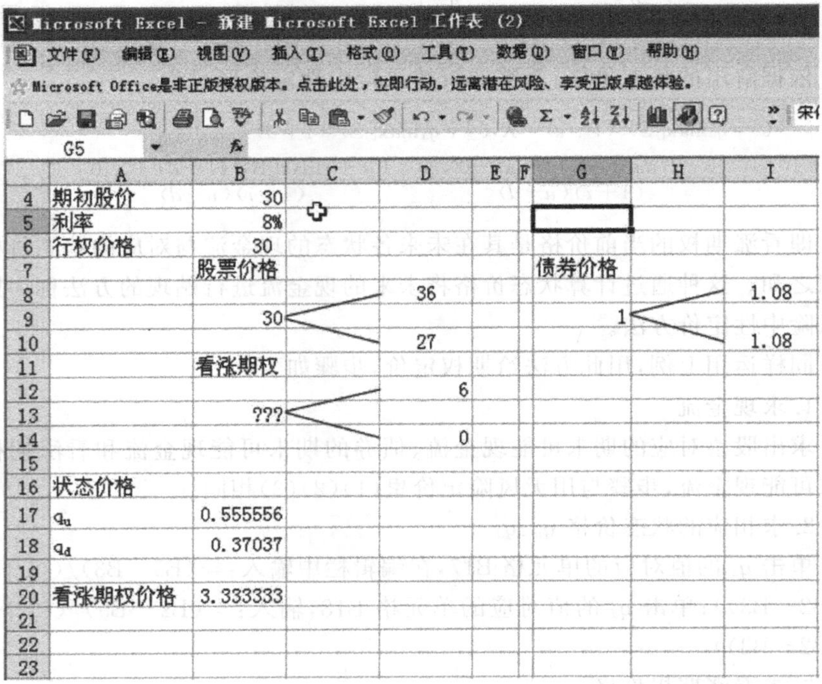

图 4.4.5 风险中性法对期权定价

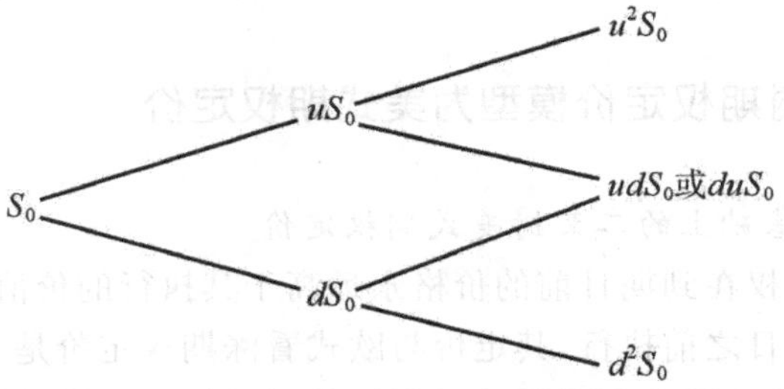

图 4.4.6 二叉树模型

在状态 u 时的看跌期权价值

$=$MAX(在状态 u 下执行的价值，在状态 u 下不执行的价值)

$=$MAX(MAX($X-S_u$,0)，$q_u\times uu$ 状态看跌期权支付$+q_d\times ud$ 状态看跌期权支付)

(4.4.5)

在状态 d 时的看跌期权价值

$=\mathrm{MAX}$(在 d 状态执行时的价值，在 d 状态下不执行的价值)

$=\mathrm{MAX}(\mathrm{MAX}(X-S_u,0),q_u\times ud$ 状态看跌期权支付 $+q_d\times dd$ 状态看跌期权的支付) (4.4.6)

具体的操作步骤如下：

1. 求出对应的状态价格 q_u 和 q_d

可根据单阶段时的公式求得。如图 4.4.7 所示。

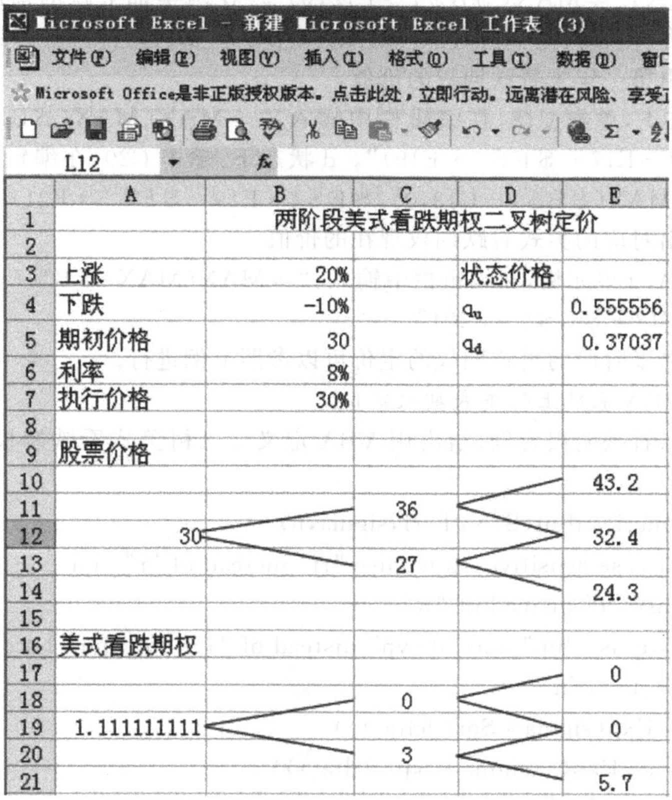

图 4.4.7 求解过程

2. 求出股票在各个状态下的相对应的价格

第一年末上涨后的价格：单击 C11，在编辑栏中输入：“= \$A\$12 * (1+B3)”。第一年末对应的下跌时的价格：单击 C13 单元格，在编辑栏中输入：

“＝$A$12＊(1＋B4)”。第一年上涨且第二年也上涨对应的股票价格：单击E10，在编辑栏中输入：“＝C11＊(1＋B3)”。第一年上涨第二年下跌对应的股价：单击E12，在编辑栏中输入：“＝C11＊(1＋B4)”。一二年都下跌对应的股票价格为：单击E14，输入：“＝C13＊(1＋B4)”。

3.求出美式看跌期权第二年末的股权的价值

一二年都上涨的情况下：单击E17，在编辑栏中输入：“＝MAX($B$7－E10,0)”。第一年上涨第二年下跌或者第一年下跌第二年上涨的情况下：单击E19，输入：“＝MAX($B$7－E12,0)”。在两年都下跌的情况下：单击E21单元格，在编辑栏中输入：“＝MAX($B$7－E14,0)”。

4.求出第一年末看跌期权的价值

u状态下，单击C18，在编辑栏中输入：“＝MAX(MAX($B$7－C11,0),$E$4＊E17＋$E$5＊E19)”。d状态下：单击C20，在编辑栏中输入：“＝MAX(MAX($B$7－C13,0),$E$4＊E19＋$E$5＊E21)”。

5.求出对应的美式看跌期权现在的价值

单击A19单元格，在编辑栏中输入：“＝MAX(MAX($B$7－A12,0),$E$4＊C18＋$E$5＊C20)”。

对于更多阶段的美式期权的定价可以参照上例进行。

(二)VBA基础上的美式期权定价

我们以看跌期权为例，给出用VBA定义二叉树美式看跌期权的定价公式程序。

```
FunctionAmericanPut(S,X,T,rf,sigma,n)
'VBA is not case sensitive,so we use "rf" instead of "r" and
'below we use "r" instead of "R"
'Note that we use "up" and "down" instead of "1＋up" and "1＋down"
      delta_t＝T/n
      up＝Exp(sigma * Sqr(delta_t))
      down＝Exp(－sigma * Sqr(delta_t))
      r＝Exp(rf * delta_t)
      q_up＝(r－down)/(r * (up－down))
      q_down＝1/r－q_up
      DimOptionReturnEnd() As Double
      DimOptionReturnMiddle() As Double
      ReDim OptionReturnEnd(n＋1)
```

```
    For State=0 To n
      OptionReturnEnd(State)=Application.Max(X-S*_
      up ^State*down^(n-State),0)

    Next State
    For Index=n-1 To 0 Step-1
        ReDim OptionReturnMiddle(Index)
        For State=0 To Index
            OptionReturnMiddle(State)=Application.Max(X-S*_
                up^State*down^(Index-State),_
                q_down*OptionReturnEnd(State)+_
                q_up*OptionReturnEnd(State+1))
        Next State
        ReDim OptionReturnEnd(Index)
        For State=0 To Index
            OptionReturnEnd(State)=OptionReturnMiddle(State)
        Next State
    Next Index
    AmericanPut=OptionReturnMiddle(0)
End Function
```

下面用一个例子来讲解具体的操作步骤：

【例 4.4.2】 假设一只股票的当前价格为 50 元，股票的波动性为 $\sigma=30\%$，$r_f=8\%$，运用上面定义的 Americanput 函数计算执行价格 X=50 元，有效期为半年，且子时间段取为 $n=20$ 的美式看跌期权的价格。

具体操作步骤如下：

1. 建立一个 Excel 工作表

将上面例子中的基本信息输入，如图 4.4.8 所示。

2. 加载宏

选择 C10 单元格，单击【工具】菜单中的【宏】命令，系统出现一个子菜单。

3. 输入程序

单击子菜单中【Visual Basic 编辑器】或按【Alt+F11】键，进入【Microsoft Visual Basic】窗口。单击【插入】/【模块】命令，系统出现一个空白编辑框，然

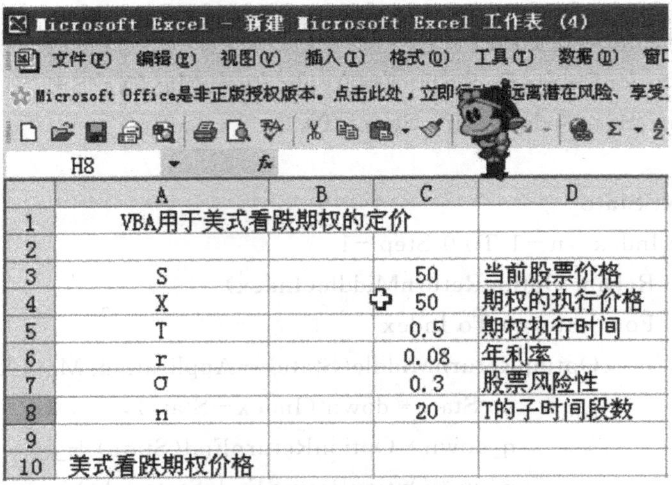

图 4.4.8　建立 Excel 工作表

后在其中输入上面的程序。如图 4.4.9 所示。

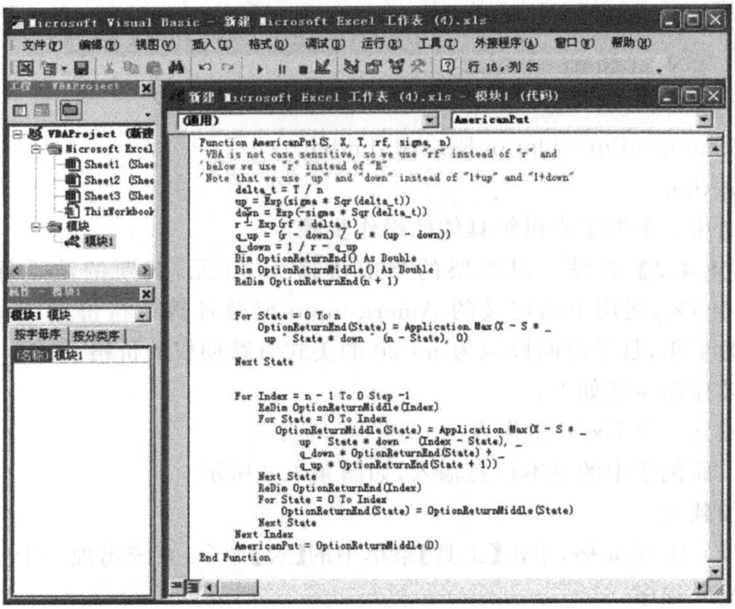

图 4.4.9　American Put 函数的 Microsoft Visual Basic 程序代码窗口

4. 定义函数

编完程序后，单击图 4.4.9 工具栏中的【调试】/【编译 VBAproject(L)】，确定程序是否编写无误。确定无误后，则单击工具栏中的图标，返回 Excel 工作表。确定 C10 单元格被选定，然后单击【插入】菜单中的【函数】，系统弹出【粘贴函数】对话框。在【函数分类】中选择【用户定义】，在【函数名】中选择【AmericanPut】函数，确定后即得到图 4.4.10。确定后，会弹出函数参数的对话框，在对话框里输入相应的参数，单击确定。对话框如图 4.4.11 所示。

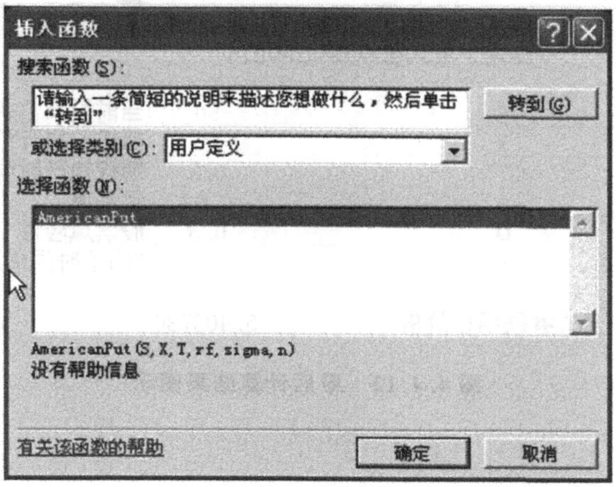

图 4.4.10　插入函数对话框

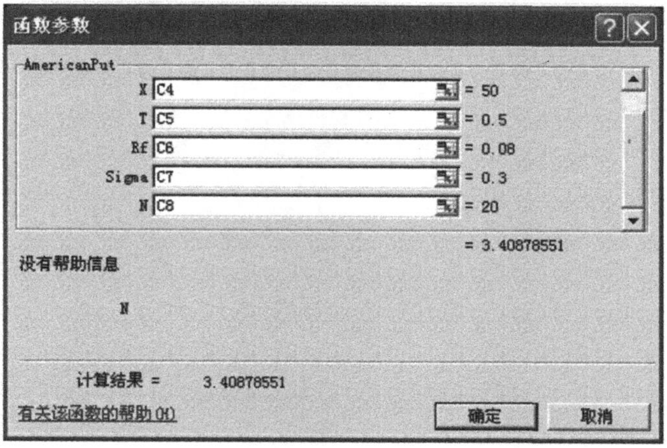

图 4.4.11　AmericanPut 函数对话框

注意:此对话框里共包括六个参数,注意右侧的滚动轴,确保所有的参数都正确填写,才能保证得出可靠的结果。确定后,便出现最后的结果,如图4.4.12示。

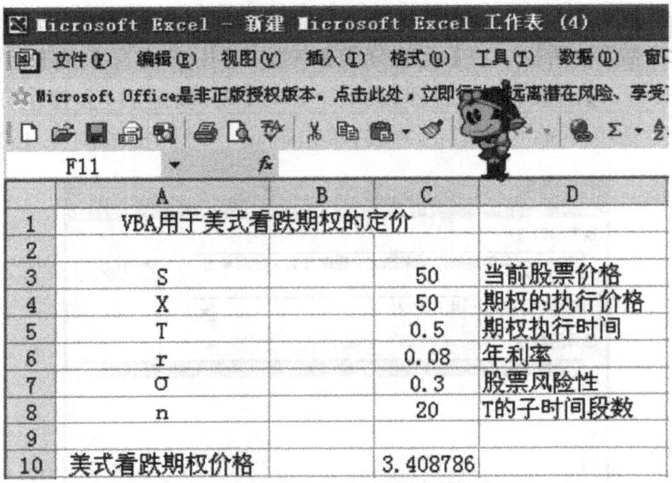

	A	B	C	D
1	VBA用于美式看跌期权的定价			
2				
3	S		50	当前股票价格
4	X		50	期权的执行价格
5	T		0.5	期权执行时间
6	r		0.08	年利率
7	σ		0.3	股票风险性
8	n		20	T的子时间段数
9				
10	美式看跌期权价格		3.408786	

图 4.4.12 最后计算结果图示

第五章

远期和期货的定价与套利

第一节 背景知识

一、远期和期货的定义

远期(forward)合约是一种场外交易(OTC)的金融工具,交易双方通过直接协商约定在未来的某一确定时间,按确定的价格买卖一定数量的金融资产。在合约中规定在将来买入标的物的一方为多方(long position),而在未来卖出标的物的一方为空方(short position)。合约中规定的未来买卖标的物的价格称为交割价格(delivery price)。

远期合约是适应规避现货交易风险的需要而产生的,最初主要应用于农产品的交易,通过锁定未来的价格,远期合约使得农产品供需双方免受未来现货市场价格波动风险的影响。在签署远期合约之前,双方可以就交割地点、交割时间、交割价格、合约规模、标的物的品质等细节进行谈判,以便尽量满足双方的需要,因此远期合约和接下来要介绍的期货合约相比,灵活性较大,这也是远期合约的主要优点。

期货(futures)合约是指协议双方同意在约定的将来某个日期按约定的条件(包括价格、交割地点、交割方式)买入或卖出一定数量的某种金融资产的标准化协议。合约中规定的标的物的交割价格就是期货价格。期货和远期最大的不同其实可以理解为期货是标准化的远期合约。值得注意的是,尽管这种标准化降低了远期交易的弹性，但是增加了宝贵的流动性。

期货合约是零和游戏，所有头寸的总损益为零，每一个多头都对应一个空头，所有投资者的总利润为零，对商品价格变化的净风险也为零。所以期货市场的建立对现货市场的商品价格没有特别大的影响。

期货交易所我国现有四家，分别为郑州商品交易所、大连商品交易所、上海期货交易所和中国金融期货交易所。世界上最大的几个期货交易所则是芝加哥期货交易所（CBOT）、英国伦敦金属交易所（LME）、芝加哥商品交易所（CME）、欧洲期货交易所（EUREX）、费城股票交易所和日本东京工业品交易所（HSI）等。

二、远期与期货的区别

远期合约与期货合约的区别总的来说就是标准化程度的区别，具体的区别则体现在以下几方面：

（一）交易场所不同

远期交易是场外交易，主要通过电话、电传、网络等通讯方式，是一个效率较低的无组织分散市场；期货交易在交易所进行，是一个有组织、有秩序、统一的市场。

（二）违约风险不同

远期合约的履行仅以签约双方的信誉为担保，违约风险很高；期货合约的履行由交易所或清算公司提供担保，违约风险几乎为零。

（三）价格确定方式不同

远期交易中，交易双方直接谈判并私下确定交割价格，存在信息不对称，定价效率低的问题；期货交易的交割价格在交易所内通过公开竞价确定，信息较为充分，定价效率也较高。

（四）履约方式不同

远期交易绝大多数只能通过到期实物交割来履行，期货交易绝大多数通过对冲来了结。

（五）合约双方关系不同

远期交易必须对对手方的信誉和实力做充分的了解；期货交易却因为有集中的市场、标准化的合约以及每份合约的交易深度而很容易通过经纪人建立起期货头寸，因而也就不必花费成本去调查对方的信用状况。

（六）结算方式不同

远期交易到期才进行交割清算，交割日之前并不发生任何的资金转移；期货交易每天结算，浮动盈利或浮动亏损均通过保证金账户体现。

三、远期与期货合约的种类

远期与期货合约所交易的商品可分为四大类：农产品、金属和矿产品（包括能源）、外汇、金融期货。其中金融期货按照标的物的不同，又可分为利率期货和股价指数期货。本章主要涉及三种期货的定价问题，即外汇、利率以及股指期货。

外汇期货的标的物是外汇，如美元、欧元、英镑、日元、澳元等。

利率期货是指标的资产价格依赖于利率水平的期货合约，如长期国债期货、短期国债期货和欧洲美元期货。

股价指数期货的标的物是股价指数。由于股价指数是一种极特殊的商品，它没有具体的实物形式，故交易双方只能把股价指数的点数换算成货币单位进行结算，没有实物的交割。

四、远期和期货的定价

（一）远期价格和远期价值

远期价格指的是远期合约中标的物的远期价格，其是与标的物的现货价格紧密相连的，远期价值是指远期合约本身的价值，其是由远期实际价格与远期理论价格的差距决定的。一般把使得远期合约价值为零的交割价格称为远期价格，这个远期价格显然是理论价格。

（二）基本假设与基本符号

考克斯、英格索尔和罗斯（Cox，Ingersoll&Ross，1981）证明，当无风险利率恒定且对所有到期日都不变时，交割日相同的远期价格和期货价格应相等。但是，当利率变化无法预测时，远期价格和期货价格就不相等。在现实生活中，由于远期和期货价格与利率的相关性很低，以致期货价格和远期价格的差别可以忽略不计。因此在大多数情况下，仍可以合理地假定远期价格与期货价格相等。

1. 基本假设

（1）没有交易费用和税收。

(2)市场参与者能以相同的无风险利率借入和贷出资金。

(3)远期合约没有违约风险。

(4)允许现货卖空行为。

(5)当套利机会出现时,市场参与者将参与套利活动,从而使套利机会消失,计算出的理论价格就是在没有套利机会下的均衡价格。

(6)期货合约的保证金账户支付同样的无风险利率。这意味着任何人均可不花成本地取得远期和期货的多头和空头地位。

2. 基本符号

T:远期和期货合约的到期时间,单位为年。

t:现在的时间,单位为年;变量 T 和 t 是从合约生效之前的某个日期开始计算的;$T-t$ 代表远期和期货合约中以年为单位表示的剩下的时间。

S:标的资产在时间 t 的价格。

ST:标的资产在时间 T 时的价格(在 t 时刻这个值是个未知变量)。

K:远期合约中的交割价格。

f:远期合约多头在 t 时刻的价值。

F:t 时刻的远期合约和期货合约中标的资产的远期理论和期货理论价格(简称远期价格和期货价格)。

F^*:在 T^* 时刻交割的远期价格。

r:T 时刻到期的以连续复利计算的 t 时刻的无风险利率(年利率)。

(三)远期价格的期限结构

远期价格的期限结构描述的是不同期限远期价格之间的关系,设 r 为 T 时刻到期的无风险利率,r^* 为 T^* 时刻到期的无风险利率,$\hat{r}$ 为 T 到 T^* 时刻的无风险利率。根据以下公式 $\hat{r}=\dfrac{r^*(T^*-t)-r(T-t)}{T^*-T}$(当所有利率均为连续复利时),容易得到不同期限远期价格之间的关系。

(四)各种状态资产远期合约的定价

1. 无收益资产远期合约的定价

远期合约的价值公式为:$f=S-Ke^{-r(T-t)}$,由于远期价格 F 就是使合约价值 f 为零的交割价格 K,即当 $f=0$ 时,K=F。据此,令第一个公式里的 $f=0$,则可得到远期价格:$F=Se^{r(T-t)}$。该式表明:对于无收益资产而言,远期价格等于其标的资产现货价格的终值。同样地有:$F^*=Se^{r^*(T^*-t)}$,比照 F 和 F^* 两式,发现消去 S 后,根据式子:$\hat{r}=\dfrac{r^*(T^*-t)-r(T-t)}{T^*-T}$ 可以得到不同期限远期价格之间的关系：$F^* = Fe^{r(T^* - T)}$。

2. 支付已知现金收益资产远期合约的定价

令已知现金收益的现值为 I，远期合约价值为：$f = S - I - Ke^{-r(T-t)}$，根据 F 的定义，可知应有：$F = (S - I)e^{r(T-t)}$。

3. 支付已知收益率资产的远期合约定价

令资产按连续复利计算的已知收益率为 q，远期合约价值为：$f = Se^{-q(T-t)} - Ke^{-r(T-t)}$，则根据 F 的定义，可知应有：$F = Se^{(r-q)(T-t)}$。

第二节　基于 Excel 的远期合约定价

一、利用 Excel 求解无收益资产远期合约价值

【例 5.2.1】 设一份标的证券为一年期贴现债券、剩余期限为 6 个月的远期合约多头，其交割价格为 960 美元，6 个月期的无风险年利率（连续复利）为 6%，该债券的现价为 940 美元。试计算该远期合约多头的价值。

解：这是一个无收益资产远期合约价值求解问题，具体解题步骤如下。

（一）先由题意在 Excel 工作表中输入题目条件

根据题目所给信息在 A1:E1 区域输入相应文字和公式，之后在 A3:F3 区域依次输入现价（S）、交割价格（K）、剩余期限（月）、年化的剩余期限（年）、无风险连续复利率、远期合约价值（f）。在 A4:A5 单元格依次输入 925、926，之后同时选中此两单元格并将光标停留在 A5 单元格右下角待出现十字星符号时垂直拖拽至 A21 单元格处停止。依此方法再填充剩余 B4:F21 区域的单元格。注意其中 D 列和 F 列的单元格是含公式的，所以填充时先在 D4 单元格中输入："= $C4/12"，在 F4 单元格中输入："= $A4 - $B4 * EXP(- $E4 * $D4)"（即是 D1:E1 区域公式的应用），注意其中应用的半绝对地址（即 $ 符号只添加在列名前或者只添加在行名前，当行、列名前同时添加 $ 符号时则是绝对地址）是为了保证在填充时公式只变化行而保持列不变。以上过程完成后的效果见图 5.2.1。特别标出的行即为题目的解。

（二）用 Excel 作关系图

观察图 5.2.1 发现远期合约价值在保持其他条件不变的情况下随标的资产现值的增长而增长，为了更直观地表示这种关系我们不妨以现价为横坐标，

	A	B	C	D	E	F
1	无收益资产远期合约价值公式:			$f=S-Ke^{-r(T-t)}$		
2	例6.2.1					
3	现价(S)	交割价格(K)	剩余期限(月)	年化的剩余期限(年)	无风险连续复利率	远期合约价值(f)
4	925	960	6	0.5	6.00%	-6.63
5	926	960	6	0.5	6.00%	-5.63
6	927	960	6	0.5	6.00%	-4.63
7	928	960	6	0.5	6.00%	-3.63
8	929	960	6	0.5	6.00%	-2.63
9	930	960	6	0.5	6.00%	-1.63
10	931	960	6	0.5	6.00%	-0.63
11	932	960	6	0.5	6.00%	0.37
12	933	960	6	0.5	6.00%	1.37
13	934	960	6	0.5	6.00%	2.37
14	935	960	6	0.5	6.00%	3.37
15	936	960	6	0.5	6.00%	4.37
16	937	960	6	0.5	6.00%	5.37
17	938	960	6	0.5	6.00%	6.37
18	939	960	6	0.5	6.00%	7.37
19	940	960	6	0.5	6.00%	8.37
20	941	960	6	0.5	6.00%	9.37
21	942	960	6	0.5	6.00%	10.37

图 5.2.1　无收益资产远期合约的价值

合约价值为纵坐标作图。

在 Excel 上方工具栏中点击“插入”选择“图表…”，或者点击 Excel 上方工具栏中的图表向导按钮，选择散点图，选中平滑线散点图(见图5.2.2)，

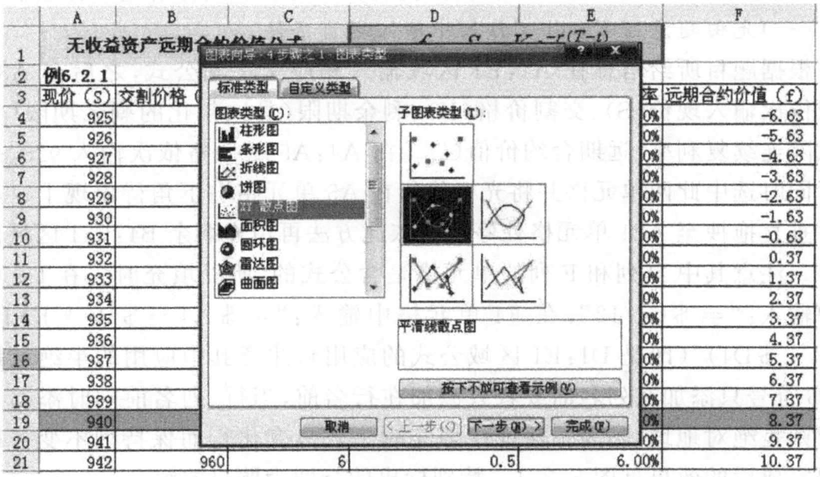

图 5.2.2　作图类型选择

点击“下一步”，在数据区域选择步骤按住 Ctrl 键同时选中 A3:A21 和 F3:

F21，点击“下一步”，输入X轴名称“标的资产现值”，最后点击“完成”（见图5.2.3）。

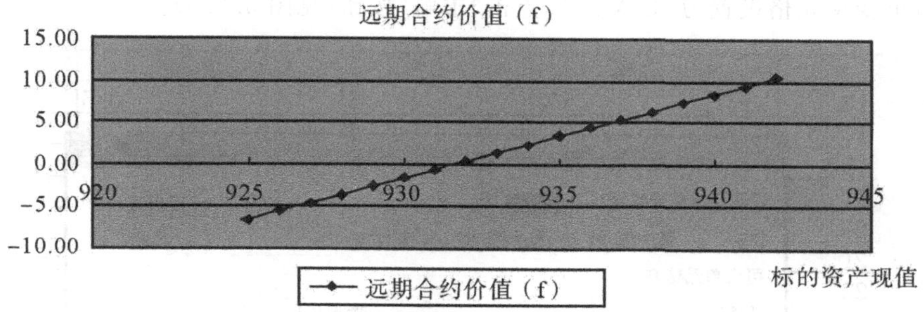

图5.2.3　资产现值和合约价值关系图(保持其他变量不变)

（三）用规划求解的方法得出合约价值为零时的资产现值

观察关系图发现合约价值在某一时刻为零，具体的想要知道到底资产现值为多少时合约价值为零，此时规划求解方法的应用就很有必要了。

点击Excel上方工具栏中的“工具”选项，选中“加载宏”，在弹出的对话框中勾选“规划求解”，点击确定（见图5.2.4）。

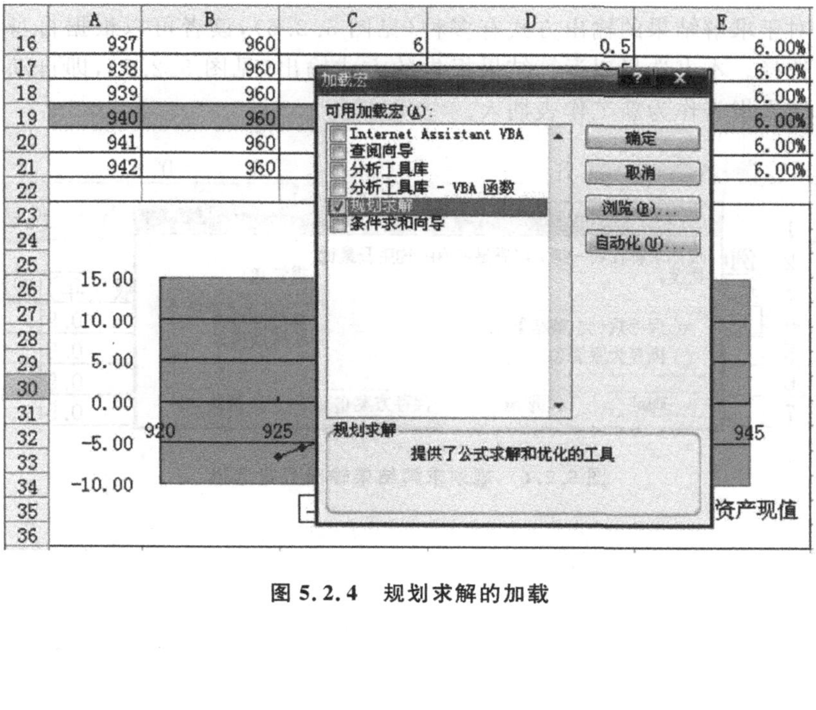

图5.2.4　规划求解的加载

重新点选“工具”，会发现在下拉菜单中多了“规划求解”这一项，选中，弹出名为“规划求解参数”的对话框。将目标单元格设置为“＄F＄4”，值为“0”，将可变单元格设置为“＄A＄4”，点击“求解”按钮(见图 5.2.5)。

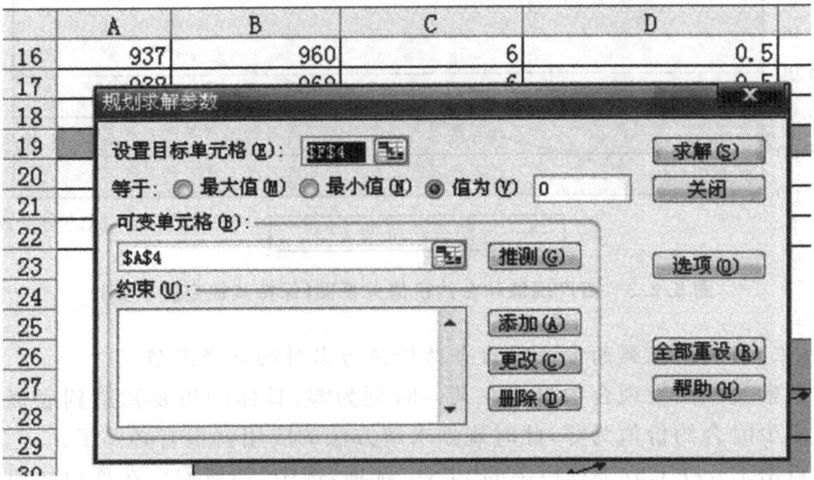

图 5.2.5 规划求解条件的设置

对于求解结果的输出方式有多种(见图 5.2.6)，读者可以根据自身需要加以选择。本书选择以运算结果报告的方式输出(见图 5.2.7)，即自动生成运算结果报告作为新工作表插入。

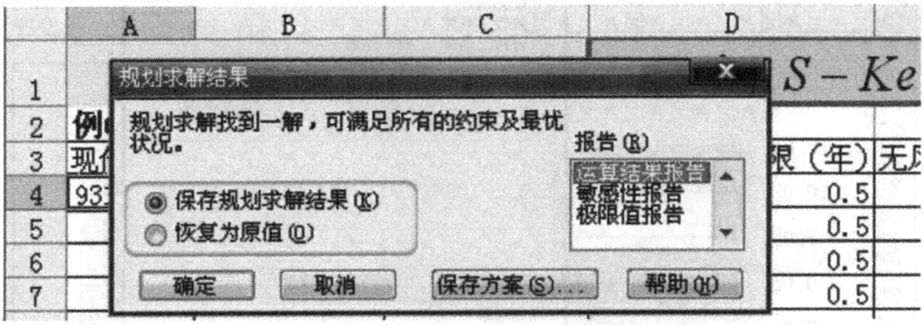

图 5.2.6 规划求解结果输出方式选择

6	目标单元格（目标值）			
7	单元格	名字	初值	终值
8	$F$4	远期合约价值（f）	-6.63	0.00
9				
10				
11	可变单元格			
12	单元格	名字	初值	终值
13	$A$4	现价（S）	925	931.6277132
14				
15				
16	约束			
17	无			

图 5.2.7 运算结果报告 1

二、利用 Excel 求解已知现金收益资产远期合约价值

【例 5.2.2】假设 6 个月期和 12 个月期的无风险年利率分别为 9%和 10%，而一种 10 年期债券现货价格为 990 元，该债券 1 年期远期合约的交割价格为 1 001 元，该债券在 6 个月后和 12 个月后都将收到 60 元的利息，且第二次付息日在远期合约交割日之前，求该合约的价值。

解：这是一个已知现金收益资产远期合约价值求解问题。由于基本原理和具体操作步骤和例 5.2.1 基本相似，故留给读者作为练习。作为参考的单元格公式如下（按运算顺序）：

B21：“= $A21/12”

B22：“= $A22/12”

F21：“= $E21 * EXP(- $B21 * $C21)”

F22：“= $E8 * EXP(- $B22 * $C22)”

D4：“= $C4/12”

E4：“=SUM($F$21:$G$22)”

F4：“= $A4- $E4- $B4 * EXP(- $D4 * $C$22)”

作为参考的表格及规划求解结果见图 5.2.8、5.2.9、5.2.10。

	A	B	C	D	E	F	G
1	已知现金收益资产远期合约价值：			$f=S-I-Ke^{-r(T-t)}$			
2	例6.2.2						
3	现价（S）	交割价格（K）	剩余期限（月）	年化的剩余期限（年）	现金收益现值（I）	远期合约价值（f）	
4	987	1001	12	1	111.65	-30.3923	
5	988	1001	12	1	111.65	-29.3923	
6	989	1001	12	1	111.65	-28.3923	
7	990	1001	12	1	111.65	-27.3923	
8	991	1001	12	1	111.65	-26.3923	
9	992	1001	12	1	111.65	-25.3923	
10	993	1001	12	1	111.65	-24.3923	
11	994	1001	12	1	111.65	-23.3923	
12	995	1001	12	1	111.65	-22.3923	
13	996	1001	12	1	111.65	-21.3923	
14	997	1001	12	1	111.65	-20.3923	
15	998	1001	12	1	111.65	-19.3923	
16	999	1001	12	1	111.65	-18.3923	
17	1000	1001	12	1	111.65	-17.3923	
18							
19	其中，现金收益现值的计算（I）						
20	期限（月）	年化期限（年）	对应的无风险连续复利率		对应的远期现金收益	对应的现金收益现值	
21	6	0.5	9.00%		60	57.36	
22	12	1	10.00%		60	54.29	

图 5.2.8　已知现金收益资产远期合约价值

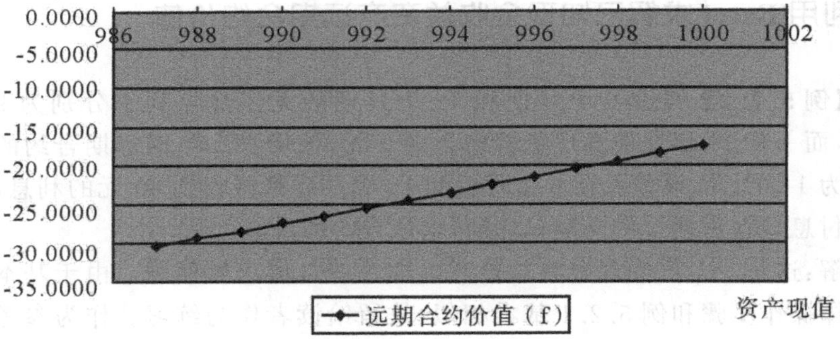

图 5.2.9　资产现值和远期合约价值关系图

6	目标单元格（目标值）			
7	单元格	名字	初值	终值
8	$F$4	远期合约价值（f）	-30.3923	0.0000
9				
10				
11	可变单元格			
12	单元格	名字	初值	终值
13	$A$4	现价（S）	987	1017.392349
14				
15				
16	约束			
17	无			

图 5.2.10　运算结果报告 2

三、利用 Excel 求解已知收益率资产远期合约价值

【例 5.2.3】假设标准普尔 500 指数现在的点数为 1 000 点，该指数所含股票的红利收益率预计为每年 5%（连续复利），连续复利的无风险利率为 10%，3 个月期标准普尔 500 指数期货的市价为 1 080 点，求该期货合约的价值和期货的理论价格。

解：这是一个已知收益率资产远期合约价值求解问题。由于基本原理和具体操作步骤和例 5.2.1 基本相似，故留给读者作为练习。作为参考的单元格公式如下（按运算顺序）：

D4："= $C4/12"

G4："= $A4 * EXP(- $E4 * $D4) - $B4 * EXP(- $F4 * $D4)"

D5："=500 * G4"

作为参考的表格见图 5.2.11。读者可在此基础上延伸扩展。

	A	B	C	D	E	F	G
1	已知收益率资产远期合约价值：			$f=Se^{-q(T-t)}-Ke^{-r(T-t)}$			
2	例6.2.3						
3	现价（S）	交割价格（K）	剩余期限（月）	年化的剩余期限（年）	红利收益率	无风险连续复利率	远期合约价值
4	1000	1080	3	0.25	5.00%	10.00%	-65.76
5	标准普尔股指期货的理论价格=指数*500			-32878.45	（美元）		

图 5.2.11　已知收益率资产远期合约价值

第三节　基于 Excel 的外汇期货交易

一、利用 Excel 分析基本原理

【例 5.3.1】假设有两种货币：美元与英镑。设 E_0 为当前两种货币的汇率，即买入一单位英镑需要 E_0 美元；F_0 为远期价格，即达成协议于将来某一时间 T 购买一单位英镑所需的美元数目。设英国、美国两国的无风险年利率分别为 rUK 与 rUS。如果当前的 $rUK=0.05$，$rUS=0.06$，而 $E_0=1.60$ 美元/英镑，那么一年期合约的合理期货价格应该为多少？如果期货价格 $F_0=1.61$ 美元/英镑，那么采取什么方法可以获得套利利润？

解：这是一个阐述利率平价以及利率抛补套利原理的例子，具体步骤如下。

(一)制作利率平价理论分析表

新建一个 Excel 文件并将其中的 sheet1 重命名为“利率平价理论”，在此工作表的 A1:D1 区域粘贴利率平价公式，A3:D4 区域制作基础条件表，A5:B9 区域制作套利机会判断表，在 B11 单元格设置使得“一年以后实际汇率”动态可调的控件。

单元格涉及公式应用的如下：

B6:“=A4*((1+C4)/(1+B4))^D4”

B8:“=IF(B6<>B7,"存在","不存在")”

B9:“=IF(利率抛补套利！F17>0,"在英国借款，在美国贷款","在美国借款，在英国贷款")”

注：B9 单元格中的公式在完成第二张工作表后才能输入。

在 B11 单元格中设置一个滚动条，具体做法是：

点击 Excel 上方工具栏中的“视图”选项，选择“工具栏”，在下拉菜单中选择“窗体”从而调出窗体工具栏。点击图标，之后按住鼠标左键拖拽出一个滚动条，放置在 B11 单元格中。右键单击选中该滚动条，在同时弹出的菜单中选择“设置控件格式”，任意设定一个范围内的正整数作为当前值(如 160)，并将最小值、最大值、步长和单元格链接分别设为：150、170、1、$B$11。完成后就可以实现一年以后实际汇率的动态调整了。见图 5.3.1。

	A	B	C	D
1	根据利率平价理论，即期汇率与远期汇率之间的合理关系应该为：$F_0 = E_0\left(\dfrac{1+r_{US}}{1+r_{UK}}\right)^T$			
2	例6.3.1（E0代表：1英镑=E0美元）			
3	即期汇率（E0）	英国无风险年利率（rUK）	美国无风险年利率（rUS）	期限（T），年
4	1.60	0.05	0.06	1
5	套利机会判断表			
6	平价的远期汇率（F0）	1.62		
7	实际期货价格（F0'）	1.61		
8	套利机会	存在		
9	套利方案	在英国借款，在美国贷款		
10	一年以后实际汇率（E1）			
11	1.61			

图 5.3.1 利率平价理论分析表

(二)制作利率抛补套利分析表

将 sheet2 重命名为“利率抛补套利”，在 A1:G11 区域做一些文字性的输入以分析此理论的基本思路。见图 5.3.2。

	A–C	D–E	F–G
1	**利率抛补套利基本原理**		
2	行动	初始现金流（美元）	一年以后的现金流（美元）
3	1）在伦敦借入1英镑并兑换成美元	E0	-E1(1+rUK)
4	2）把从伦敦借来的钱在美国贷出	-E0	E0(1+rUS)
5	3）以1英镑=F0' 美元的价格买入（1+rUK）个期货头寸	0	(E1-F0')*(1+rUK)
6	总计：	0	E0(1+rUS)-F0'(1+rUK)
7	**原理总结：**		
8	套利净所得是无风险的，等于 $E_0(1+r_{US})-F_0'(1+r_{UK})$		
9	如果这个值是正的，就在英国借款，在美国贷款，然后建立期货多头头寸以消除汇率风险。如果这个值是		
10	负的，就反向操作，在美国借款，在英国贷款，然后建立英镑期货的空头头寸。当没有套利机会时，这个		
11	表达式一定等于零。		

图 5.3.2 利率抛补套利原理分析表

在 A12:G17 区域制作抛补实例表(即依据基本原理表的格式并带入“利率平价理论表”中的具体数值)，单元格涉及公式应用的如下：

D14:“＝利率平价理论！A4”

D15:“＝－利率平价理论！A4”

D17:“＝SUM(D14:E16)”

F14:“＝－利率平价理论！A11＊(1＋利率平价理论！B4)”

F15:“＝利率平价理论！A4＊(1＋利率平价理论！C4)”

F16:“＝(利率平价理论！A11－利率平价理论！B7)＊(1＋利率平价理论！B4)”

F17:“＝SUM(F14:F16)”

注：此表完成以后(见图 5.3.3)，注意到 F17 单元格的数值不随“利率平价理论”表中实际汇率值(E1)的变化而变化，从而读者可以更好地理解锁定汇率的含义；另外，此单元格公式输入完成后，就可以完成第一张表(即“利率平价理论”表)中 B9 单元格的公式输入了。

	A–C	D–E	F–G
12	**利率抛补套利实例6.3.1**		
13	行动	初始现金流（美元）	一年以后的现金流（美元）
14	1）在伦敦借入1英镑并兑换成美元	1.6000	(1.6905)
15	2）把从伦敦借来的钱在美国贷出	(1.6000)	1.6960
16	3）以1英镑=F0' 美元的价格买入（1+rUK）个期货头寸	0	0.0000
17	总计：	0.0000	0.0055
18			↑
19			锁定值，不随一年以后
20			即期汇率的变化而变化

图 5.3.3 抛补实例表

二、利用 Excel 计算外汇套期保值

【例 5.3.2】假设现在是 4 月 1 日,6 个月后(即 10 月 1 日),一个美国进口商为从瑞士进口商品需要支付 500 000 瑞士法郎,即期汇率为 CHF1＝USD 0.5760。现在作为瑞士法郎的空头,进口商担心瑞士法郎相对于美元会表现出强势。如果 6 个月后瑞士法郎升值,那么其相对于现在的即期汇率需要支付更多的美元。以芝加哥国际货币市场为例,每份瑞士法郎期货合约的金额为 CHF125 000。期货价格 CHF1＝USD0.5776。问:公司需要买入几份瑞士法郎期货合同?若 10 月 1 日当天的即期汇率为 CHF1＝USD0.5780 时该进口商在何价位上对冲期货合约恰能完全风险对冲?若 10 月 1 日当天的即期汇率为 CHF1＝USD0.5758 时该进口商在何价位上对冲期货合约恰能完全风险对冲?

解:这是一个在进出口贸易中利用外汇期货合约对冲风险的例子,具体步骤如下。

(一)制作套期保值盈亏平衡表

将 sheet3 重命名为“套期保值”(或者新建一个 Excel 文件,因为这个例子是独立的),选定 A2:C6 区域制作“平衡表”(见图 5.3.4)。将 A2:C2 区域合并单元格并输入表头“套期保值盈亏平衡表”;在 A3:C3 区域依次输入:日期、现货市场(USD)、期货市场(USD);在 A4:A6 区域依次输入:4 月 1 日、10 月 1 日、盈亏;单元格涉及公式应用的如下:

B4:“＝－B8 * B10”

B5:“＝－B8 * B12”

B6:“＝B5－B4”

C4:“＝B8 * B11”

C5:“＝C4＋C6”

C6:“＝－B6”

(二)制作条件表

选定 A7:B12 区域制作“条件表”(见图 5.3.4)。其中除 B12 单元格中的数值需要实现动态调整以外,其他单元格的数值都是题目中已知的。对于 B12 单元格,先依照例 5.3.1 的方法设置滚动条并放置在 C12 单元格,右键单击设置控件格式,依次将当前值、最小值、最大值、步长、单元格链接设定为:5780、5600、5800、1、$C$12。注意,因为控件步长限制在正整数,为了使得 B12 单元格的动态调整能达到小数点后 4 位,故将 C12 单元格作为“跳板”以

实现该单元格如此精度的调整，之后在 B12 单元格输入公式“＝C12/10000”。

	A	B	C
1	例6.3.2		
2	套期保值盈亏平衡表		
3	日期	现货市场（USD）	期货市场（USD）
4	4月1日	-288000	288800
5	10月1日	-289000	289800
6	盈亏	-1000	1000
7	条件表		
8	需要套保的金额（CHF）	500000	
9	每份瑞士法郎期货合约的金额	125000	
10	4月1日的即期汇率（CHF1=USD？）	0.5760	
11	4月1日的期货价格	0.5776	
12	10月1日的即期汇率	0.5780	
13	目标值表		
14	需要买入的合约份数	4	
15	10月1日实现盈亏平衡的期货价格	0.5796	

图 5.3.4 外汇套期保值实例(即期汇率为 0.5780)

（三）制作目标值表

选定 A13:B15 区域制作“目标值表”（见图 5.3.4）。单元格涉及公式应用的如下：

B14:“＝B8/B9”

B15:“＝C5/B8”

最后的计算结果是：即期汇率为 0.5758，见图 5.3.5。

	A	B	C
1	例6.3.2		
2	套期保值盈亏平衡表		
3	日期	现货市场（USD）	期货市场（USD）
4	4月1日	-288000	288800
5	10月1日	-287900	288700
6	盈亏	100	-100
7	条件表		
8	需要套保的金额（CHF）	500000	
9	每份瑞士法郎期货合约的金额	125000	
10	4月1日的即期汇率（CHF1=USD？）	0.5760	
11	4月1日的期货价格	0.5776	
12	10月1日的即期汇率	0.5758	
13	目标值表		
14	需要买入的合约份数	4	
15	10月1日实现盈亏平衡的期货价格	0.5774	

图 5.3.5 外汇套期保值实例

第四节 基于 Excel 的利率期货交易

一、利用 Excel 计算利率套期保值

【例 5.4.1】 8 月 15 日，投资者打算 11 月 15 日将获得的一笔美元收入以 LIBOR 利率存入银行。该笔美元数量为 1 000 万。为避免因利率下降引起的利息收入损失，该投资者于 8 月 15 日在期货市场买入了 10 份(欧洲美元期货合约的交易单位为 100 万美元)12 月期的(欧洲美元期货合约的月份有 3、6、9、12)欧洲美元合约，价格为 91.00。当日现货市场 3 个月期 LIBOR 利率为 8%。11 月 15 日，现货市场 3 个月 LIBOR 利率为 7.5%，问该投资者在期货市场以多少价格卖出可以实现套期保值(盈亏平衡)？

解：这是一个买入套期保值的问题。具体解题步骤如下。

(一)制作买入套期保值盈亏平衡表

选定 A2:C6 区域制作平衡表(见图 5.4.1)。将 A2:C2 区域合并单元格并输入表头“买入套期保值盈亏平衡表”，在 A3:C3 区域依次输入：日期、现货市场、期货市场。在 A4:A6 区域依次输入：8 月 15 日、11 月 15 日、盈亏状况。单元格涉及公式应用的如下：

B4：“=B11 * B8 * B10/12”

B5：“=B11 * B9 * B10/12”

B6：“=B5－B4”

C4：“=B11 * B13/100 * B10/12”

C5：“=C4＋C6”

C6：“=－B6”

(二)制作条件表

选定 A7:B13 区域制作条件表(见图 5.4.1)。将 A7:B7 区域合并单元格并输入表头“条件表”。在 A8:A13 区域依次输入：8 月 15 日 LIBOR 率、11 月 15 日 LIBOR 率、LIBOR 年率的报价期限(月)、需要套保的金额(万美元)、欧洲美元期货交易单位(万美元)、8 月 15 日欧洲美元合约价格(%)。在 B8:B13 区域依据题目所给条件输入相应数值。

（三）制作求解目标值表

选定 A14:B17 区域制作此表（见图 5.4.1）。将 A14:B14 区域合并单元格并输入表头："目标值表"。在 A15:A17 区域依次输入：需要买入的合约份数、11 月 15 日能实现盈亏平衡的、欧洲美元合约价格（%）。将 B16:B17 区域合并单元格。单元格涉及公式应用的如下：

B15："=B11/B12"

B16："=C5/((B10/12)*B11)*100"

	A	B	C
1	例6.4.1		
2	买入套期保值盈亏平衡表		
3	日期	现货市场	期货市场
4	8月15日	20	227.5
5	11月15日	18.75	228.75
6	盈亏状况	-1.25	1.25
7	条件表		
8	8月15日LIBOR率	8.00%	
9	11月15日LIBOR率	7.50%	
10	LIBOR年率的报价期限（月）	3	
11	需要套保的金额（万美元）	1000	
12	欧洲美元期货交易单位（万美元）	100	
13	8月15日欧洲美元合约价格（%）	91	
14	目标值表		
15	需要买入的合约份数	10	
16	11月15日能实现盈亏平衡的	91.5	
17	欧洲美元合约价格（%）		

图 5.4.1 利率买入套期保值

二、利用 Excel 求解利率投机

【例 5.4.2】某投机者预测未来期货市场价格将要下跌，故打算在尚未下跌之前先在高价位卖空，如果将来价格果真下跌，则在低价位买进，以赚取差价利润。8 月 1 日，该投机者在 94－20 水准（美国中长期国债期货合约交易单位为 10 万美元。行情表上的期货合约价格是以合约数额的一定百分比标出的，百分之一以下的数是以 1/32 为基础计算的。例如，98－16，意即 98"点"另加 16"滴"。1"点"代表面值 10 万美元的 1%即 1 000 美元；1"滴"代表 1/32 点，即 31.25 美元。98－16 可换算出为 98×1 000＋16×31.25＝98 500 美元）卖出 1 张 9 月份的长期国债期货合约，9 月 5 日期货价格到达了 92－08 水准，该投机者买入了一张 9 月份长期国债期货合约。问其期货投机是盈利

还是亏损，具体金额是多少？

解：这是一个简单的利率卖空投机问题。具体解题步骤如下。

(一)制作卖空投机盈亏表

选定A2:D7区域制作卖空投机盈亏表。将A2:D2区域合并单元格并输入表头。在A3:A7区域依次输入：日期、8月1日、9月5日、水准差、结果(USD)。在B4:D6区域根据题目所给条件和公式填入相应数值，单元格涉及公式应用的如下：

B6:"=B4−B5"

D6:"=D4−D5"

B7:"=B6 * 1000+D6 * 31.25"

(二)添加滚动条实现动态调整

在Excel上方工具栏中选择"视图"，点击"工具栏"—"窗体"，调出窗体工具栏。直接将该工具栏拖拽至任务栏中使其列于任务栏以便于日后使用(见图5.4.2)。

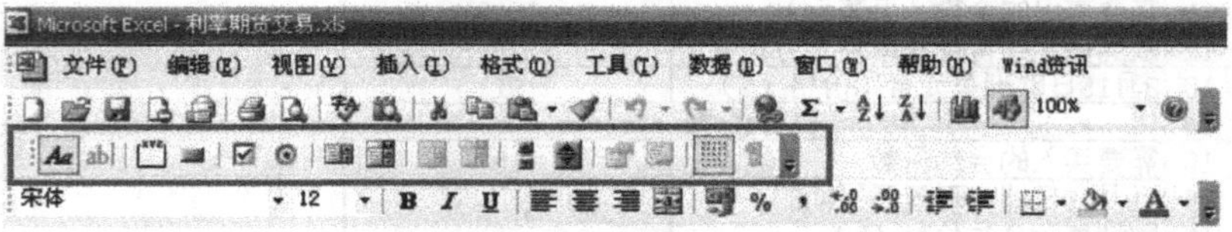

图5.4.2 将窗体工具栏拖拽至任务栏的任意位置

单击窗体工具栏中的滚动条图标，在B4单元格的恰当位置设置一个滚动条。调整该滚动条到适当大小，之后右键单击选中该滚动条，点击复制从而再分别于D4、B5、D5单元格内添加同样的滚动条。有滚动条的单元格设置控件格式如下：

B4:最小值、最大值、步长、单元格链接:80、120、1、$B$4

B5:最小值、最大值、步长、单元格链接:80、120、1、$B$5

D4:最小值、最大值、步长、单元格链接:0、32、1、$D$4

D5:最小值、最大值、步长、单元格链接:0、32、1、$D$5

注：在一单元格内同时有数值和滚动条时，将数值显示于滚动条相对的一侧。见图5.4.3。

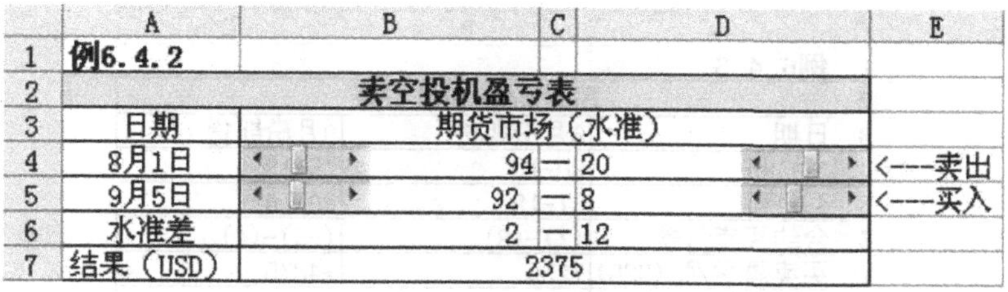

A
B
C
D
E
1
例6.4.2
2
卖空投机盈亏表
3
日期
期货市场（水准）
4
8月1日
94
—
20
<---卖出
5
9月5日
92
—
8
<---买入
6
水准差
2
—
12
7
结果（USD）
2375

图 5.4.3 利率期货卖空投机

三、利用 Excel 求解利率套利

【例 5.4.3】某套利者于 3 月 1 日买入一张 6 月份交割的中期国债期货合约，合约价格为 80－10，同时卖出一张 9 月份交割的中期国债期货合约，合约价格为 75－18。4 月 1 日，该套利者卖出一张 6 月份交割的中期国债期货合约，合约价格为 87－18，同时买入一张 9 月份交割的中期国债期货合约，合约价格为 80－14。计算该套利者的盈亏状况。

解：这是一个利率期货跨月份套利问题。具体解题步骤如下：

（一）制作跨月份套利盈亏表

选定 A2:C9 区域制作盈亏表，见图 5.4.4。将 A2:C2 区域合并单元格并输入表头。在 A3:A9 区域依次输入：日期、3 月 1 日、4 月 1 日、合约买卖差价、买卖盈亏/张（USD）、买卖份数（张）、总盈亏（USD）。在 B4:C9 区域相应单元格中输入公式：

B4:“=G3&"－"&I3”

B5:“=G4&"－"&I4”

B6:“="("&G5&")"&"－"&"("&I5&")"”

B7:“=G5*1000＋I5*31.25”

B9:“=(B7＋C7)*B8”

C4:“=G7&"－"&I7”

C5:“=G6&"－"&I6”

C6:“="("&G8&")"&"－"&"("&I8&")"”

C7:“=G8*1000＋I8*31.25”

在 C8 单元格中添加滚动条，设置控件格式为：

C8:最小值、最大值、步长、单元格链接:1、100、1、$B$8

	A	B	C
1	例6.4.3		
2	跨月份套利盈亏表		
3	日期	6月份期货	9月份期货
4	3月1日	80-10	75-18
5	4月1日	87-18	80-14
6	合约买卖价差	(7)-(8)	(-5)-(4)
7	买卖盈亏/张(USD)	7250	-4875
8	买卖份数（张）	1	
9	总盈亏(USD)	2375	

图 5.4.4　跨月份套利盈亏表

（二）制作期货合约价格区

1. 制作基本表。选定 E2:I8 区域，在相应单元格中输入文字和数值。见图 5.4.5。

	E	F	G	H	I
2	中期国债期货合约价格区				
3	6月份	买入价	80		10
4		卖出价	87		18
5		价差	7		8
6	9月份	买入价	80		14
7		卖出价	75		18
8		价差	-5		4

图 5.4.5　期货合约价格区

2. 添加微调项。实现中期国债期货价格的动态调整（见图 5.4.5）。有微调项的单元格设置控件格式如下：

G3：最小值、最大值、步长、单元格链接：60、100、1、$G$3

G4：最小值、最大值、步长、单元格链接：60、100、1、$G$4

G6：最小值、最大值、步长、单元格链接：60、100、1、$G$6

G7：最小值、最大值、步长、单元格链接：60、100、1、$G$7

I3：最小值、最大值、步长、单元格链接：0、32、1、$I$3

I4：最小值、最大值、步长、单元格链接：0、32、1、$I$4

I6：最小值、最大值、步长、单元格链接：0、32、1、$I$6

I7：最小值、最大值、步长、单元格链接：0、32、1、$I$7

涉及公式应用的单元格如下：

G5：“＝G4－G3”

I5:"=I4-I3"

G8:"=G7-G6"

I8:"=I7-I6"

第五节 基于 Excel 的股指期货交易

一、利用 Excel 求解股指期货套期保值

【例 5.5.1】某美资基金经理持有一组由 50 只美国公司股票组成的投资组合,1 月 1 日总市值是 100 万美元。该基金经理分析美国整体经济形势后,认为股市可能即将面临一个较长的下调期,而根据该基金的总体投资计划,必须在股市中保留上诉投资组合作长期策略性投资。为避免股市整体下调产生的股票市值损失,该基金经理在 S&P500 股票指数期货市场进行了空头套期保值。具体操作过程如表 5.5.1。

表 5.5.1 操作过程

日期	现货市场	期货市场
1 月 1 日	持有股票投资组合,总市值 100 万美元。	卖出 4 张 12 月到期的 S&P500 股票指数期货合约,成交价为 1 020.85(每点 250 美元)
6 月 1 日	因美股整体下跌,该投资组合的总市值下降为 85 万美元。	因美国股市下跌,S&P500 股票指数期货相应下跌,此时,买入 4 张 12 月到期的 S&P500 股票指数期货合约,成交价 878.60 点。

问该套期保值的结果是盈利还是亏损?具体金额?

解:这是一个股指期货卖出套期保值问题。具体解题步骤如下:

(一)制作套期保值盈亏表

选定 A2:C7 区域制作盈亏表(见图 5.5.1)。将 A2:C2 区域合并单元格并输入表头。在 A3:A7 区域依次输入:1 月 1 日、6 月 1 日、盈亏状况(万美元)、总盈亏(万美元)。B4:C7 区域单元格涉及公式应用的如下:

B4:"=B10"

B6:"=B5-B4"

B7:“＝B6＋C6”

C4:“＝G5&"."&I5”

C5:“＝G6&"."&I6”

C6:“＝B11 * B12 * (C4－C5)/10000”

注:此表的作用是取价格区(见步骤(二))的相应数值并作计算,其中因为价格区的数值分为整数和小数两部分,故以连接号(&)加小数点(.)的公式来显示整个价格。

	A	B	C
1	例6.5.1		
2	卖出（空头）套期保值盈亏表		
3	日期	现货市场	期货市场
4	1月1日	100	1020.85
5	6月1日	85	878.60
6	盈亏状况(万美元)	-15	14.225
7	总盈亏(万美元)	-0.775	

图 5.5.1　股指期货卖出套期保值盈亏表

(二)制作股指期货合约价格区

选定 E2:J7 区域作为价格显示区域。题中股指期货价格是包括小数部分的,另外,由于控件格式设置的限制(步长只能为正整数),故显示时分为整数和小数两部分,从而价格变动可以更加灵活易控。

1. 制作基本表。在 E3:I3 的相应单元格中依次输入:合约期限、成交价格、整数、小数。将 E4:E5 区域合并单元格并输入“1 月 1 日”,将 E6:E7 区域合并单元格并输入“6 月 1 日”。在 F4:F7 区域依次输入:买入价、卖出价、买入价、卖出价。在 G4:G7 以及 I4:I7 区域依据题意输入相应数值。(见图 5.5.2)

	E	F	G	H	I	J
2	S&P500股票指数期货合约价格区（点数）					
3	合约期限	成交价格	整数		小数	
4	1月1日	买入价				
5		卖出价	1020		85	
6	6月1日	买入价	878		60	
7		卖出价				

图 5.5.2　股指期货合约价格区

2. 添加滚动条。点击窗体工具栏中的滚动条图标,在 H4 单元格中添加滚动条,调节好大小,之后通过复制粘贴的方式在 H5:H7 以及 J4:J7 区域的

所有单元格中添加滚动条。(见图 5.5.2)有滚动条的单元格设置控件格式如下:

G4:最小值、最大值、步长、单元格链接:600、2500、1、$G$4

G5:最小值、最大值、步长、单元格链接:600、2500、1、$G$5

G6:最小值、最大值、步长、单元格链接:600、2500、1、$G$6

G7:最小值、最大值、步长、单元格链接:600、2500、1、$G$7

I4:最小值、最大值、步长、单元格链接:0、100、1、$I$4

I5:最小值、最大值、步长、单元格链接:0、100、1、$I$5

I6:最小值、最大值、步长、单元格链接:0、100、1、$I$6

I7:最小值、最大值、步长、单元格链接:0、100、1、$I$7

(三)制作条件表

选定 A9:B12 区域制作条件表。见图 5.5.3。

	A	B
9	条件表	
10	套保金额(万美元)	100
11	股指期货合约份数	4
12	期货合约每点金额(美元)	250

图 5.5.3　条件表

二、利用 Excel 求解股指期货套利

【例 5.5.2】5 月 15 日,美国价值线指数期货 6 月份合约的指数价格为 192.45 点,9 月份合约的指数价格为 192 点。某投资者通过市场分析后认为,股市已过峰顶,正处于下跌的初期,且 6 月份合约价格下跌幅度将要大于 9 月份合约,于是决定售出 6 月份指数期货合约,购买 9 月份指数期货合约各 100 份。很快股市迅速下跌,与该投资者预期一致。不久交易所内 6 月份合约的指数价格下跌到 188.15 点,9 月份合约则下跌到 190.40 点。问:若此时平仓出市,则该投资者可获利多少美元?

解:这是一个股指期货跨期套利问题。具体解题步骤如下:

(一)制作条件表

选定 A9:C11 区域制作跨期套利基本条件表。见图 5.5.4。

(二)制作价值线指数期货合约价格区

选定 A12:G21 区域制作价格区。

	A	B	C
9	条件表		
10	期货合约每点金额（USD）		250
11	合约交易份数		100

图 5.5.4　条件表

1. 制作基本表。见图 5.5.5。

	A	B	C	D	E	F	G
12	价值线指数期货合约价格区（点数）						
13	合约期限	交易日期	成交价格	整数	.	小数	
14	6月份合约	5月15日	买入价				
15			卖出价	192		45	
16		6月15日	买入价	188		15	
17			卖出价				
18	9月份合约	5月15日	买入价	192		0	
19			卖出价				
20		6月15日	买入价				
21			卖出价	190		40	

图 5.5.5　价值线指数期货合约价格区

2. 添加滚动条。在 E14:E21 区域以及 G14:G21 区域添加滚动条。具体做法是在窗体工具栏中单击滚动条图标，添加一个滚动条，放置在 E14 区域并将其调整到适当大小。依次设置控件格式中的最小值、最大值、步长、单元格链接为：100、300、1、$E$14。将该滚动条复制到剩余的 E15:E21 区域。同理，添加另一个滚动条放置在 G14 单元格并将其调整到适当大小。依次设置控件格式中的最小值、最大值、步长、单元格链接为：0、100、1、$G$14 并复制该滚动条至剩余的 G15:G21 区域。其他有控件单元格的控件格式设置在最小值、最大值、步长这三个参数上由于复制的原因等于已经恰当设定，只需将单元格链接设定到相应单元格即可。见图 5.5.5。

（三）制作跨期套利盈亏表

选定 A2:E8 区域制作盈亏表(见图 5.5.7)。其中需要注意的是 C4 单元格使用的组合框控件[显然读者会考虑到数据源区域的问题，故需要在此过程中创建数据源区域(见图 5.5.6)。选定 A22:A24 区域，在 A23 及 A24 单元格中分别输入文本："买入""卖出"即可解决]其控件格式中的数据源区域、单元格链接、下拉项数分别为：$A$23:$A$24、$C$4、2。涉及公式应用的单元格如下：

B4："=IF(C5="买入",D15&"."&F15,D14&"."&F14)"

B5:“=IF(C5="买入",D16&"."&F16,D17&"."&F17)”

B6:“=IF(C5="买入",B4－B5,B5－B4)”

B7:“=D6＋B6”

B8:“=B7 * C10 * C11”

C5:“=IF($C$4=1,"卖出","买入")”(注:公式中的 1 是数值 1,因为组合框的单元格链接为 C4 而该组合框又放置在 C4 单元格中,故此单元格中因为组合框中的项的选择不同而显示的不同数字被组合框所覆盖,读者可以通过移动组合框到任意其他位置同时选择不同的项来观察 C4 单元格数值的变化加以理解)

D4:“=IF(E4="买入",D18&"."&F18,D19&"."&F19)”

D5:“=IF(E4="买入",D21&"."&F21,D20&"."&F20)”

D6:“=IF(E5="卖出",D5－D4,D4－D5)”

E4:“=IF($C$4=1,"卖出","买入")”

E5:“=IF($E$4="买入","卖出","买入")”

	A
22	控件格式设置数据源
23	买入
24	卖出

图 5.5.6 组合框控件数据源区域

	A	B	C	D	E
1	例6.5.2				
2	跨期套利盈亏表				
3	日期	6月份合约	买卖方向	9月份合约	买卖方向
4	5月15日	192.45	卖出	192.0	买入
5	6月15日	188.15	买入	190.40	卖出
6	价格变化	4.3		-1.6	
7	两合约价格变动之差	2.7			
8	盈亏(USD)	67500			

图 5.5.7 跨期套利盈亏表

第六章

互换的设计与定价

第一节 背景知识

一、互换的定义

互换(swaps)是约定两个或两个以上当事人按照商定条件,在约定时间内交换一系列现金流的合约。简言之,互换是对现金流的交换。在双方进行互换以后,一方将支付现金流给另一方,并收到来自对方的现金流,双方的支付都基于相同的参照金额即名义本金。互换是专门为改变现金流风险而设计的,其之所以能有效地应用于风险管理,是因为它使得公司或金融机构能够把一种现金流转换成另外一种风险特征更适合于他们的现金流。

互换比较常见的有两种形式,即利率互换和货币互换。利率互换一般是相同币种的名义本金,双方交换的是以名义本金为基础计算的固定利率现金流和浮动利率现金流,一般只涉及利息交换而不交换本金。货币互换一般是不同币种的名义本金,因为汇率的变化所以会涉及本金的交换,而利息流一般是基于固定利率计算的,当然也有不同币种不同利率形式的交换。

二、互换的历史

第一次货币互换发生在1979年的伦敦,而第一次有显著意义的互换发生在 1981 年，涉及世界银行和 IBM 的货币互换。由于 IBM 在 1979 年发行了德国马克和瑞士法郎的固定利率债务，而其本身是美国的公司，偿还这些债务的本息却需要用德国马克和瑞士法郎，可想而知其所承担的外币风险暴露。与此同时，世界银行拥有大量德国马克和瑞士法郎，正想进行美元融资却又不想承担以美元计价的债务。在所罗门兄弟的撮合下，双方进行了互换。互换的结果就是 IBM 虽然借进的是德国马克和瑞士法郎的债务，却只需要承担世行包括本金在内的所有美元债务支付(结果就好像 IBM 只持有美元债务)；世行正好相反，虽然融的是美元债务，却只需承担 IBM 包括本金在内的所有德国马克和瑞士法郎的债务支付。这个交换实例当然还有其他许多细节，但是它让我们大致对于互换能使公司或者投资者完全改变其对某一风险的暴露的作用有了一个比较直观的感受。

利率互换是货币互换结构自然演变的一种产物。在利率互换的原型中，在互换期间，一方(传统上是空头方)交纳与名义本金的浮动利率支付相一致的现金流并收取与相同名义本金的固定利率支付相一致的现金流。由于用来计算利率支付的名义本金对于固定利率或浮动利率支付都是一样的，所以没有理由在到期时交换名义本金。首次利率互换发生在 1981 年，自那以后，利率互换市场要比货币互换市场发展得快很多。

三、互换的设计与定价

(一)互换的设计

1. 货币互换设计原理

假设有 A、B 两方，A 需要 Y 币，B 需要 X 币。双方都能借到相应的货币，只是由于公司评级不同，借入的成本(融资利率)会有所不同。一般来说，若 A 公司评级比 B 公司高，那么 A 借两种币种的成本都较 B 有优势。但是比较优势原理告诉我们他们之间仍然可以进行交换，因为 B 在借 Y 币上面的劣势相对于其借 X 币的劣势要小，所以互换的方向因而确定，即 A 借 X 币，B 借 Y 币。接下来，考虑撮合人的佣金，因为互换交易不如期货交易的标准化程度高，如果没有中间人，互换一般很难找到恰当的对手方。最后，既然要进行互换，那么双方都要从中获得好处，且一般是均等的好处，否则互换不会进行(当然，这里只是为了简化分析，如果双方所获收益不均等，互换也可以进行，只是这时候方案会有无数种)，这就要求我们在实际设计过程中保证双方获得相等的利率优惠。总结一下，即：

第一步：确定互换方向；

第二步：考虑中间人的合理佣金要求；

第三步：保证双方获得均等互换收益。

2.利率互换设计原理

假设有A、B两方，A需要借入浮动利率债务，B需要借入固定利率债务。双方都能借到相应利率的债务，只是由于公司评级不同，会导致成本不同。同样的，假设A公司评级高于B公司，那么其在借浮动利率债务或者固定利率债务时都较B有优势。但是，经过比较优势分析，我们发现B在借浮动利率债务上的劣势相对较小，所以A借固定利率，B借浮动利率，然后两者交换利息流。第二、三步同以上货币互换。

（二）互换的定价

1.货币互换的定价

(1)运用债券组合定价

原理：货币互换可看作是一份X币债券和一份Y币债券的组合。对于A公司来说，其与B公司进行的货币互换相当于持有一份X币债券空头和一份Y币债券多头，因为A付出X币的现金流同时收入Y币的现金流。假设互换的价值为$V_{互换}$：

对于A来说，$V_{互换}=B_Y-S_0B_X$；对于B来说，$V_{互换}=S_0B_X-B_Y$。

其中：B_Y是从互换中分解出来的Y币债券的价值，B_X是从互换中分解出来的X币债券的价值，S_0是即期汇率（直接标价法：1单位X币等于若干单位Y币）。

(2)运用远期组合定价

原理：货币互换可分解成一系列远期合约的组合，因为互换中的每一次支付都可用一笔远期外汇协议的现金流来代替。逐笔计算远期外汇协议的价值再加总即为货币互换的价值。

假设互换的价值为$V_{互换}$，对A来说应有：

$$V_{互换}=\sum_{i=1}^{n}(F_{利收}-F_{利付}\times\overline{R}_i)e^{-r_Y\times i}+(F_{本收}-F_{本付}\times\overline{R}_n)e^{-r_Y\times n}$$

其中$\overline{R}_i=S_0\times e^{(r_Y-r_X)\times i}$。对B来说应有：

$$V_{互换}=\sum_{i=1}^{n}(F_{利付}-F_{利收}\times\overline{R}_i)e^{-r_Y\times i}+(F_{本付}-F_{本收}\times\overline{R}_n)e^{-r_Y\times n}$$

其中$\overline{R_i}=S_0\times e^{(r_Y-r_X)\times i}$，这里：$\sum_{i=1}^{n}(F_{利收}-F_{利付}\times\overline{R_i})e^{-r_Y\times i}$是 n 期利息互换的价值之和，$(F_{本收}-F_{本付}\times\overline{R_n})e^{-r_Y\times n}$是第 n 期（最后一期）本金互换的价值，$\overline{R_i}$是对应第 i 期的远期汇率（直接标价法），S_0 是即期汇率（直接标价法），r_X 是 X 币年利率，r_Y 是 Y 币年利率，F 是现金流（假设互换的时点为 0）。

2. 利率互换的定价

（1）运用债券组合定价

原理：利率互换可以看成两个债券头寸的组合。对于 A 公司来说，其与 B 公司进行的利率互换相当于持有一份固定利率债券多头和一份浮动利率债券空头，因为 A 付出浮动利率计算的现金流的同时收入固定利率计算的现金流。

对于 A：$V_{互换}=B_{fix}-B_{fl}$；对于 B：$V_{互换}=B_{fl}-B_{fix}$。其中：$B_{fix}=\sum_{i=1}^{n}ke^{-r_i\times t_i}+Le^{-r_n\times t_n}$是固定利率债券价值，$B_{fl}=(L+k^*)e^{-r_1\times t_1}$是浮动利率债券价值。$t_i$ 是距第 i 次现金流交换的时间，r_i 是到期日为 i 的 LIBOR 零息票利率，k 是支付日支付的固定利息额，L 是利率互换合约中的名义本金额，k^* 是站在估值时点上下一支付日应支付的浮动利息额，t_1 是距下一次利息支付日还有的时间。

（2）运用远期组合定价

在知道利率的期限结构的情况下，按以下步骤计算可得到利率互换的价值：

第一步：计算远期利率；

第二步：确定每期净现金流；

第三步：将现金流贴现。

第二节　基于 Excel 的货币互换设计

【例 6.2.1】 A、B 两家公司面临如表 6.2.1 下的利率（A 需要英镑，B 需要美元），A 想借入 5 年期的 1 000 万英镑借款，B 想借入 5 年期的 1 500 万美元借款，假定英镑和美元汇率为 1 英镑＝1.5000 美元。如果金融机构要为它们安排互换，并至少赚 50 个点的利差，对 A、B 有同样的吸引力，A、B 各要付多少的利率？

表 6.2.1　市场向 A、B 公司提供的借款利率

	美元	英镑
A 公司	8.0%	11.6%
B 公司	10.0%	12.0%

一、利用 Excel 设计货币互换和求解互换利率

解：这是一个货币互换的设计问题，具体解题步骤如下：

(一)制作 Excel 工作表的表头

根据题目所给信息制作货币互换条件表，在 A1:C7 区域输入相应条件和数值。见图 6.2.1。

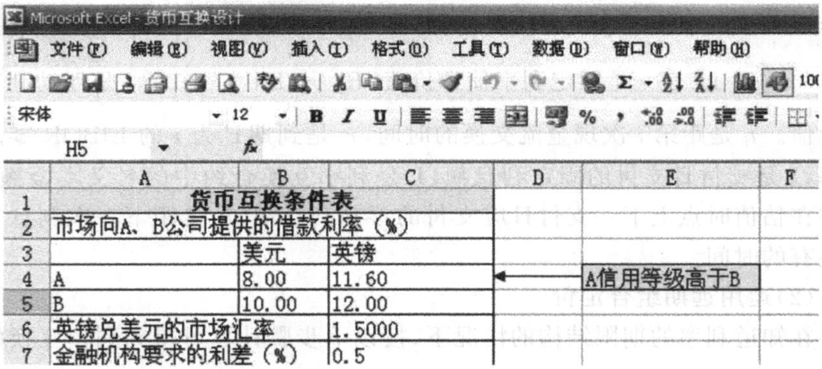

	A	B	C	D	E	F
1	货币互换条件表					
2	市场向A、B公司提供的借款利率（%）					
3		美元	英镑			
4	A	8.00	11.60		A信用等级高于B	
5	B	10.00	12.00			
6	英镑兑美元的市场汇率		1.5000			
7	金融机构要求的利差（%）		0.5			

图 6.2.1　货币互换条件表

(二)编辑公式制作货币互换决策表

在 A9:A19 区域各单元格依次输入：互换方向判断、A 应借币种、B 应借币种、互换利益分配(%)、互换总收益、金融机构获得收益、A 获得的利益、B 获得的利益、互换利率(%)、A 应付互换利率、B 应付互换利率。

在 B9:B19 区域相应单元格内输入公式实现互换方向和利率的自动判断和计算。以 B10 单元格为例：选中 B10 单元格，直接在此格内输入公式或者在上方公式编辑栏内输入："=IF(ABS($B$4-$B$5)>ABS($C$4-$C$5),$B$3,IF(ABS($B$4-$B$5)=ABS($C$4-$C$5),"任意币种",$C$3))"。该公式通过比较 A、B 公司借英镑和美元利差额的绝对值来实现比较优势的判断从而决定 A 公司应该借入的币种。以下各单元格输入公式的操作同此。

B11:"＝IF(ABS(＄B＄4－＄B＄5)＞ABS(＄C＄4－＄C＄5),＄C＄3,IF(ABS(＄B＄4－＄B＄5)

＝ABS(＄C＄4－＄C＄5)"任意币种",＄B＄3))"——B应借币种(利差绝对值比较);

B13:"＝ABS(＄B＄4＋＄C＄5－(＄C＄4＋＄B＄5))"——互换总收益计算;

B14:"＝＄C＄7"——金融机构要求的利差;

B15:"＝(＄B＄13－＄B＄14)/2"——计算A的互换收益;

B16:"＝(＄B＄13－＄B＄14)/2"——计算B的互换收益;

B18:"＝IF(＄B＄10＝"美元",＄C＄4－＄B＄15,IF(＄B＄10＝"任意币种",＄C＄4－＄B＄15,＄B＄4－＄B＄15))"——计算A应付的互换利率;

B19:"＝IF(＄B＄11＝"英镑",＄B＄4＋＄B＄14/2,IF(＄B＄11＝"任意币种",＄B＄4＋＄B＄14/2,＄C＄4＋＄B＄14/2))"——计算B应付的互换利率。

公式输入完毕后,所得结果见图6.2.2。

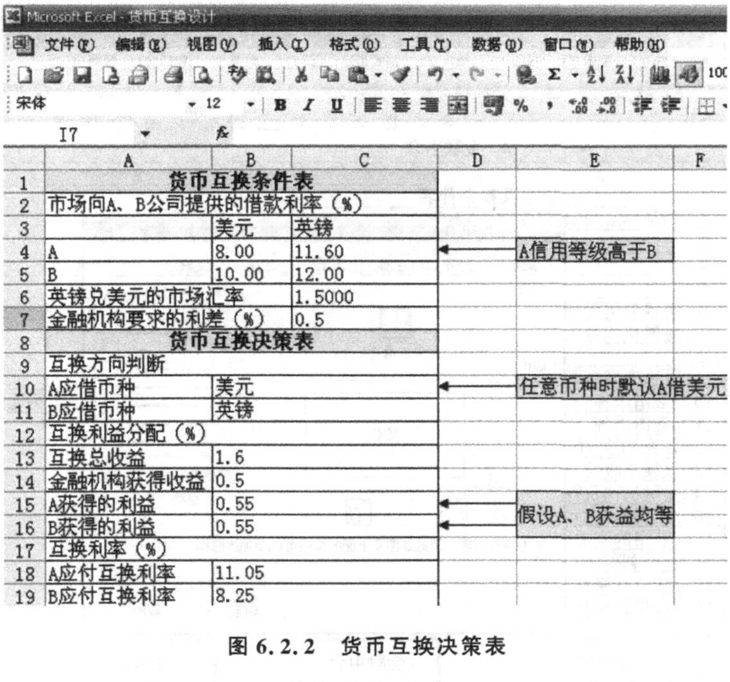

	A	B	C	D	E
1	货币互换条件表				
2	市场向A、B公司提供的借款利率(%)				
3		美元	英镑		
4	A	8.00	11.60	←	A信用等级高于B
5	B	10.00	12.00		
6	英镑兑美元的市场汇率		1.5000		
7	金融机构要求的利差(%)		0.5		
8	货币互换决策表				
9	互换方向判断				
10	A应借币种	美元		←	任意币种时默认A借美元
11	B应借币种	英镑			
12	互换利益分配(%)				
13	互换总收益	1.6			
14	金融机构获得收益	0.5			
15	A获得的利益	0.55		←	假设A、B获益均等
16	B获得的利益	0.55		←	
17	互换利率(%)				
18	A应付互换利率	11.05			
19	B应付互换利率	8.25			

图6.2.2 货币互换决策表

得到这个小模型以后,只要在B4:C5区域输入变化的利率就可以马上得到互换方向和互换利率等信息。同样的,当金融中介要求的收益变化时也可在 C7 单元格中输入变化后的利差从而得到新的货币互换利率。要说明的一点是，输入变化的利率时注意假定 A 公司是信用等级高于 B 的公司，所以其在两种货币上的借款利率都要低于 B。

当然，题目假设的是 A、B 公司互换的收益相等，当双方不要求收益相等时，互换就有无数种方案，有兴趣的读者可以对这个模型稍加变化来得到其他的方案。

二、用 Excel 作货币互换图

（一）作出基础互换图

1. 首先确定 A21:E28 为作图区域，在相应的单元格内输入货币互换参与方的名称，点击 Excel 上方工具栏中 按钮实现单元格合并；在 Excel 任务栏中依次选择“格式—单元格—边框—外边框”将互换方名称单元格加上外边框（见图 6.2.3）。

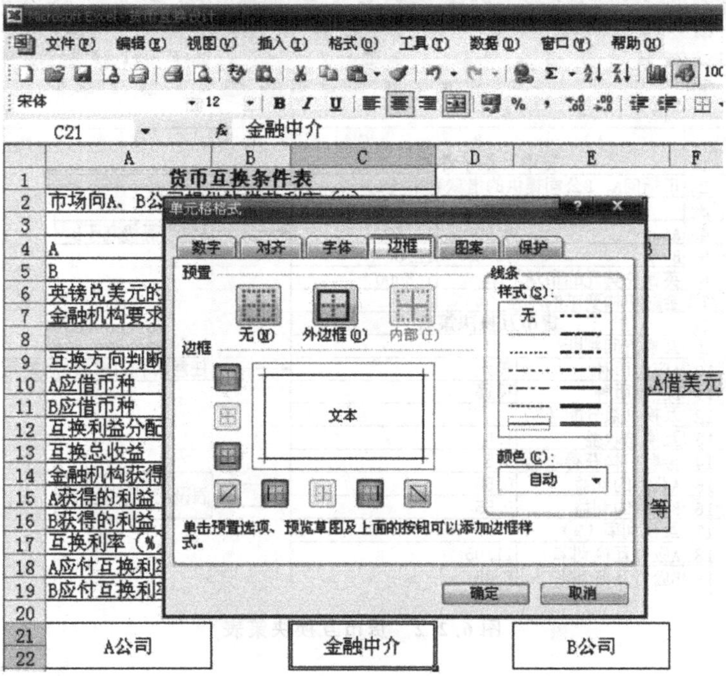

图 6.2.3　给参与方名称加外边框

2. 点击 Excel 下方绘图工具栏中的 按钮，在参与方名称单元格之间添加箭头以表示互换支付流的方向（见图 6.2.4）。

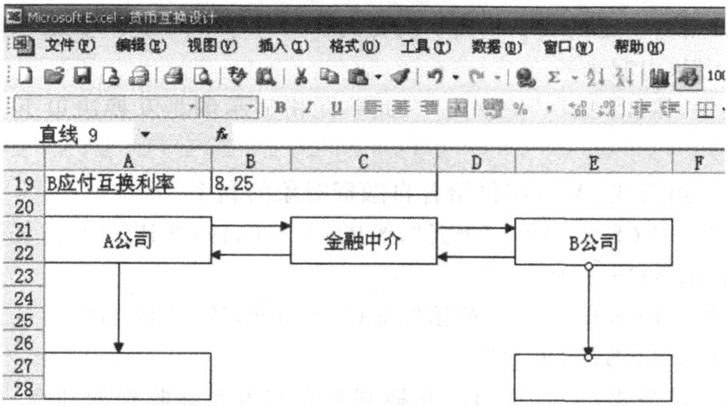

图 6.2.4　在参与方名称单元格之间添加箭头并预留空格

3. 将 A、B 公司名称单元格下方适当位置的单元格进行合并和添加外边框为下一步公式输入做好准备（见图 6.2.5）。

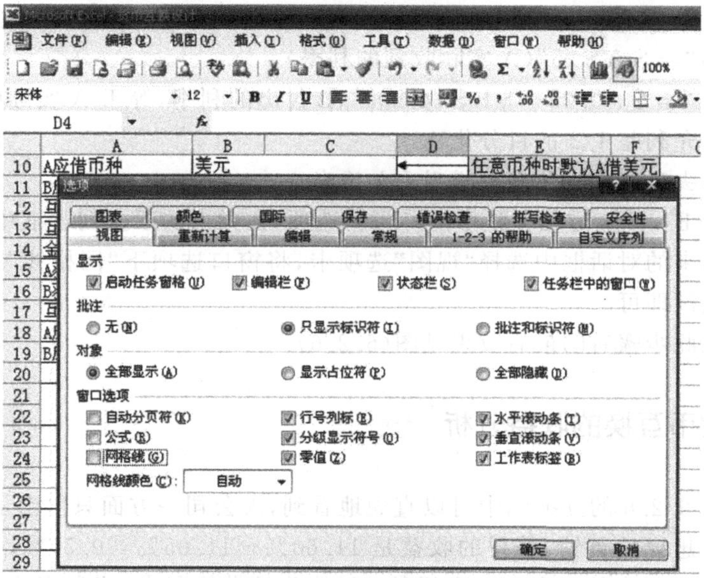

图 6.2.5　去除网格线

（二）输入公式实现动态决策跟进

1. 第一组公式：直观显示A、B公司融资对象

A27：“＝$B$10&"贷款人"”（此单元格显示的是互换决策下A公司的融资对象，用“&”连接数字和文本使它们在同一个格内显示，注意贷款人要用英文的双引号引起来）；

E27：“＝$B$11&"贷款人"”（此单元格显示的是互换决策下B公司的融资对象）。

2. 第二组公式：A、B应付给各自融资对象的利率

A25：“＝IF($B$10＝"美元"，$B$4/100，IF($B$10＝"任意币种"，$B$4/100，$C$4/100))”

E25：“＝IF($B$11＝"英镑"，$C$5/100，IF($B$11＝"任意币种"，$C$5/100，$B$5/100))”

3. 第三组公式：A、B付出的互换利率和双方实际收到的利率（扣除金融中介的利差）

B20：“＝$B$18/100”（A付出的互换利率，因为要以百分数显示，故公式中除了100）

D20：“＝($B$18－$B$14/2)/100”（B实际收到的利率，即扣除金融中介利差1/2）

B23：“＝$A$25”（A实际收到的利率）

D23：“＝$A$25＋$B$14/200”（B付出的利率，等于A实际收到的利率再加中介利差1/2的百分化）

（三）去除网格线使整个模型更加清晰

点击Excel上方任务栏中的“工具”选项，在弹出的下拉列表框中选择“选项”，在出来的对话框中选择“视图”选项卡，将窗口选项下“网格线”复选框中的对勾点没即可。

完成此步骤后的最后效果见图(6.2.6)。

三、该货币互换的收益分析

从图6.2.6的互换图中可以直观地看到，A公司一方面只付出了11.05％就借到了想要的英镑，获得的收益是11.60％－11.05％＝0.55％，另一方面又收到了B付出的经金融中介后的8％的美元借款利率，该利率恰好等于A公司借入比较优势货币（美元）所需付出的利率，故A公司在该互换中共得到

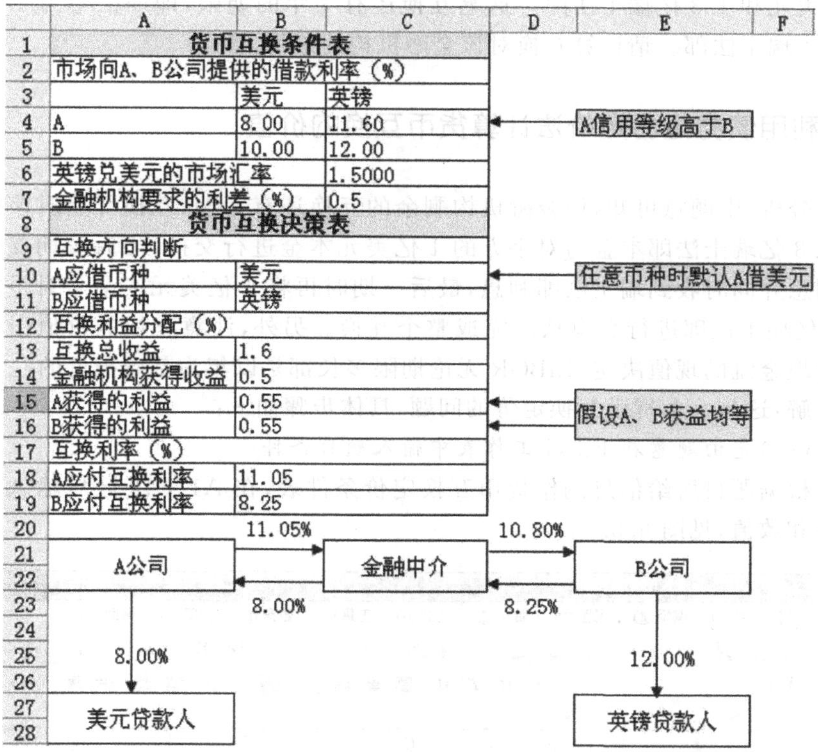

图 6.2.6　货币互换设计的最终模型

0.55%的利率降低收益；对于B公司来说，一方面，其只付出了8.25%就借到了想要的美元，获得的收益是10%－8.25%＝1.75%，另一方面B又收到了A付出的经金融中介后的10.80%的英镑借款利率，较之其实际付给英镑借款人的12%的利率来说，收益为10.8%－12%＝－1.2%，故B公司在该互换中得到的总收益为1.75%＋(－1.2%)＝0.55%。

第三节　货币互换定价

【例 6.3.1】假设在美国和瑞士LIBOR利率的期限结构是平的，在美国是8%而在瑞士是4%(都是连续复利)，某一金融机构在一笔货币互换中每年收入瑞士法郎，利率为5%，同时付出美元，利率为8%。两种货币的本金分别为

1 亿美元和 1.3 亿瑞士法郎。这笔互换还有 3 年的期限，即期汇率为 1 美元 =1.1 瑞士法郎。请计算互换对该金融机构的价值。

一、利用债券组合定价法计算货币互换的价值

分析：由题意可知，该金融机构剩余的互换还有 3 期，互换开始时该机构将 1.3 亿瑞士法郎本金与对手方的 1 亿美元本金进行交换，之后每期支付美元利息并同时收到瑞士法郎利息，最后一期时再将 1 亿美元本金与对手方的 1.3 亿瑞士法郎进行交换从而完成整个互换。另外，注意互换的价值由剩余支付现金流的现值决定，LIBOR 无论期限多长都是以年为基础报价的。

解：这是一个货币互换定价的问题，具体步骤如下：

（一）先由题意在 Excel 工作表中输入题目条件

根据题目所给信息制作货币互换定价条件表，在 A1:C12 区域输入相应条件和数值，见图 6.3.1。

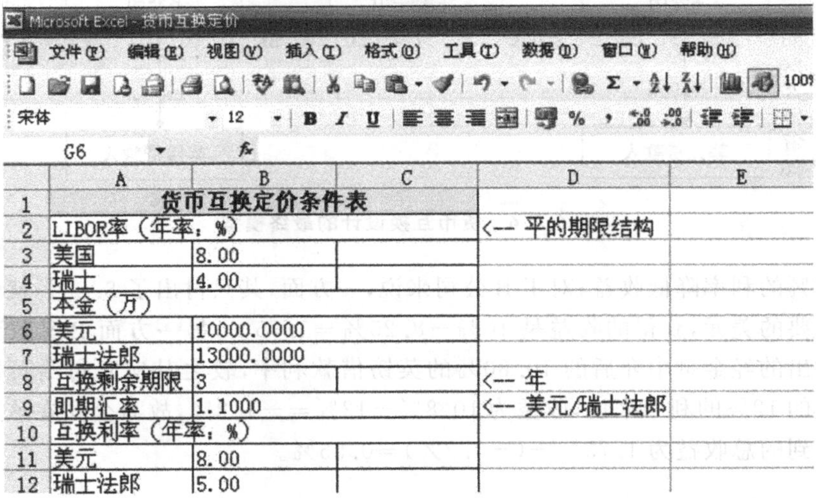

	A	B	C	D	E
1	货币互换定价条件表				
2	LIBOR率（年率：%）			<-- 平的期限结构	
3	美国	8.00			
4	瑞士	4.00			
5	本金（万）				
6	美元	10000.0000			
7	瑞士法郎	13000.0000			
8	互换剩余期限	3		<-- 年	
9	即期汇率	1.1000		<-- 美元/瑞士法郎	
10	互换利率（年率：%）				
11	美元	8.00			
12	瑞士法郎	5.00			

图 6.3.1　货币互换定价条件表

（二）添加滚动条实现利率和互换期限的动态调整

1. 点击 Excel 上方任务栏中的“视图”，在弹出的下拉列表框中选择“工具栏”，再点选“窗体”就可以调出窗体工具栏。在窗体工具栏中点击滚动条图标 ，在 C3 单元格中添加滚动条，之后右键单击选中该滚动条并选择复制，将

该滚动条粘贴到 C4:C12 区域需要实现动态数据调整的单元格中。注意，这里之所以采用复制而不是逐个添加的方式是因为可以节约时间并使得总体更加齐整美观。(见图 6.3.2)

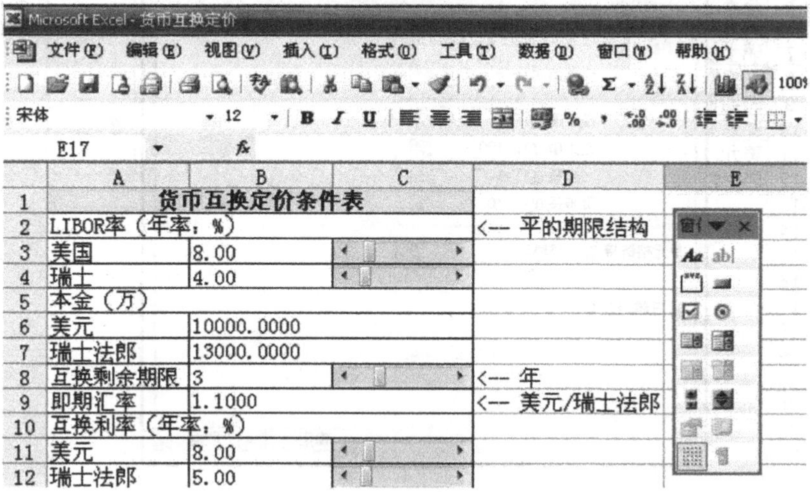

图 6.3.2　添加滚动条

2. 右键单击选中 C3 区域内的滚动条，在右侧弹出窗口中选择最后一项“设置控件格式”，选择“控制”选项卡。先将单元格链接设置成“$B$3”，然后依次在最小值、最大值、步长所对应的方框中输入“1”“100”“1”。(见图 6.3.3)

3. 依照步骤 2 将剩余的控件格式都设置好。

C4:最小值、最大值、步长、单元格链接:1、100、1、$B$4

C8:最小值、最大值、步长、单元格链接:1、10、1、$B$8

C11:最小值、最大值、步长、单元格链接:1、100、1、$B$11

C12:最小值、最大值、步长、单元格链接:1、100、1、$B12

值得说明的是，因为 C8 单元格中的数值表示互换剩余期限，所以最大值设为 10。这个最大值还涉及下一步表格的制作和公式的编辑。注意这个 10 年是随意设定的，也可以设定成其他任意正整数值。除了以上几个单元格外其他单元格也可以设置成动态调整，有兴趣的读者可以尝试自己添加上去。

(三)制作互换现金流量表

1. 输入表头。在 A14:E14 区域依次输入表头：期数、美元现金流、(美元

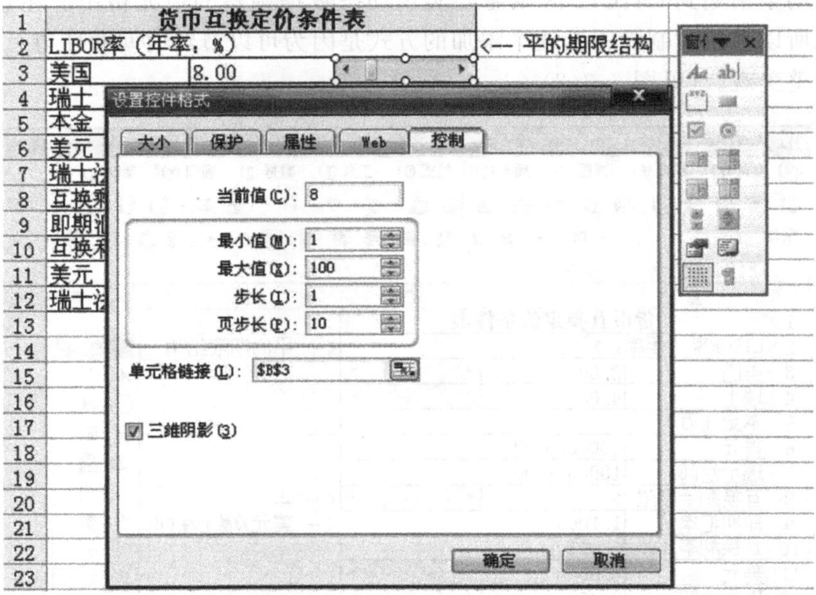

图 6.3.3 设置控件格式

现金流）现值、瑞士法郎现金流、（瑞士法郎现金流）现值。

2. 期限自动填充。在 A15、A16 区域顺序输入：1、2。同时选中 A15 和 A16 单元格，将鼠标放在选中格的右下角，当出现十字星符号时竖直往下拖拽直到 A24 单元格，之后松开鼠标，就实现了数字 3～10 的自动填充了。此方法也同样适用于公式的自动填充，后面将会给以详细的说明。

3. 定义单元格名称。选中 B6 单元格，点击 Excel 上方工具栏中的"插入"，选择"名称"，在弹出的列表中选择"定义"，之后会弹出定义名称的对话框。输入"美元本金"，点击确定（见图 6.3.4）。之后再点击 B6 单元格时，会看到 Excel 上方的单元格地址框中显示"美元本金"，说明定义成功（见图 6.3.5）。依照定义 B6 的方法再分别定义 B7 为"瑞士法郎本金"，B8 为"互换剩余期限"，B9 为"即期汇率"，B11 为"美元互换利率"，B12 为"瑞士法郎互换利率"。

这里需要说明的是，名称定义相当于绝对地址的概念，其作用主要体现在公式编辑上。比如当公式里需要引用某个单元格，比如 B6，直接点选 B6 单元格则公式里只是显示 B6，其劣势在于当使用公式自动填充功能时因为 B6 不是一个绝对地址故其会随着填充而发生变化。一般的我们可以通过改写 B6

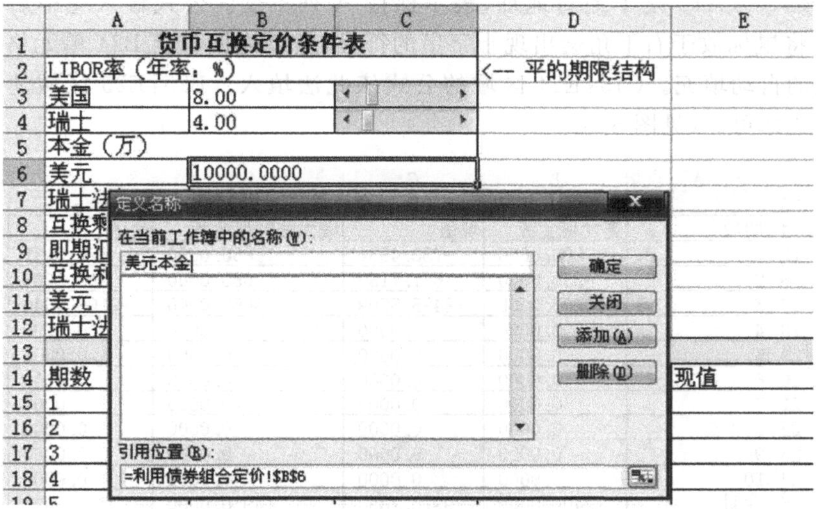

图 6.3.4 定义单元格名称

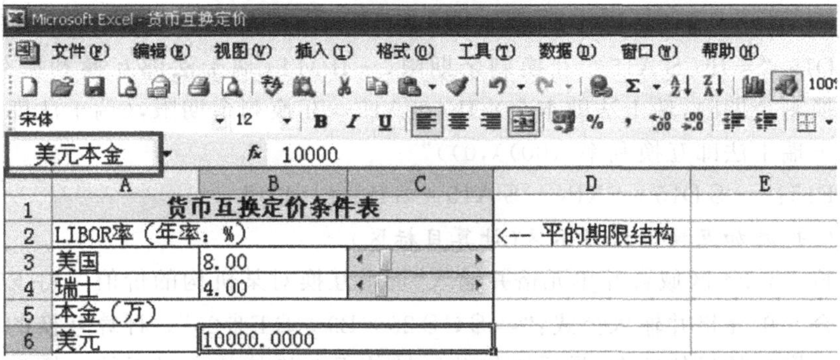

图 6.3.5 单元格名称框中的显示

为＄B＄6 来锁定引用的单元格。而一旦定义了名称我们就可以通过直接点选单元格来做绝对引用了。此外，定义名称有时候也会使公式更加易于理解和修改。

4. 编辑和自动填充公式。在 B15 单元格中输入“＝IF(＄A15＜互换剩余期限，IPMT(美元互换利率/100，1，互换剩余期限，美元本金)，IF(＄A15＝互换剩余期限，－(美元本金 ＊ (1＋美元互换利率/100))，0))”。其中 IPMT(rate，per，nper，pv，fv，type)是财务函数，用于求在固定利率下定期偿还的利息金额。$A15 是半绝对地址，表示保持 A 列不变。公式输入完毕后选定 B15，将鼠标放于右下角会出现十字星的符号，竖直拖拽直至 B24 单元格完成公式的自动填充。C15:E24 区域的公式依此法填入。B25:E25 区域使用求和公式即可。(见图 6.3.6)

	A	B	C	D	E
13	某机构货币互换现金流量表（万）				
14	期数	美元现金流	现值	瑞士法郎现金流	现值
15	1	-800.0000	-738.4931	650.0000	624.5131
16	2	-800.0000	-681.7150	650.0000	600.0256
17	3	-10800.0000	-8495.5809	13650.0000	12106.4640
18	4	0.0000	0.0000	0.0000	0.0000
19	5	0.0000	0.0000	0.0000	0.0000
20	6	0.0000	0.0000	0.0000	0.0000
21	7	0.0000	0.0000	0.0000	0.0000
22	8	0.0000	0.0000	0.0000	0.0000
23	9	0.0000	0.0000	0.0000	0.0000
24	10	0.0000	0.0000	0.0000	0.0000
25	合计	-12400.0000	-9915.7890	14950.0000	13331.0027

图 6.3.6 互换现金流量表

C15:“=$B15*EXP(-$A15*$B$3/100)”

D15:“=IF($A15<互换剩余期限,-IPMT(瑞士法郎互换利率/100,1,互换剩余期限,瑞士法郎本金),IF($A15=互换剩余期限,(瑞士法郎本金*(1+瑞士法郎互换利率/100)),0))”

E15:“=$D15*EXP(-$A15*$B$4/100)”

(四)添加互换价值显示区(计算目标区)

将 E3:F4 区域合并单元格并输入“货币互换对某机构的价值”，将 E5:F6 区域合并单元格并输入公式：“=$C$25*B9+$E$25”。计算互换的价值是建立模型的目的所在，最后添加此区域使得互换价值一目了然。模型全部完成以后去掉网格线可使其更加清晰简洁。读者可以参照本章第二节的方法去掉网格线。(见图 6.3.7)

二、利用远期组合给货币互换定价

分析：利用远期组合定价的原理就是货币互换可以看成未来若干期现金流的交换，但因为是不同币种之间的交换就会涉及汇率问题，我们知道因为不同国家的利率存在差异，故汇率在远期会升水或者贴水，而我们的目标就是找

	A	B	C	D	E	F
1	货币互换定价条件表					
2	LIBOR率（年率；%）			<-- 平的期限结构		
3	美国	8.00			货币互换对某机构的价值（万瑞士法郎）	
4	瑞士	4.00				
5	本金（万）				2423.6348	
6	美元	10000.0000				
7	瑞士法郎	13000.0000				
8	互换剩余期限	3		<-- 年		
9	即期汇率	1.1000		<-- 美元/瑞士法郎		
10	互换利率（年率；%）					
11	美元	8.00				
12	瑞士法郎	5.00				
13	某机构货币互换现金流量表（万）					
14	期数	美元现金流	现值	瑞士法郎现金流	现值	
15	1	-800.0000	-738.4931	650.0000	624.5131	
16	2	-800.0000	-681.7150	650.0000	600.0256	
17	3	-10800.0000	-8495.5809	13650.0000	12106.4640	
18	4	0.0000	0.0000	0.0000	0.0000	
19	5	0.0000	0.0000	0.0000	0.0000	
20	6	0.0000	0.0000	0.0000	0.0000	
21	7	0.0000	0.0000	0.0000	0.0000	
22	8	0.0000	0.0000	0.0000	0.0000	
23	9	0.0000	0.0000	0.0000	0.0000	
24	10	0.0000	0.0000	0.0000	0.0000	
25	合计	-12400.0000	-9915.7890	14950.0000	13331.0027	

图 6.3.7 互换价值显示区和最终模型

出若干期的远期汇率，以此来计算每期交换的净现金流并以相应币种的利率贴现即可找到货币互换的价值。

（一）先由题意在 Excel 工作表中输入题目条件

同债券组合定价法一样，首先需要输入给定的条件。唯一不同的是在货币互换定价条件表中在重要条件之后添加的控件从滚动条改成了微调项，在上面所说调出窗体工具栏的基础上点击图标就可以添加微调按钮了。需要说明的是，微调项与滚动条主要是调整幅度存在区别，读者可以自己试验以发现更细微的差异。此外，窗体工具栏还提供了其他常用的按钮来适应不同模型的设计需要。（见图 6.3.8）

（二）制作互换现金流量表

1. 输入表头。在 A14:F14 区域依次输入表头：期数、美元现金流、瑞士法郎现金流、远期汇率、互换净现金流、现值。

2. 期限自动填充。在 A15、A16 区域顺序输入：1、2。同时选中 A15 和 A16 单元格，将鼠标放在选中格的右下角，当出现十字星符号时竖直往下拖拽直到 A24 单元格，之后松开鼠标，就实现了数字 3～10 的自动填充了。

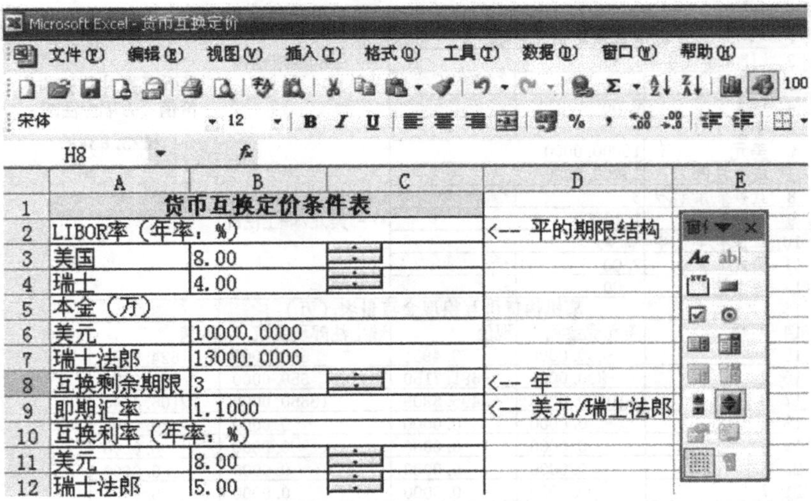

	A	B	C	D
1	货币互换定价条件表			
2	LIBOR率（年率：%）			<-- 平的期限结构
3	美国	8.00		
4	瑞士	4.00		
5	本金（万）			
6	美元	10000.0000		
7	瑞士法郎	13000.0000		
8	互换剩余期限	3		<-- 年
9	即期汇率	1.1000		<-- 美元/瑞士法郎
10	互换利率（年率：%）			
11	美元	8.00		
12	瑞士法郎	5.00		

图 6.3.8　互换定价条件表

3. 编辑和自动填充公式。以 B15 单元格为例，输入公式后将光标停留在 B15 单元格右下角，待出现十字星符号时竖直向下拖拽直至 B24 单元格。以下公式输入后都同此操作，分别将公式自动填充到该列第 24 行。其他单元格的公式填充同此操作。见图 6.3.9。

	A	B	C	D	E	F
13	某机构货币互换现金流量表（万）					
14	期数	美元现金流	瑞士法郎现金流	远期汇率	互换净现金流	现值
15	1	-800.0000	650.0000	1.05687	-195.4947	-187.8292
16	2	-800.0000	650.0000	1.01543	-162.3424	-149.8609
17	3	-10800.0000	13650.0000	0.97561	3113.3852	2761.3250
18	4	0.0000	0.0000	0.00000	0.0000	0.0000
19	5	0.0000	0.0000	0.00000	0.0000	0.0000
20	6	0.0000	0.0000	0.00000	0.0000	0.0000
21	7	0.0000	0.0000	0.00000	0.0000	0.0000
22	8	0.0000	0.0000	0.00000	0.0000	0.0000
23	9	0.0000	0.0000	0.00000	0.0000	0.0000
24	10	0.0000	0.0000	0.00000	0.0000	0.0000

图 6.3.9　互换现金流量表

B15:“=IF($A15<$B$8,IPMT($B$11/100,1,$B$8,$B$6),IF($A15=$B$8,-($B$6*(1+$B$11/100)),0))”

C15:“=IF($A15<$B$8,-IPMT($B$12/100,1,$B$8,$B$7),IF($A15=$B$8,($B$7*(1+$B$12/100)),0))”

D15:“=IF($A15<=$B$8,$B$9*EXP(($B$4-$B$3)/100*$A15),0)”

E15:“=$B15*$D15+$C15”

F15:“=$E15*EXP(-$B$4/100*$A15)”

(三)添加互换价值显示区

将 E3:F4 区域合并单元格并输入货币互换对某金融机构的价值(万瑞士法郎),将 E5:F6 区域合并单元格并输入公式“=SUM(F15:F24)”。计算互换的价值是建立模型的目的所在,最后添加此区域使得互换价值一目了然。模型全部完成以后去掉网格线可使其更加清晰简洁。读者可以参照本章第二节的方法去掉网格线。(见图 6.3.10)

	A	B	C	D	E	F
1	货币互换定价条件表					
2	LIBOR率（年率：%）			<-- 平的期限结构		
3	美国	8.00			货币互换对某金融机构的价值(万瑞士法郎)	
4	瑞士	4.00				
5	本金（万）				2423.6348	
6	美元	10000.0000				
7	瑞士法郎	13000.0000				
8	互换剩余期限	3		<-- 年		
9	即期汇率	1.1000		<-- 美元/瑞士法郎		
10	互换利率（年率：%）					
11	美元	8.00				
12	瑞士法郎	5.00				
13	某机构货币互换现金流量表（万）					
14	期数	美元现金流	瑞士法郎现金流	远期汇率	互换净现金流	现值
15	1	-800.0000	650.0000	1.05687	-195.4947	-187.8292
16	2	-800.0000	650.0000	1.01543	-162.3424	-149.8609
17	3	-10800.0000	13650.0000	0.97561	3113.3852	2761.3250
18	4	0.0000	0.0000	0.00000	0.0000	0.0000
19	5	0.0000	0.0000	0.00000	0.0000	0.0000
20	6	0.0000	0.0000	0.00000	0.0000	0.0000
21	7	0.0000	0.0000	0.00000	0.0000	0.0000
22	8	0.0000	0.0000	0.00000	0.0000	0.0000
23	9	0.0000	0.0000	0.00000	0.0000	0.0000
24	10	0.0000	0.0000	0.00000	0.0000	0.0000

图 6.3.10 互换价值显示区和最终模型

第四节　基于 Excel 的利率互换设计

【例 6.4.1】A、B 两公司面临如表 6.4.1 所示利率(A 需要浮动利率贷款,B 需要固定利率贷款),如果某金融机构要为它们安排互换,并至少赚 20 个点的利差,同时对 A、B 有同样的吸引力,则 A、B 各要付多少利率?

表 6.4.1

	浮动利率	固定利率
A 公司	LIBOR＋0.5%	10%
B 公司	LIBOR＋1.3%	11.6%

一、利用 Excel 设计利率互换和求解互换利率

解:这是一个货币互换的设计问题,具体解题步骤如下。

(一)先由题意在 Excel 工作表中输入题目条件

根据题目所给信息制作货币互换条件表,在 A1:D6 区域输入相应条件和数值。需要注意的是,C4 单元格中应输入“＋LIBOR”,其中双引号为英文格式。C5 单元格的输入同 C4 单元格。其他单元格的数字格式应设为百分比并保留 2 位小数(根据实际需要设定),见图 6.4.1。

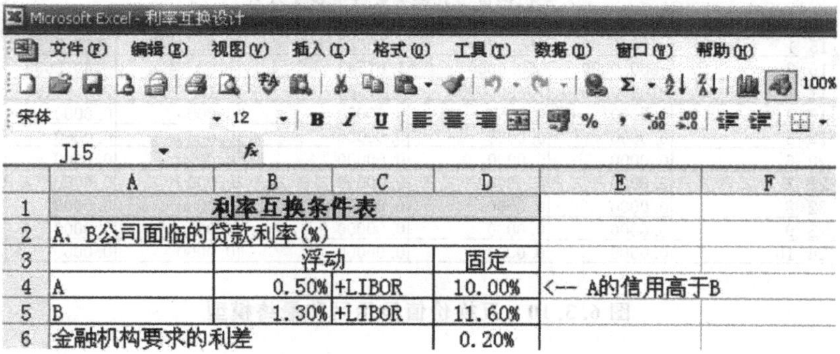

图 6.4.1　利率互换条件表

(二)编辑公式制作利率互换决策表

在 A8:A18 区域各单元格依次输入:互换方向判断、A 应借入、B 应借入、互换利益分配、互换总收益、金融机构获得的收益、A 获得的利益、B 获得的利益、互换利率、A 应付互换利率、B 应付互换利率。

在 C9:C18 和 D17:D18 区域相应单元格内输入公式实现互换方向和利率的自动判断和计算:

C9:"=IF(ABS(B4-B5)<=ABS(D4-D5),"固定利率","浮动利率")"

C10:"=IF(ABS(B4-B5)<=ABS(D4-D5),"浮动利率","固定利率")"

C12:"=ABS(B5+D4-(B4+D5))"

C13:"=D6"

C14:"=(C12-C13)/2"

C15:"=(C12-C13)/2"

C17:"=IF(C9="固定利率",(B4-C14),(D4-C14))"

D17:"=IF(C9="固定利率","+LIBOR",#N/A)"

C18:"=IF(C10="浮动利率",(D4+C13/2),(B4+C13/2))"

D18:"=IF(C10="固定利率","+LIBOR",#N/A)"

需要说明的是,#N/A 符号表示空值,空值在计算中是无效值,即其所在单元格不参与计算,所以 D17 和 D18 单元格随利率变化会出现如图6.4.2 D18 单元格左上角的绿色小三角形标志,在这里,因为 #N/A 是公式编辑刻意用到的,故可以忽略这个错误。也可以通过点击"忽略错误"来消除绿色小三角标志。

得到这个小模型以后,只要在 B4:B5 和 D4:D5 区域输入变化的利率就可以马上得到互换方向和互换利率等信息。同样的,当金融中介要求的收益变化时也可在 D6 单元格中输入变化后的利差从而得到新的利率互换值。需要说明的是,输入变化的利率时注意 A 公司是模型中信用等级高于 B 的公司,所以其在两种借款方式上的利率都要低于 B。

当然,题目假设的是 A、B 公司互换的收益相等,当双方不要求收益相等时,互换就有无数种方案,有兴趣的读者同样可以对这个模型稍加变化来得到其他的方案。

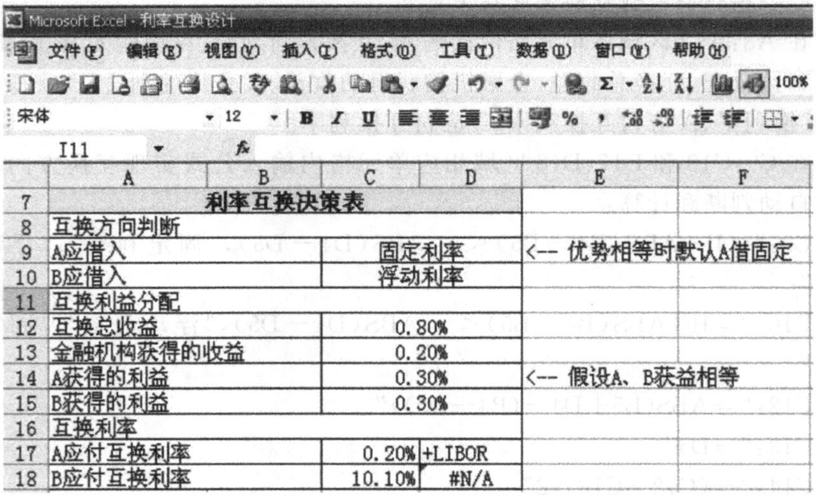

	A	B	C	D	E	F
7	利率互换决策表					
8	互换方向判断					
9	A应借入		固定利率		<-- 优势相等时默认A借固定	
10	B应借入		浮动利率			
11	互换利益分配					
12	互换总收益		0.80%			
13	金融机构获得的收益		0.20%			
14	A获得的利益		0.30%		<-- 假设A、B获益相等	
15	B获得的利益		0.30%			
16	互换利率					
17	A应付互换利率		0.20%	+LIBOR		
18	B应付互换利率		10.10%	#N/A		

图 6.4.2 利率互换决策表

二、用 Excel 作利率互换图

(一)作出互换图框架

首先确定 A20:E25 为作图区域，在相应的单元格内输入利率互换参与方的名称；点击 Excel 下方绘图工具栏中的  按钮，在参与方名称单元格之间添加箭头以表示互换支付流的方向；将 A、B 公司名称单元格下方适当位置的单元格进行合并和添加外边框为下一步公式输入做好准备。具体的操作可参考本章第二节的相关内容。框架完成后的效果见图 6.4.3。

(二)添加 LIBOR 率按钮

为了让利率互换图更加直观地显示每期互换涉及浮动利率的实际付出值(而不是作例如"0.20%＋LIBOR"这样的显示)，添加能输入并显示 LIBOR 率的区域就变得十分必要。选定 F17 单元格为 LIBOR 率的显示区域，我们可以通过直接在此单元格内输入变化的 LIBOR，再在下一步公式编辑中引用此单元格以实现互换实际利率的显示。现在的问题是我们想要这个模型的界面变得更加友好和易于使用，所以添加 LIBOR 率按钮就成为一个很好的解决方案。具体操作步骤如下：

1. 点击 Excel 最上方任务栏中的"视图"选项，从下拉列表中选择"工具

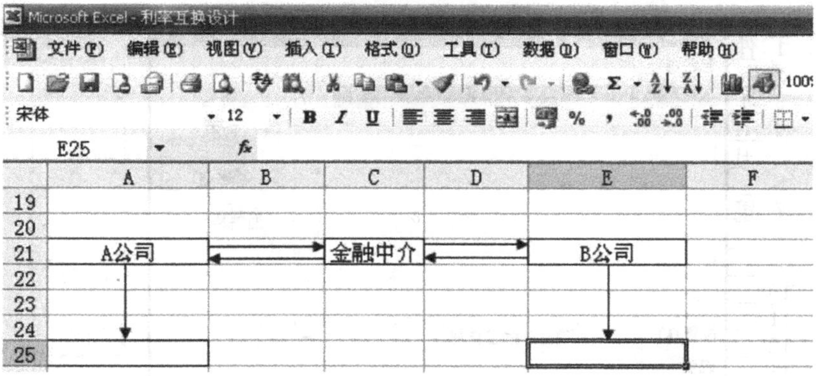

图 6.4.3 利率互换框架图

栏"并点击"窗体"以调出窗体工具栏;点击窗体工具栏中的 图标,并在 F16 单元格中添加一个按钮;右键单击选定此按钮并单击左键,出现光标时可修改此按钮的名称,输入"LIBOR 率"完成命名。见图 6.4.4。

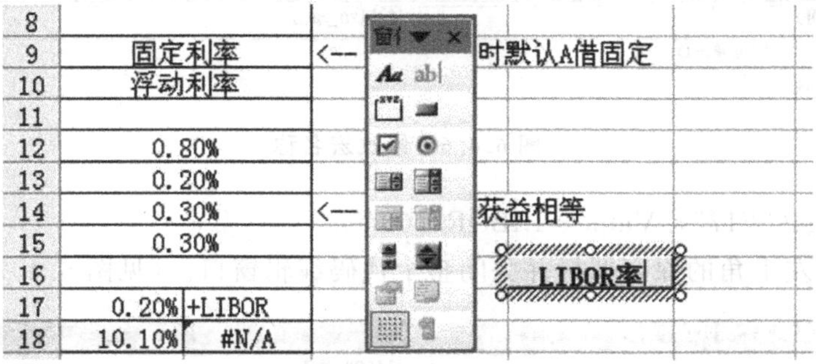

图 6.4.4 添加按钮并命名

2. 右键单击该按钮,在弹出的列表中选择"指定宏"会弹出一个名为指定宏的对话框,选择"新建"(见图 6.4.5),就进入到 VB 编辑窗口。在代码编辑窗口中直接选中"按钮 20_"(见图 6.4.6)就可以更改宏名称,将其改称为"LIBOR"。

3. 在 Sub 和 End sub 之间输入如下代码:

```
Dim LIBOR
LIBOR=InputBox("请输入 LIBOR 率","输入框","0.00")
```

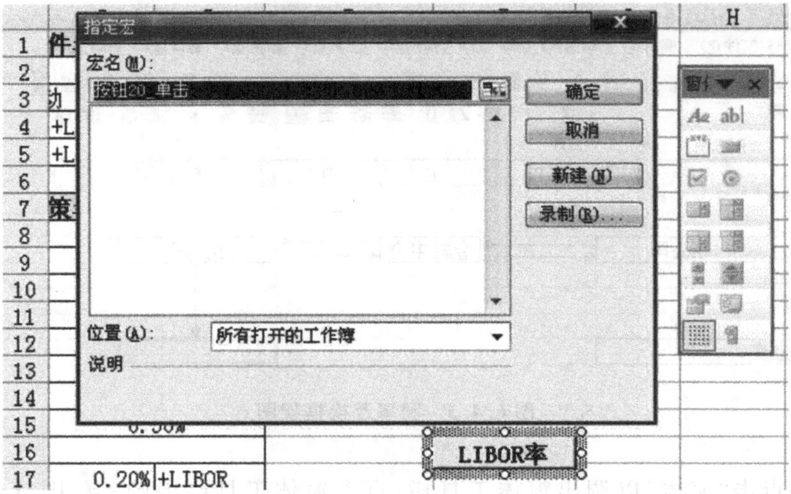

图 6.4.5　指定宏

图 6.4.6　修改宏名称

Range("F17").Value=LIBOR/100

点击左上角的保存图标并关闭整个代码编辑窗口。(见图 6.4.7)

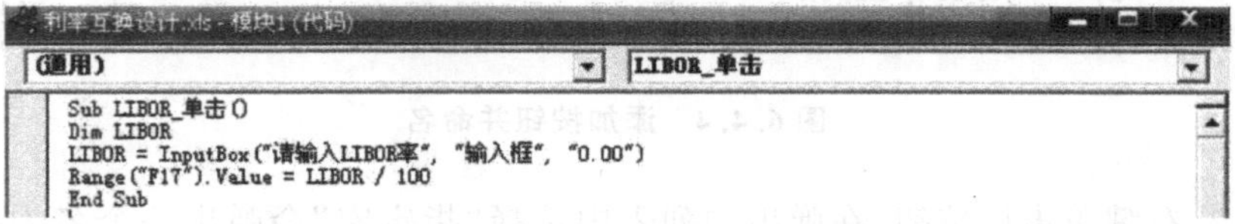

图 6.4.7　编辑代码

4. 最后测试一下宏。点击按钮，出现输入框，键入 6.72(或其他任意数，保留两位小数)，点击确定。之后可以看到 F17 单元格中显示 6.72%，表示宏编辑完成并运行正常。注意对 F17 单元格也要进行相应的单元格设置，不赘述。(见图 6.4.8)

图 6.4.8　点击按钮出现的输入框

(三)输入公式实现动态决策跟进

1. 第一组公式:直观显示 A、B 公司融资对象

A25:“=C9&"贷款人"”(此单元格显示的是互换决策下 A 公司的融资对象,用“&”连接数字和文本使它们在同一个格内显示,注意贷款人要用英文的双引号引起来);

E25:“=C10&"贷款人"”(此单元格显示的是互换决策下 B 公司的融资对象)。

2. 第二组公式:A、B 应付给各自融资对象的利率

A23:“=IF(C9="固定利率",D4,F17+B4)”;

E23:“=IF(C10="浮动利率",F17+B5,D5)”。

3. 第三组公式:A、B 付出的互换利率和双方实际收到的利率(扣除金融中介的利差)

B20:“=IF(C9="固定利率",C17+F17,C17)”(A 付出的互换利率)

D20:“=B20-C13/2”(B 实际收到的利率,即扣除金融中介利差 1/2)

B22:“=D22-C13/2”(A 实际收到的利率)

D22:“=IF(C10="浮动利率",C18,C18+F17)”(B 付出的利率,等于 A 实际收到的利率再加中介利差 1/2)(见图 6.4.9)

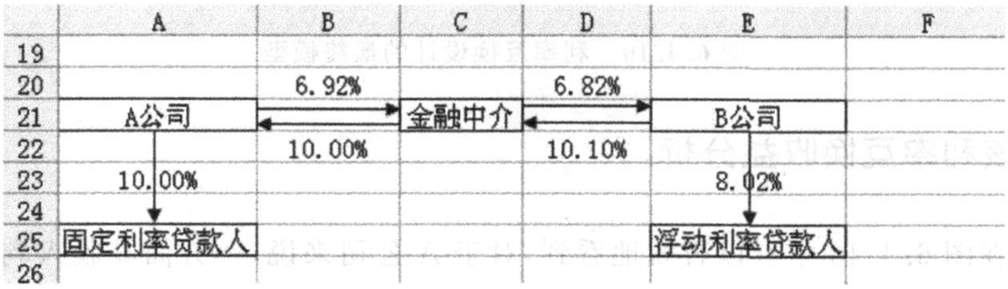

图 6.4.9　利率互换图

这个例子本身比较简单，唯一值得思考的是 LIBOR 率的显示问题。读者很容易注意到利率互换的设计较之货币互换设计最主要的不同之处是加入了显示 LIBOR 的单元格。

（四）去除网格线使整个模型更加清晰

点击 Excel 上方任务栏中的“工具”选项，在弹出的下拉列表框中选择“选项”，在出来的对话框中选择“视图”选项卡，将窗口选项下“网格线”复选框中的对勾点没即可。

完成此步骤后的最后效果见图 6.4.10。

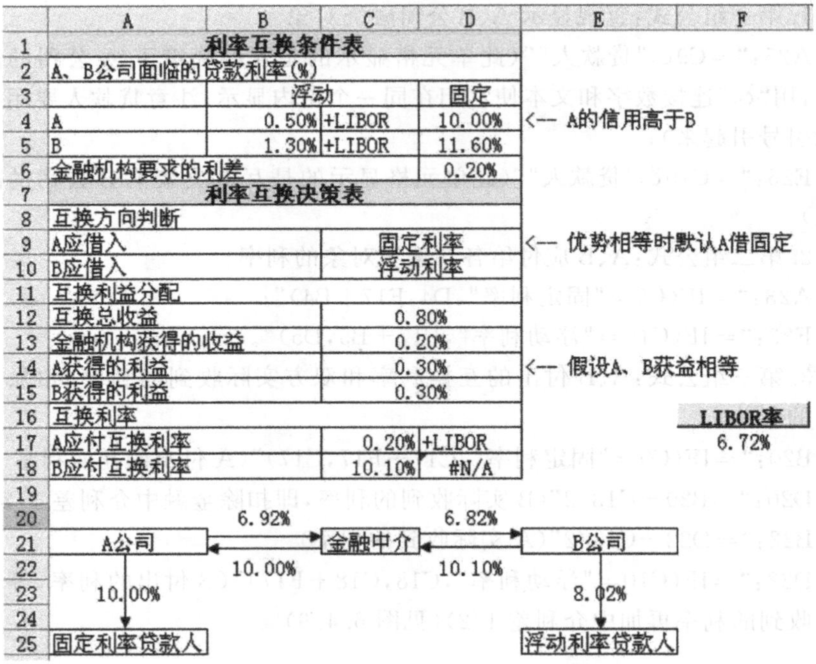
A
B
C
D
E
F
利率互换条件表
A、B公司面临的贷款利率(%)
浮动
固定
A
0.50%
+LIBOR
10.00%
<-- A的信用高于B
B
1.30%
+LIBOR
11.60%
金融机构要求的利差
0.20%
利率互换决策表
互换方向判断
A应借入
固定利率
<-- 优势相等时默认A借固定
B应借入
浮动利率
互换利益分配
互换总收益
0.80%
金融机构获得的收益
0.20%
A获得的利益
0.30%
<-- 假设A、B获益相等
B获得的利益
0.30%
互换利率
LIBOR率
6.72%
A应付互换利率
0.20%
+LIBOR
B应付互换利率
10.10%
#N/A
6.92%
6.82%
A公司
金融中介
B公司
10.00%
10.10%
10.00%
8.02%
固定利率贷款人
浮动利率贷款人

图 6.4.10　利率互换设计的最终模型

三、该利率互换收益分析

在图 6.4.10 中可以直观地看到，对于 A 公司来说，一方面其收入利率为 10％的现金流，恰好等于应该付给固定利率贷款人的借款利率；另一方面，其付出 LIBOR＋0.2％的浮动利率现金流，较之原先的 LIBOR＋0.5％的利率来说减少了 0.3%，综合来看，其收益为 0.3%。对于 B 公司，一方面其收入 LIBOR+0.1%的浮动利率现金流，较之其需要支付给浮动利率贷款人的 LIBOR+1.3%，差额为-1.2%；另一方面，其付出 10.10%的固定利率现金流，较之原先应付的 11.6%来说，差额为 1.5%，综合来看，其收益为 0.3%。

第五节　利率互换定价

【例 6.5.1】假设在一笔互换合约中，某一金融机构接受报价期限为 6 个月的 LIBOR 年率浮动利率现金流，同时付出年利率为 6%（半年计一次复利所对应的利率）的固定利率现金流，名义本金为 1 亿美元。互换还有 15 个月的期限，3 个月、9 个月、15 个月的 LIBOR 年率（连续复利率）分别为 5.4%，5.6%和 5.8%。上一利息支付日的 6 个月的 LIBOR 年率为 5%（半年计一次复利）。计算这个互换的价值。

一、制作利率互换定价条件表

解：这是一个利率互换定价的问题，具体步骤如下。

（一）制作基础条件表

根据题目所给信息，将新建的名为利率互换定价的工作簿中的 sheet1 工作表重命名为“互换定价条件表”，在该表 A1:D8 区域输入相应基本条件和数值，见图 6.5.1。

	A	B	C	D	E	F
1		利率互换定价条件表				
2		互换本金（万美元）	10000.0000			
3		互换剩余期限（月）	15			
4		LIBOR报价期限（月）	6			
5		上一支付日的LIBOR	5.00%			
6		互换利率（年：%）				
7		固定利率	6.00%			
8		浮动利率（LIBOR）			<---	输入各期相应的浮动利率

图 6.5.1　基础表

（二）添加控件实现互换剩余期限和 LIBOR 报价期限的动态调整

1. 添加滚动条。点击 Excel 上方任务栏中的“视图”，在弹出的下拉列表框中选择“工具栏”，再点选“窗体”以调出窗体工具栏。在窗体工具栏中点击滚动条图标，在D3单元格中添加滚动条，之后右键单击该滚动条，在弹出的菜单中选择“设置控件格式”，分别将最小值、最大值、步长和单元格链接设置为3、60、1、$C$3。

2. 添加列表框。点击窗体工具栏中的列表框图标，在D4单元格中添加列表框。在F2:F5区域输入列表框控件所需的数据，即依次输入：LIBOR报价期限(月)、3、6、12。右键单击列表框，在弹出的菜单中选择“设置控件格式”，将数据源区域和单元格链接分别设置为：$F$3:$F$5、$D$4。添加完成后见图6.5.2。

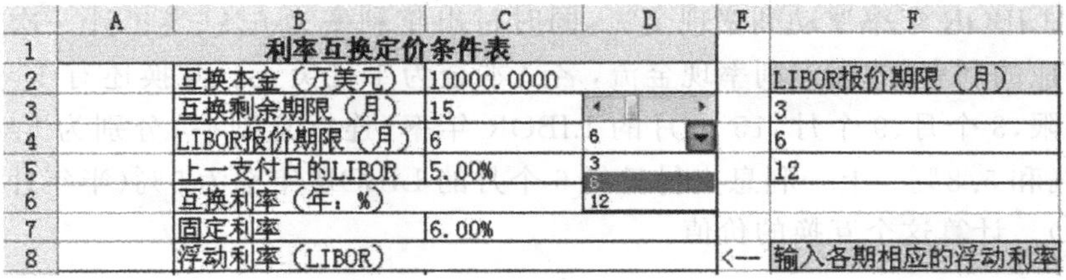

图 6.5.2　添加控件

3. 定义单元格名称。按照本章第三节定义名称的方法分别将C3、C4、C5、C7单元格定义为：互换剩余期限_月、LIBOR报价期限_月、上一支付日的LIBOR、固定利率。这些命名在后面步骤的公式编辑中将会得到使用。

(三)制作浮动利率表

细心的读者应该已经发现，在添加滚动条设置控件格式时的最大值设置为60，这是因为虽然利率互换期限可长可短，但是市场投资者进行利率互换交易的一个重要目的就是为了规避中长期利率风险，对于短期利率风险，通过利率期货进行套期保值往往比互换的成本更低，所以绝大部分利率互换的期限是3～10年。本例中互换的最长期限取了60个月(即5年)只是为了显示明了，读者完全可以自己动手设置更长的期限。具体操作如下：

1. 在A9:A10单元格中依次输入0、1，同时选中这两个单元格并将光标停留在A10单元格的右下角待出现十字光标时竖直拖拽直至A28单元格即可实现数值的自动填充了。这一步是下一步公式编辑的铺垫。

2. 在B9单元格中输入公式：“=IF(互换剩余期限_月－LIBOR报价期限_月＊$A9>0,互换剩余期限_月－LIBOR报价期限_月＊$A9,"")”。选中B9单元格，将光标停留在单元格右下角等出现十字光标时竖直拖拽直至B28

单元格即可实现公式的自动填充了。需要说明的是公式中的"",该公式使用 IF 函数,当判断结果为 FALSE 时显示"",即空格。该符号在接下来的公式编辑中起着举足轻重的作用。

3. 浮动利率表的作用。当互换剩余期限或者 LIBOR 报价期限变化时浮动利率表会自动调整显示每期互换的时间(B9 列),使用者只需要在 C9 列相应单元格中输入该期限的 LIBOR 率就可以实现互换条件的动态调整。

(四)补充数据区域

利率互换定价条件表作为定价的原始表,其所包含的数据是后面两种定价方法皆要使用的,这就对其数据的完整性和全面性有一个比较高的要求,为了简化后面的公式编辑需要添加这个区域以使条件表达到以上的要求。具体的:

F10:"=COUNT(B9:B28)"

F11:"=INDEX(C9:D28,F10,1)"

F12:"=INDEX(B9:B28,F10,1)"

这样利率互换定价条件表就全部完成了,见图 6.5.3。

	A	B	C	D	E	F
1		利率互换定价条件表				
2		互换本金（万美元）	10000.0000			LIBOR报价期限（月）
3		互换剩余期限（月）	15			3
4		LIBOR报价期限（月）	6	6		6
5		上一支付日的LIBOR	5.00%			12
6		互换利率（年：%）				
7		固定利率	6.00%			
8		浮动利率（LIBOR）			<--	输入各期相应的浮动利率
9	0	15	5.80%			
10	1	9	5.60%			3
11	2	3	5.40%			0.054
12	3					3
13	4					
14	5					
15	6					
16	7					
17	8					
18	9					
19	10					
20	11					
21	12					
22	13					
23	14					
24	15					
25	16					
26	17					
27	18					
28	19					

图 6.5.3　利率互换定价条件表

二、利用远期组合给利率互换定价

分析：利用远期组合定价的原理就是利率互换可以看成未来若干期现金流的交换，但因为币种相同故只需考虑不同利率形式交换所形成的利差。对于题中的金融机构来说，其一方面收到浮动利率现金流，另一方面付出固定利率现金流，从而每期互换都会有一个净现金流，再将每期的净现金流以该期限相应的浮动复利率进行折现就可以得到互换的价值。互换的固定利率（年）可以在条件表中得到，但是浮动利率却需要仔细考虑 LIBOR 的报价期限。我们首先要将连续复利的浮动利率换算成远期利率 $\hat{r}=\dfrac{r^{*}(T^{*}-t)-r(T-t)}{T^{*}-T}$，其中 t 为现在时刻（在本例中可令 $t=0$，T 和 T^{*} 的值均介于 0，1 之间），T 时刻到期的浮动利率即期利率为 r，T^{*} 时刻到期的浮动利率即期利率为 r^{*}，并且 $T^{*}>T>t$；再将算得的远期连续复利的利率换算成相应的每年计 m 次（在本例中 $m=12/\text{LIBOR}$ 报价期限（月））复利的年利率 $R_m=m\times(e^{\hat{r}/m}-1)$ 以使其和固定利率的形式相统一；最后将每期净现金流量折现加总即可得到互换的价值 $V_{互换}=\sum_{T^{*}}(R_m-R_c)\times A\times e^{-r^{*}\times T^{*}}$，其中 R_c 为固定利率的年利率，A 为互换的本金。

（一）制作利率对付和净现金流量表框架

与利率互换条件表相对应，将 sheet2 工作表重命名为“利用远期组合定价”并选择 A1:F22 为表格区域。将 A1:F1 区域合并单元格并输入“某机构利率对付和净现金流量表”，在 A2:F2 区域依次输入表头：期限（月）、固定利率（年）、远期复利率（年）、调整后的远期利率、净现金流、净现金流量现值。之后将整张表格加内外边框。

（二）编辑和填充公式

在 A3:F3 区域各单元格中依次输入公式并使用公式自动填充的方法完成整张表格的公式输入。具体的：

A3：“=互换定价条件表！$B9”

B3：“=IF($A3<>"",-固定利率,"")”

C3：“=IF($A3<>"",IF($A3>互换剩余期限_月-LIBOR 报价期限_月*(互换定价条件表！$F$10-1),(互换定价条件表！$C9*互换定价条件表！$B9/12-互换定价条件表！$C10*互换定价条件表！$B10/

12)/((互换定价条件表！＄B9－互换定价条件表！＄B10)/12)，IF(＄A3＝互换剩余期限_月－LIBOR报价期限_月*(互换定价条件表！＄F＄10－1)，上一支付日的LIBOR，"")），"")"

D3："＝IF(＄A3＜＞""，IF(＄A3＞互换剩余期限_月－LIBOR报价期限_月*(COUNT(互换定价条件表！＄B＄9：＄B＄28)－1)，(12/LIBOR报价期限_月)*(EXP(＄C3/(12/LIBOR报价期限_月))－1)，IF(＄A3＝互换剩余期限_月－LIBOR报价期限_月*(COUNT(互换定价条件表！＄B＄9：＄B＄28)－1)，＄C3，""))，"")"

E3："＝IF(＄A3＜＞""，LIBOR报价期限_月/12*互换本金*(＄B3＋＄D3)，"")"

F3："＝IF(＄A3＜＞""，＄E3*EXP(－互换定价条件表！＄C9*互换定价条件表！＄B9/12)，"")"

需要补充的是，读者一定对C3和D3单元格中的公式长度感到困惑，其实简单地说，它们是3个IF函数的有机组合而且是我们目前掌握工具中最简单的实现动态调整的方式。拿C3单元格来说第一个IF函数用来判断A3单元格是否为空，如果为空就直接显示空格，如果不为空则进入第二个IF函数的判断；第二个IF函数用来判断A3单元格的值是否大于互换的最近期限，拿本题来说，也就是判断互换期限是否大于3(因为我们从题目可知下一次互换在3个月以后)，如果不是大于3，则进入第三个IF函数的判断，如果大于3就将利率互换条件表中对应的浮动利率转化为远期利率；第三个IF函数用来判断A3单元格的值是否等于最近的互换期限，即3，如果不是则显示空格，如果是则显示为上一支付日的浮动利率值。因为我们已知3个月后的那次互换的浮动利率就是上一支付日的浮动利率，那么为什么这个利率不用转化呢？是因为它是已知的，相当于固定下来的一个利率了。

对照C3单元格公式的解释，读者可以很容易理解D3单元格公式的编写思路。理解了以后请读者自己尝试编写这两个单元格的公式。实践证明它们对于实现动态的数据调整是十分有效的。

(三)添加价值显示区

和货币互换定价一样，互换价值最终需要准确明了的显示，所以确定A24：C24区域为显示区。将A24：B24合并单元格并输入"利率互换价值"，在C24单元格中输入公式："＝SUM(F3：F22)"。整张表格制作完毕。这张表的数值会随着条件表数值的变化而变化。见图6.5.4。

	A	B	C	D	E	F
1	某机构利率对付和净现金流量表（万）					
2	期限（月）	固定利率（年）	远期复利率（年）	调整后的远期利率	净现金流	净现金流量现值
3	15	-0.06000	0.06100	0.06194	9.6989	9.0206
4	9	-0.06000	0.05700	0.05782	-10.8999	-10.4516
5	3	-0.06000	0.05000	0.05000	-50.0000	-49.3295
6						
7						
8						
9						
10						
11						
12						
13						
14						
15						
16						
17						
18						
19						
20						
21						
22						
23						
24	利率互换价值		-50.7605			

图 6.5.4　利率对付和净现金流量表和互换价值显示区

三、利用债券组合给利率互换定价

分析：由题意可知，该金融机构剩余的互换期限还有 15 个月，互换本金为 1 亿美元。因为本金相同故没有本金的交换。对于该机构来说，其收入浮动利率现金流相当于持有一份浮动利率债券多头，付出固定利率现金流相当于持有一份固定利率债券空头。这里需要注意的是，根据浮动利率债券的性质，在紧接浮动利率债券支付利息的那一刻，浮动利率债券的价值为其本金 L。假设下一利息支付日应支付的浮动利息额为 k^*（根据上一支付日的利率可以计算），那么在下一次利息支付前的一刻，浮动利率债券的价值为 $B_{fl}=(L+k^*)$。假设距下一次利息支付日还有 t_1 的时间，并且该日的 LIBOR 率为 r_1，那么站在题目所给的时点上浮动利率债券的价值就应该为：$B_{fl}=(L+k^*)e^{-r_1\times t_1}$。另外，注意此题互换对于该机构的价值为：$V_{互换}=B_{fl}-B_{fix}$，LIBOR 无论期限多长其都是以年为基础报价的。

（一）制作定价信息表框架

与前两张表相对应，将 sheet3 工作表重命名为“利用债券组合定价”并选择 A1:D22 为表格区域。将 A1:D1 区域合并单元格并输入“债券组合定价信息表”，在 A2:D2 区域依次输入表头：年化后的互换期限、浮动利率、固定利率现金流、固定利率现金流现值。之后将整张表格加内外边框。

(二)编辑和填充公式

在 A3:D3 区域各单元格中依次输入公式并使用公式自动填充的方法完成整张表格的公式输入。具体的：

A3:“=IF(互换定价条件表! $B9＜＞"",互换定价条件表! $B9/12,"")”

B3:“=IF($A3＜＞"",互换定价条件表! $C9,"")”

C3:“=IF($A3＜＞"",互换本金*(利用远期组合定价! $B3/(12/LIBOR 报价期限_月)-1),"")”

D3:“=IF($A3＜＞"",$C3*EXP(-$A3*$B3),"")”

	A	B	C	D
1	债券组合定价信息表			
2	年化后的互换期限	浮动利率	固定利率现金流	固定利率现金流现值
3	1.25	5.80%	-10300.0000	-9579.6772
4	0.75	5.60%	-300.0000	-287.6609
5	0.25	5.40%	-300.0000	-295.9772
6				
7				
8				
9				
10				
11				
12				
13				
14				
15				
16				
17				
18				
19				
20				
21				
22				
23	利率互换价值（万美元）			
24	固定利率债券价值	-10163.3153		
25	浮动利率债券价值	10112.5548		
26	利率互换价值	-50.7605		

图 6.5.5 债券组合定价信息表和互换价值显示区

（三）添加价值显示区

同样的，互换价值最终需要准确明了的显示，所以确定 A23:B26 区域为显示区。将 A23:B23 合并单元格并输入“利率互换价值（万美元）”，在 A24:A26 单元格依次输入：固定利率债券价值、浮动利率债券价值、利率互换价值。在 B24 单元格中输入公式：“＝SUM(D3:D22)”；在 B25 单元格中输入公式：“＝（互换本金＋互换本金 * 上一支付日的 LIBOR/(12/LIBOR 报价期限_月)) * EXP(－互换定价条件表！$F$11 * 互换定价条件表！$F$12/12)”；在 B26 单元格中输入公式：“＝B24＋B25”。整张表格制作完毕。这张表的数值同样会随着条件表数值的变化而变化。见图 6.5.5。

第七章 期权定价

期权(option)是一种基于金融资产和实物资产之上的金融工具,它赋予持有者在一定期限之内或之后选择是否执行买卖某种资产的权利。按期权买者的权利划分,期权可以分为看涨期权(call option)和看跌期权(put option);按期权买者执行期权的时间划分,期权可分为欧式期权和美式期权。期权是一种最复杂的衍生产品,从普通的欧式和美式期权到现在各种各样的期权组合以及奇异期权,如何为这些期权或者期权组合定价是金融工程学研究的重要内容,从 Black 和 Scholes(1973)开创的 BS 期权定价模型至今对期权定价的研究从未停止过,而且期权定价的模型以及方法也在不断发展。从本章开始我们将逐步展开期权定价的研究,主要以 Excel 为工具用 Black-Scholes 模型和二叉树模型对欧式期权和美式期权(包括看涨和看跌)进行定价。

第一节 Black-Scholes 期权定价模型

一、Black-Scholes 期权定价公式

(一)Black-Scholes 期权定价模型基本假设

1. 市场是有效的,证券价格遵循几何布朗运动过程;
2. 允许卖空标的证券,证券的价格及价格变动是连续的;
3. 没有交易费用和税收,所有证券都是完全可分的;
4. 在衍生证券有效期内标的证券没有现金红利支付;

5. 不存在无风险套利的机会；

6. 无风险利率 r 已知，且为常数，不随时间变化；

7. 期权为欧式期权。

（二）Black-Scholes 期权定价公式

$$C=S\cdot N(d_1)-Xe^{-r(T-t)}\cdot N(d_2) \tag{7.1.1}$$

$$P=Xe^{-r(T-t)}\cdot N(-d_2)-S\cdot N(-d_1) \tag{7.1.2}$$

其中：$d_1=\dfrac{\ln(S/X)+(r+\sigma^2/2)(T-t)}{\sigma\sqrt{T-t}}$，$d_2=d_1-\sigma\sqrt{T-t}$，C 为欧式看涨期权的价格，$P$ 为欧式看跌期权的价格，S 为标的资产（股票）的市场价格，X 为期权的执行价格，$T-t$ 为距到期时间，r 为连续复利的无风险利率，σ 为标的资产价格波动率。

二、Black-Scholes 期权定价公式在 Excel 中的实现

【例 7.1.1】 股票的当前价格 S 为 20，执行价格 X 为 20，无风险年利率 r 为 6%，股票的波动率 σ 为 30%，期权的到期期限（$T-t$）为 0.5 年。(1)试计算相应的欧式看涨期权和看跌期权的价格；(2)当股票的当前价格从 10 变化到 40 时（间隔为 2），分别作出看涨期权和看跌期权价格与其内在价值的图形。

我们做出的 Excel 表格如图 7.1.1 所示。

在 Excel 中的具体操作步骤如下：

1. 选定 A1:C1，然后单击，并输入："Black-Scholes 期权定价模型"。

2. 在 A3 中输入："期权类型：1＝看涨，0＝看跌"；在 B3 中输入："股票的波动率（σ）"；在 C3 中输入："无风险年利率（r）"；在 D3 中输入："执行价格（X）"；在 E3 中输入："到期时间（$T-t$）"。

3. 选定 D1:E1，单击，并在其中输入："＝IF(＄A＄4＝1，"看涨期权"，"看跌期权")"。当 A4 单元格为 1 时，输出："看涨期权"；当 B3 单元格不等于 1 时，输出："看跌期权"。

4. 在 A4 中输入："＝1"；在 B4 中输入："＝30%"；在 C4 中输入："＝6%"；在 D4 中输入："＝20"；在 D5 中输入："＝0.5"。

5. 在 A6:A8 中分别输入："股票的当前价格(S)"，"期权价格"，"内在价值"；在 A10:A14 中分别输入："d_1"，"d_2"，"N(d_1)"，"N(d_2)"，"看涨期权价格(C)"；在 A15:A17 中分别输入："N($-d_1$)"，"N($-d_2$)"，"看跌期权价格(P)"。

	A	B	C	D	E	P	Q
1	Black-Scholes期权定价模型			看涨期权			
2							
3	期权类型:1=看涨 0=看跌	股票的波动率（σ）	无风险年利率（r）	执行价格（X）	到期时间年（T-t）		
4	1	30%	6%	20	0.5		
5							
6	股票的当前价格	10	12	14	16	38	40
7	期权价格	0.00071484	0.013005	0.09312	0.367	18.59229	20.59158
8	内在价值	0	0	0	0	18	20
9							
10	d1	-3.0200398	-2.16057	-1.4339	-0.8044	3.273216	3.515015
11	d2	-3.2321718	-2.3727	-1.646	-1.0166	3.061084	3.302882
12	N(d1)	0.00126371	0.015364	0.0758	0.21058	0.999468	0.99978
13	N(d2)	0.00061427	0.008829	0.04988	0.15468	0.998897	0.999522
14	看涨期权价格（C）	0.00071484	0.013005	0.09312	0.367	18.59229	20.59158
15	N(-d1)	0.99873629	0.984636	0.9242	0.78942	0.000532	0.00022
16	N(-d2)	0.99938573	0.991171	0.95012	0.84532	0.001103	0.000478
17	看跌期权价格（P）	9.40962551	7.421916	5.50203	3.77591	0.001199	0.000492

图 7.1.1　BS 期权定价模型 Excel 工作表

6. 在 B6:Q6 中依次输入:“10”,“12”,“14”,“16”,…,“38”,“40”。

7. 在 B7 中输入:“=IF(＄A＄4=1,B14,B17)”,并将其复制到 C7:Q7 区域。这样做是为了根据单元格 A4 所选的期权类型,引用看涨和看跌期权的价格。

8. 在 B8 中输入:“=IF(＄A＄4=1,MAX(B6−＄D＄4,0),MAX(＄D＄4−B6,0))”,这是期权的内在价值;在 B10 中输入:“=(LN(B6/＄D＄4)+(＄C＄4+＄B＄4^2/2)*＄E＄4)/(＄B＄4*SQRT(＄E＄4))”;在 B11 中输入:“=B10−＄B＄4*SQRT(＄E＄4)”;在 B12 中输入:“=NORMSDIST(B10)”;在 B13 中输入:“=NORMSDIST(B11)”;在 B14 中输入:“=B6*B12−＄D＄4*EXP(−＄C＄4*＄E＄4)*B13”;在 B15 中输入:“=NORMSDIST(−B10)”;在 B16 中输入:“=NORMSDIST(−B11)”;在 B17 中输入:“=−B6*B15+＄D＄4*EXP(−＄C＄4*＄E＄4)*B16”。最后把该步骤中的以上操作复制到每个我们所用的单元格区域。

9. 选中 B6:Q8 区域,然后从主菜单里选择“插入/图表”,选择 XY 散点图

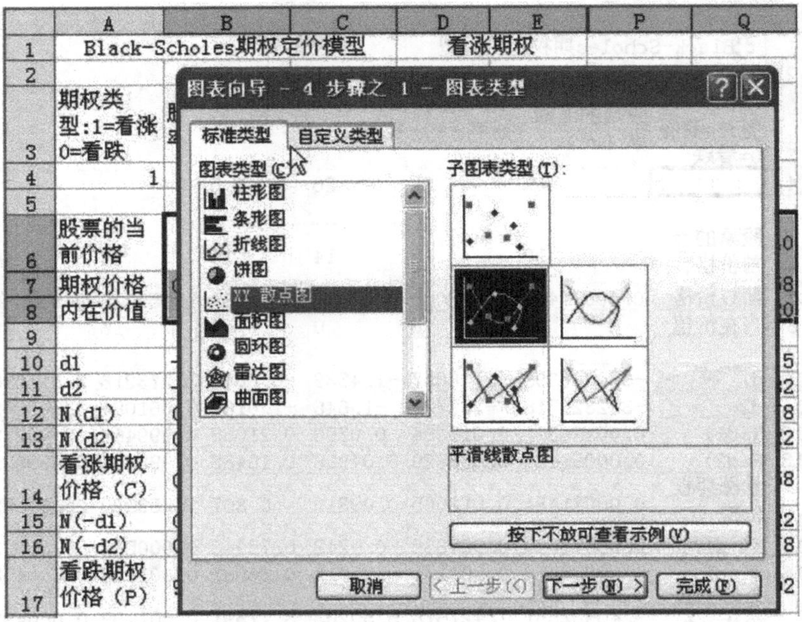

图 7.1.2 图表向导

中的折线散点图,如图 7.1.2 所示.最后点击"完成"。这时会生成以股票当前价格为横轴,以期权价格和内在价值为纵轴的图形,如图 7.1.3 所示。

10.将 A4 单元格的值改为 0,我们就得到了看跌期权的价格、内在价值和股票执行价格的关系图,如图 7.1.4 所示。

这样我们就完成了整道题的解答,从我们做的 Excel 工作表中我们很容易找到股票的当前价格 S 为 20,执行价格 X 为 20 时,欧式看涨期权和看跌期权的价格分别为:1.98 和 1.39。图 7.1.3 和图 7.1.4 分别显示了当股票的当前价格从 10 变化到 40 时,看涨期权和看跌期权价格与其内在价值的关系图。从图中我们可以很容易地看出:对看涨期权而言,开始时看涨期权的价格和内在价值几乎相等(看涨期权的价格稍高于内在价值),随着股票价格的上涨,两者之间的差距逐渐拉大,当股价达到 20 时,两者的差距达到最大,随后两者的差距又开始缩小,最后两者之间的差距逐渐稳定;对看跌期权而言,随着股票价格的上涨,两者之间的差距先逐渐缩小,等到两者相等时,随后两者之间的差距又开始逐渐拉大,当股价达到 20 时,两者的差距达到最大,随后两者的差距逐渐缩小,最后达到稳定。

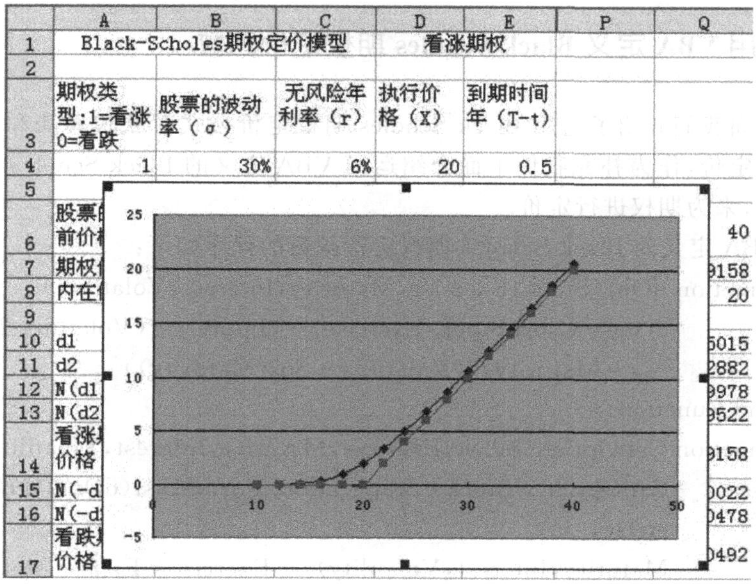

A
B
C
D
E
P
Q
Black-Scholes期权定价模型
看涨期权
期权类型:1=看涨 0=看跌
股票的波动率（σ）
无风险年利率（r）
执行价格（X）
到期时间年（T-t）
1
30%
6%
20
0.5
d1
d2
看涨
价格
看跌
价格
40
20

图 7.1.3　看涨期权的 Excel 工作表

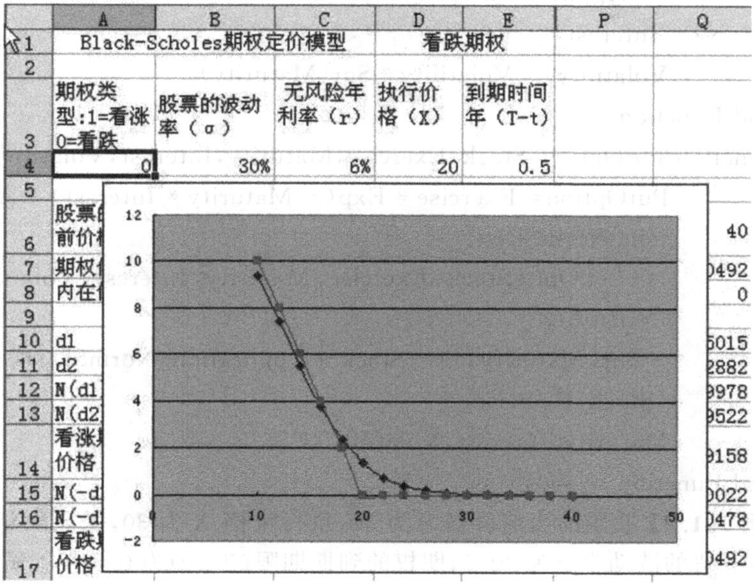

A
B
C
D
E
P
Q
Black-Scholes期权定价模型
看跌期权
期权类型:1=看涨 0=看跌
股票的波动率（σ）
无风险年利率（r）
执行价格（X）
到期时间年（T-t）
0
30%
6%
20
0.5
d1
d2
看涨
价格
看跌
价格
40
0

图 7.1.4　看跌期权的 Excel 工作表

三、运用 VBA 定义 Black-Scholes 期权定价函数

上面我们介绍了运用 Black-Scholes 期权定价公式对欧式看涨和看跌期权进行定价，作为补充我们下面介绍运用 VBA 定义的 Black-Scholes 期权定价函数，来为期权进行定价。

VBA 定义的 Black-Scholes 期权定价函数的程序如下：

```
Function dOne(Stock,Exercise,Maturity,Interest,Volatility)
        dOne=(Log(Stock/Exercise)+(Interest+(Volatility^2)_
        /2)*Maturity)/(Volatility*Sqr(Maturity))
End Function
Function CallOption(Stock,Exercise,Maturity,Interest,Volatility)
        CallOption=Stock*Application.NormSDist(dOne(Stock,Ex-
        ercise,_
        Maturity,Interest,Volatility))-Exercise*Exp(-Maturity*
        Interest)_
         *Application.NormSDist(dOne(Stock,Exercise,Maturity,
         Interest,_
        Volatility)-Volatility*Sqr(Maturity))
End Function
Function PutOption(Stock,Exercise,Maturity,Interest,Volatility)
        PutOption=Exercise*Exp(-Maturity*Interest)*Applica-
        tion.NormSDist _
         (-(dOne(Stock,Exercise,Maturity,Interest,Volatility)-
         Volatility _
         *Sqr(Maturity)))-Stock*Application.NormSDist(-dOne
        (Stock,Exercise,_
        Maturity,Interest,Volatility))
End Function
```

【例 7.1.2】股票的当前价格 S 为 30，执行价格 X 为 30，无风险年利率 r 为 6%，股票的波动率 σ 为 30%，期权的到期期限($T-t$)为 0.5 年。试计算相应的欧式看涨期权和看跌期权的价格。

我们用本例来说明运用 VBA 定义的 Black-Scholes 期权定价函数对欧式

期权定价的过程。具体的步骤是：

1. 建立 Excel 工作表，输入本例的数据，如图 7.1.5 所示。

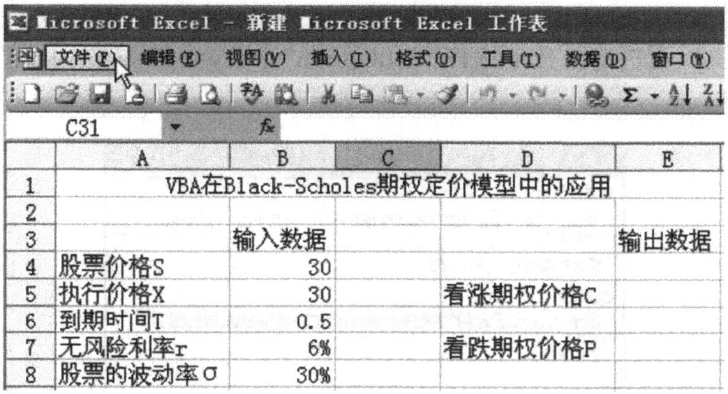

图 7.1.5　输入例 7.1.2 的数据

2. 选定 E5 单元格，单击："工具/宏"，在弹出的菜单中单击"Visual Basic 编辑器"，进入 Microsoft Visual Basic 窗口。单击"插入"，这时会出现一个编辑框，输入上面的 VBA 程序，如图 7.1.6 所示。

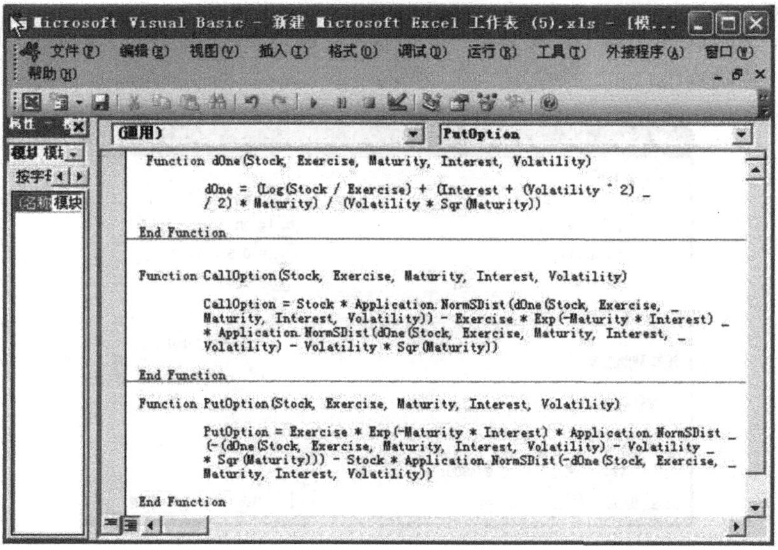

图 7.1.6　VBA 程序编辑窗口

3. 单击“调试/编译 VBAproject(L)”，检查程序是否出错；若编译通过，则单击工具栏中的 Excel 图标，返回 Excel 工作表。

4. 单击“插入/函数”，系统弹出“插入函数”对话框，在“选择类别”中选择“用户定义”，在选择函数下选择“CallOption”函数，如图 7.1.7 所示，最后单击“确定”。

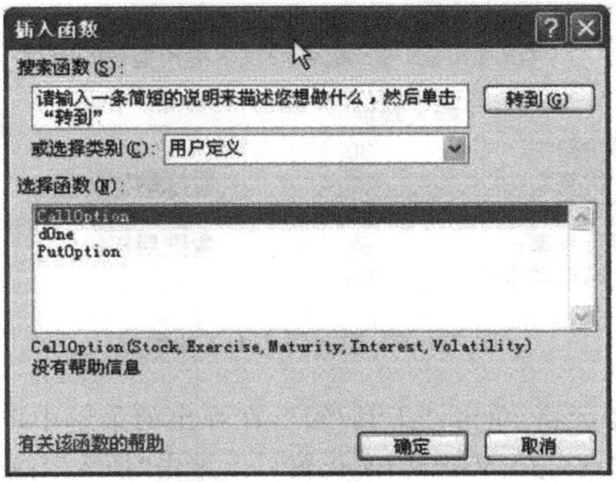

图 7.1.7　调用 CallOption 函数

5. 在系统弹出的“函数参数”对话框中，输入相应的参数，如图 7.1.8 所示，单击“确定”。

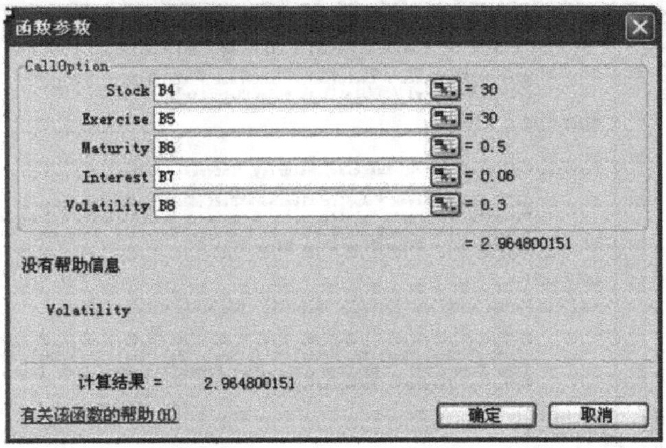

图 7.1.8　函数参数对话框

6. 用同样的方法我们可以算出看跌期权的价格。最后的计算结果如图7.1.9所示。

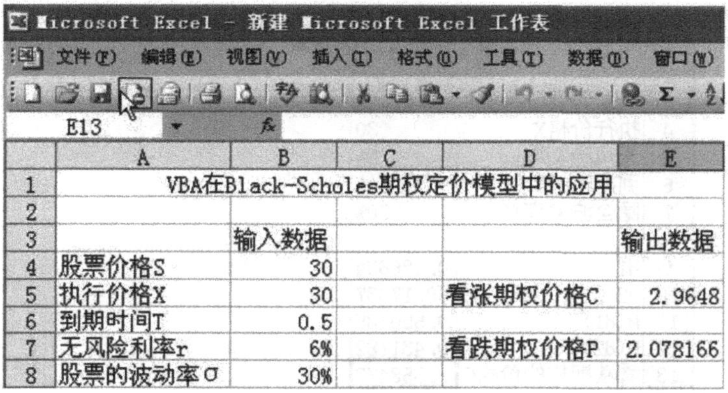

	A	B	C	D	E
1	VBA在Black-Scholes期权定价模型中的应用				
2					
3		输入数据			输出数据
4	股票价格S	30			
5	执行价格X	30		看涨期权价格C	2.9648
6	到期时间T	0.5			
7	无风险利率r	6%		看跌期权价格P	2.078166
8	股票的波动率σ	30%			

图7.1.9 VBA在Black-Scholes期权定价模型中的应用的计算结果

至此，我们讨论了Black-Scholes期权定价模型在Excel中的应用。同学们可以通过网络收集数据，用我们给出的方法来计算欧式期权的价格。

第二节　隐含波动率的计算

隐含波动率是将市场上的期权交易价格代入期权定价模型(Black-Scholes模型)，反推出来的波动率数值，它反映了投资者对未来标的证券波动率的预期。由于期权定价模型(如BS模型)给出了期权价格与五个基本参数(标的股价、执行价格、利率、到期时间、波动率)之间的定量关系，只要将其中前4个基本参数及期权的实际市场价格作为已知量代入定价公式，就可以从中解出唯一的未知量，其大小就是隐含波动率。我们是通过Excel中的单变量求解命令来估计股票的隐含波动率。下面我们通过一个具体的例子来具体说明如何计算股票的隐含波动率。

【例7.2.1】 某股票的看涨期权价格C为1.89，当前股票价格S为28.91元，到期执行价格X为30元，无风险利率为r为3%，到期时间T为1年，试计算由期权价格所决定的股票的隐含波动率σ的大小。

具体操作步骤如下：

1. 建立一个Excel工作表，将题目中的数据输入Excel工作表中，在隐含波动率的表格中任意输入一个波动率，这里我们取的是 30%，如图 7.2.1 所示。

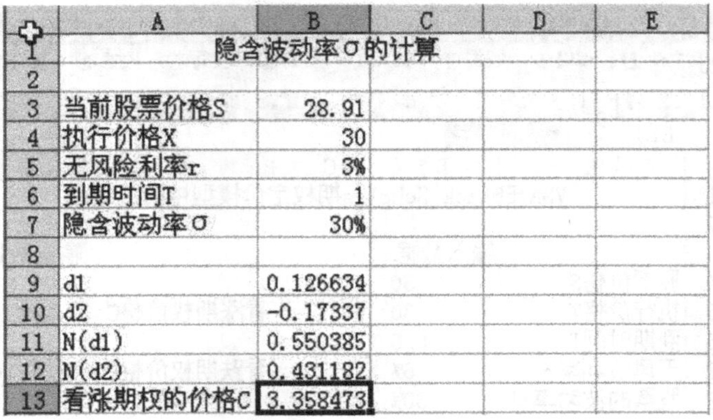

图 7.2.1 隐含波动率 σ 的计算输入表

2. 在 B9 中输入："=(LN(B3/B4)+(B5+B7^2/2)*B6)/B7*SQRT(B6)"，在 B10 中输入："=B9-B7*SQRT(B6)"，在 B11 中输入："=NORMSDIST(B9)"，在 B12 中输入："=NORMSDIST(B10)"。

3. 在 B13 单元格中输入看涨期权的 BS 公式，即输入："=B3*B11-B4*EXP(-B5*B6)*B12"，如图 7.2.2 所示，算得这时看涨期权的价格为 3.36，已知看涨期权的价格为 1.89。

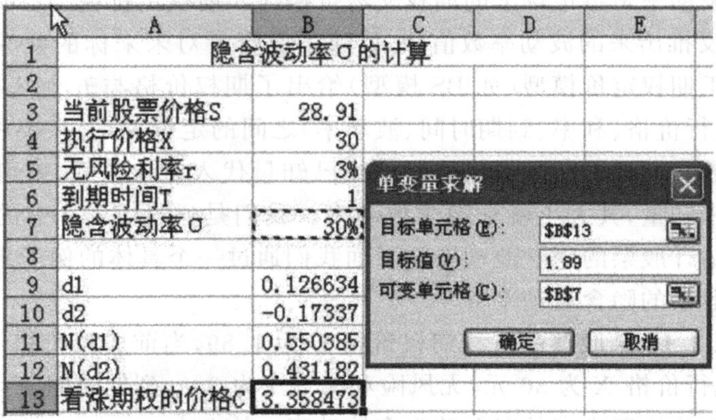

图 7.2.2 用单变量求解工具求得的隐含波动率 σ

4. 单击"工具/单变量求解"，这时会出现单变量求解的对话框，如图7.2.2所示。在目标单元格中输入："＄B＄13"，在目标值中输入："1.89"，在可变单元格中输入："＄B＄7"，然后在出现的"单变量求解状态"对话框中，单击"确定"，输出结果如图 7.2.3 所示。这样，我们通过单变量求解工具很方便地得出本题所要求得的股票的隐含波动率 σ 为 17％。

第三节　Black-Scholes 期权定价的敏感性分析

一、例子

这节我们来讨论 Black-Scholes 期权定价模型给出的期权价格对期权价格的五个基本参数（当前股票价格 S、执行价格 X、到期时间 T、无风险利率 r、股票的波动率 σ）变化的敏感性，也就是我们常说的敏感性分析。

我们还是通过具体的例子来说明具体的操作步骤。

【例 7.3.1】 某股票的当前价格 S 为 20 元，到期执行价格 X 为 20 元，无风险利率为 r 为 3％，到期时间 T 为 1 年，股票的波动率 σ 为 25％。

1. 试计算相应的欧式看涨期权的价格 C；

2. 分析欧式看涨期权价格 C 对当前股票价格 S 变化的敏感性，并做出相应的图形；

3. 分析欧式看涨期权价格 C 对执行价格 X 变化的敏感性，并做出相应的图形；

4. 分析欧式看涨期权价格 C 对无风险利率 r 变化的敏感性，并做出相应的图形；

5. 分析欧式看涨期权价格 C 对到期时间 T 变化的敏感性，并做出相应的图形；

6. 分析欧式看涨期权价格 C 对股票的波动率 σ 变化的敏感性，并做出相应的图形。

二、具体步骤

1. 打开上节我们建立的 Excel 工作表，将数据改成例 7.3.1 的数据，删除

"隐含波动率 σ 的计算"并撤销单元格的合并。我们很容易就得出相应的欧式看涨期权的价格为 2.27,如图 7.3.1 所示。

	A	B	C	D	E
1	当前股票价格S	20			
2	执行价格X	20			
3	无风险利率r	3%			
4	到期时间T	1			
5	隐含波动率σ	25%			
6					
7	d1	0.245			
8	d2	-0.005			
9	N(d1)	0.596772			
10	N(d2)	0.498005			
11	看涨期权的价格C	2.269695			

图 7.3.1 看涨期权的价格

2. 我们给出股票价格 S 的一个变动范围:从 10 到 30(间隔为 2);合并 A13:E13 区域,并输入"欧式看涨期权价格对当前股价 S 变化的敏感性";在 A15:A25 从 10 输入到 30。

3. 单击 B14 单元格,输入"=B11";再选择 A14:B25 区域,单击"数据/模拟运算表",在模拟运算表的对话框的"输入引用列的单元格"中输入"\$B\$1",如图 7.3.2 所示,最后单击"确定"。

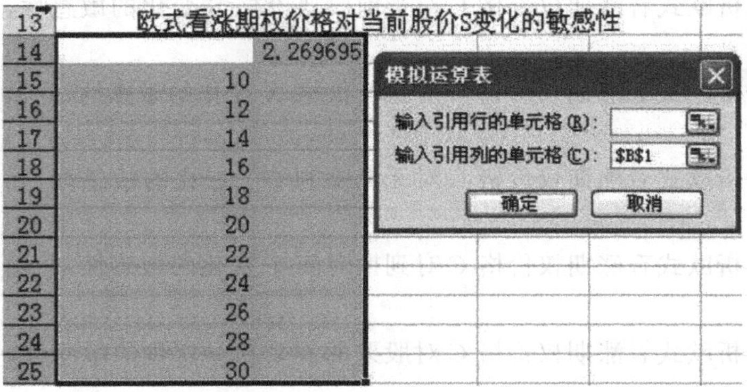

图 7.3.2 模拟运算表

4. 我们运用 Excel 模拟运算表运算出的结果,作出相应的欧式看涨期权价格对当前股价 S 变化的敏感性的图表。具体做法是:选定 A15:B25 单元格区域，单击“插入/图表/XY 散点图”，选择“折线散点图”，如图 7.3.3 所示，最后单击“完成”。再适当修改坐标，这样我们就得到了我们所要的图形，如图 7.3.4 所示。从图形中我们很容易地看出欧式看涨期权价格随着当前股票价格 S 的增加而增加，即看涨期权的价格与当前股价正相关。

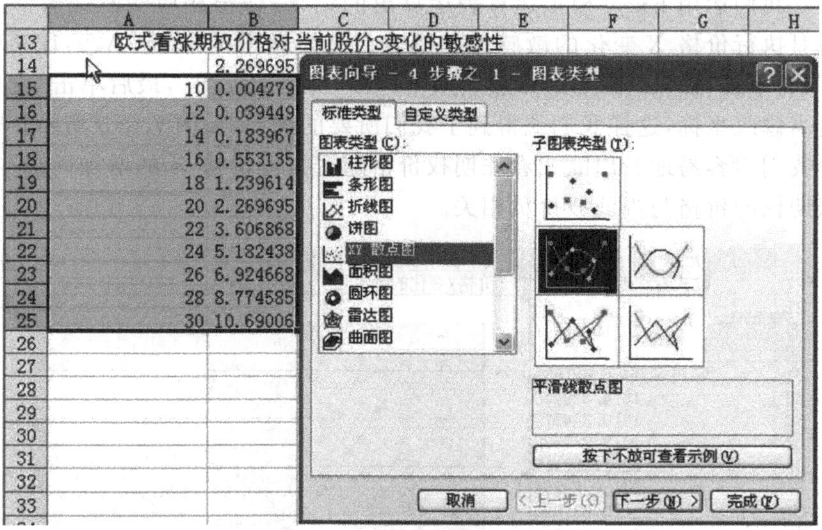

图 7.3.3 图表向导

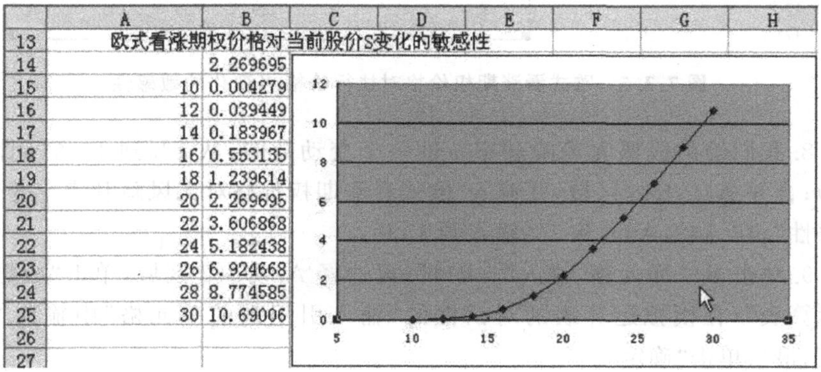

图 7.3.4 欧式看涨期权价格对当前股价 S 变化的敏感性

5. 我们给出股票执行价格 X 的一个变动范围：从 10 到 30（间隔为 2）；合并 A27:E27 区域，并输入“欧式看涨期权价格对执行价格 X 变化的敏感性”；

在 A29:A39,从 10 输入到 30。

6. 单击 B28 单元格,输入“=B11”;再选择 A28:B39 区域,单击“数据/模拟运算表”,在模拟运算表的对话框的“输入引用列的单元格”中输入“\$B\$2”,最后单击“确定”。

7. 我们运用 Excel 模拟运算表运算出的结果,作出相应的欧式看涨期权价格对执行价格 X 变化的敏感性的图表。具体做法是:选定 A29:B39 单元格区域,单击“插入/图表/XY 散点图”,选择“折线散点图”,最后单击“完成”。再适当修改坐标,这样我们就得到了我们所要的图形,如图 7.3.5 所示。从图形中我们很容易地看出欧式看涨期权价格随着执行价格 X 的增加而减少,即看涨期权的价格与当前股价负相关。

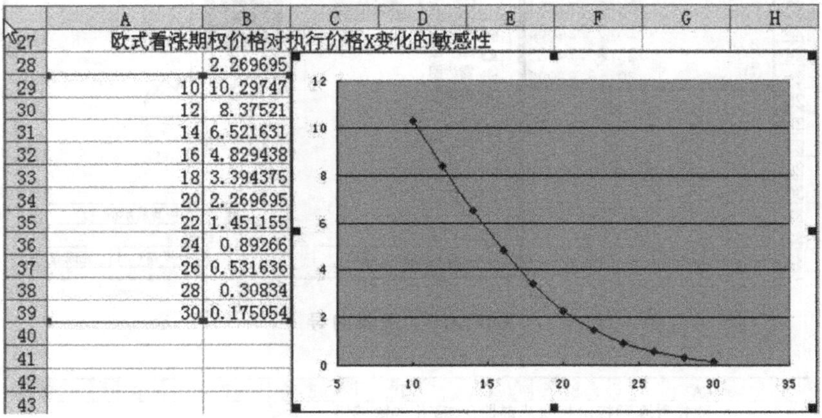
欧式看涨期权价格对执行价格X变化的敏感性
28 2.269695
29 10 10.29747
30 12 8.37521
31 14 6.521631
32 16 4.829438
33 18 3.394375
34 20 2.269695
35 22 1.451155
36 24 0.89266
37 26 0.531636
38 28 0.30834
39 30 0.175054

图 7.3.5 欧式看涨期权价格对执行价格 X 变化的敏感性

8. 我们给出股票无风险利率 r 的一个变动范围:从 1% 到 15%(间隔为 1%);合并 A46:E46 区域,并输入“欧式看涨期权价格对无风险利率 r 变化的敏感性”;在 A48:A62,从 1% 输入到 15%。

9. 单击 B47 单元格,输入“=B11”;再选择 A47:B62 区域,单击“数据/模拟运算表”,在模拟运算表的对话框的“输入引用列的单元格”中输入“\$B\$3”,最后单击“确定”。

10. 我们运用 Excel 模拟运算表运算出的结果,作出相应的欧式看涨期权价格对无风险利率 r 变化的敏感性的图表。具体做法是:选定 A48:B62 单元格区域,单击“插入/图表/XY 散点图”,选择“折线散点图”,最后单击“完成”。再适当修改坐标,这样我们就得到了我们所要的图形,如图 7.3.6 所示。从图形中我们很容易地看出欧式看涨期权价格随着无风险利率 r 的增加而增加，即看涨期权的价格与无风险利率正相关。

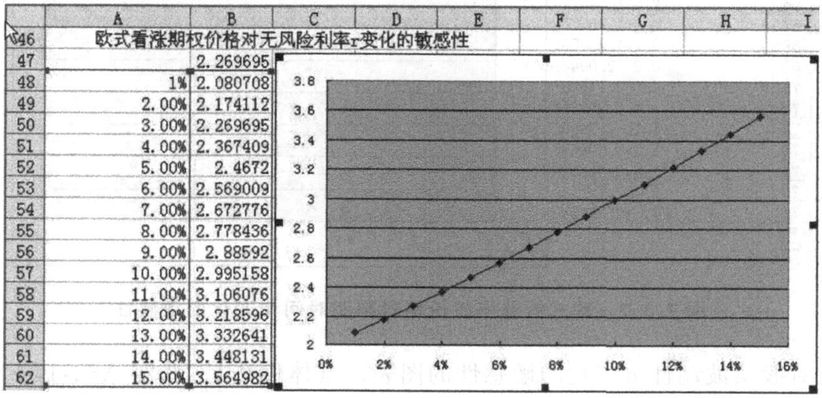

	A	B
46	欧式看涨期权价格对无风险利率r变化的敏感性	
47		2.269695
48	1%	2.080708
49	2.00%	2.174112
50	3.00%	2.269695
51	4.00%	2.367409
52	5.00%	2.4672
53	6.00%	2.569009
54	7.00%	2.672776
55	8.00%	2.778436
56	9.00%	2.88592
57	10.00%	2.995158
58	11.00%	3.106076
59	12.00%	3.218596
60	13.00%	3.332641
61	14.00%	3.448131
62	15.00%	3.564982

图 7.3.6　欧式看涨期权价格对无风险利率 r 变化的敏感性

11. 我们给出期权到期时间 T 的一个变动范围：从 0.5 到 1.5（间隔为 0.1）；合并 A64：E64 区域，并输入“欧式看涨期权价格对到期时间 T 变化的敏感性”；在 A66：A76，从 0.5 输入到 1.5。

12. 单击 B65 单元格，输入“＝B11”；再选择 A65：B76 区域，单击“数据/模拟运算表”，在模拟运算表的对话框的“输入引用列的单元格”中输入“＄B＄4”，最后单击“确定”。

13. 我们运用 Excel 模拟运算表运算出的结果，作出相应的欧式看涨期权价格对到期时间 T 变化的敏感性的图表。具体做法是：选定 A66：B76 单元格区域，单击“插入/图表/XY 散点图”，选择“折线散点图”，最后单击“完成”。再适当修改坐标，这样我们就得到了我们所要的图形，如图 7.3.7 所示。从图形中我们很容易地看出欧式看涨期权价格随着到期时间 T 的增加而增加，即看涨期权的价格与到期时间正相关。

14. 我们给出股票波动率 σ 的一个变动范围：从 15％到 30％（间隔为 1％）；合并 A80：E80 区域，并输入“欧式看涨期权价格对股票波动性 σ 变化的敏感性”；在 A82：A97，从 15％输入到 30％。

15. 单击 B81 单元格，输入“＝B11”；再选择 A81：B97 区域，单击“数据/模拟运算表”，在模拟运算表的对话框的“输入引用列的单元格”中输入“＄B＄5”，最后单击“确定”。

16. 我们运用 Excel 模拟运算表运算出的结果，作出相应的欧式看涨期权

	A	B
64	欧式看涨期权价格对到期时间T变化的敏感性	
65		2.269695
66	0.5	1.546823
67	0.6	1.709508
68	0.7	1.861531
69	0.8	2.00485
70	0.9	2.140667
71	1	2.269695
72	1.1	2.39232
73	1.2	2.508696
74	1.3	2.618814
75	1.4	2.722546
76	1.5	2.819682
77		
78		

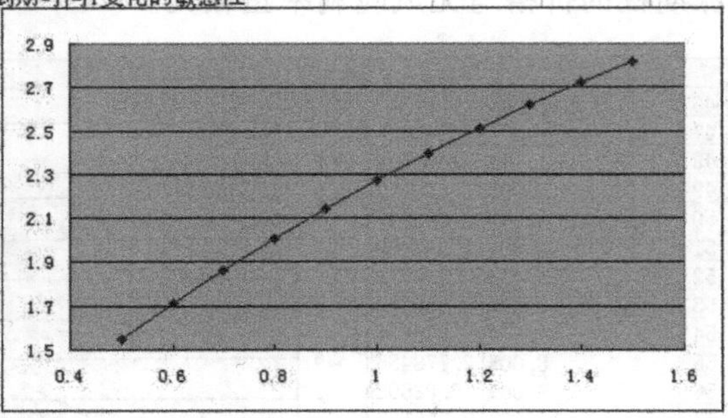

图 7.3.7　欧式看涨期权价格对到期时间 T 变化的敏感性

价格对股票波动性 σ 变化的敏感性的图表。具体做法是：选定 A82：B97 单元格区域，单击“插入/图表/XY 散点图”，选择“折线散点图”，最后单击“完成”。再适当修改坐标，这样我们就得到了我们所要的图形，如图 7.3.8 所示。从图形中我们很容易地看出欧式看涨期权价格随着股票波动率 σ 的增加而增加，即看涨期权的价格与股票波动率正相关。

	A	B
80	欧式看涨期权价格对股票波动率σ变化的敏感性	
81		2.269695
82	15%	1.497018
83	16.00%	1.573927
84	17.00%	1.650975
85	18.00%	1.728132
86	19.00%	1.805374
87	20.00%	1.882681
88	21.00%	1.960036
89	22.00%	2.037426
90	23.00%	2.114839
91	24.00%	2.192265
92	25.00%	2.269695
93	26.00%	2.347122
94	27.00%	2.424537
95	28.00%	2.501936
96	29.00%	2.579313
97	30.00%	2.656662

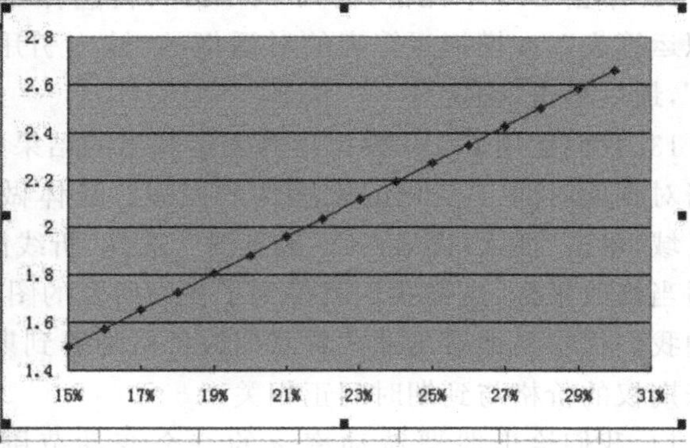

图 7.3.8　欧式看涨期权价格对股票波动性 σ 变化的敏感性

三、小结

通过本节的实验，我们得出了欧式看涨期权价格与其五个基本参数（当前股票价格 S、执行价格 X、到期时间 T、无风险利率 r、股票的波动率 σ）的变化关系，即我们所说的敏感性，归纳为：

1. 欧式看涨期权的价格与当期股票价格正相关；

2. 欧式看涨期权的价格与股票的执行价格负相关；

3. 欧式看涨期权的价格与无风险利率正相关；

4. 欧式看涨期权的价格与到期时间正相关；

5. 欧式看涨期权的价格与股票波动率正相关。

读者可以根据本节我们所讲的方法来分析欧式看跌期权价格的敏感性。

第四节　单阶段的二叉树的欧式期权定价

从本节开始，我们将逐步介绍二叉树期权定价模型在 Excel 中的实现过程。

二叉树模型是为期权定价的另外一种有用且常用的方法，二叉树（binomial tree）期权定价模型最早是由 Cox、Ross 和 Rubinstein 于 1979 年在《期权定价：一种简单的方法》这篇论文中提出的。二叉树期权定价模型弥补了 Black-Scholes 期权定价模型不能为美式期权进行精确定价的缺陷。

一、无风险原则

假设股票的期初价格为 S_0，当前股票的欧式期权价格为 C，期权的执行价格为 X，无风险利率为 r。在期权的有效期为 T，在期权的有效期内股票价格要么上升为 $S_0 \cdot u$，要么下跌为 $S_0 \cdot d$($u>1, d<1$)。如果股票的价格上升为 $S_0 \cdot u$ 时，看涨期权的收益为 $\max(S_0 \cdot u - X, 0)$，看跌期权的收益为 $\max(X - S_0 \cdot u, 0)$；如果股票的价格下跌为 $S_0 \cdot d$ 时，看涨期权的收益为 $\max(S_0 \cdot d - X, 0)$，看跌期权的收益为 $\max(X - S_0 \cdot d, 0)$。这里我们为了叙述方便，统一当股票价格上升时期权的收益为 f_u，当股票价格下跌时期权的收益为 f_d，如图 7.4.1 所示。

首先我们讨论欧式看涨期权的定价问题。我们构造一个组合：由 Δ 股的股票多头头寸和一份看涨期权的空头头寸组成。首先，我们确定构造无风险组合的 Δ 的大小。若股票价格上升，期末组合的价值为：

$$S_0 \cdot u \cdot \Delta - f_u \tag{7.4.1}$$

若股票价格下跌，期末组合的价值为：

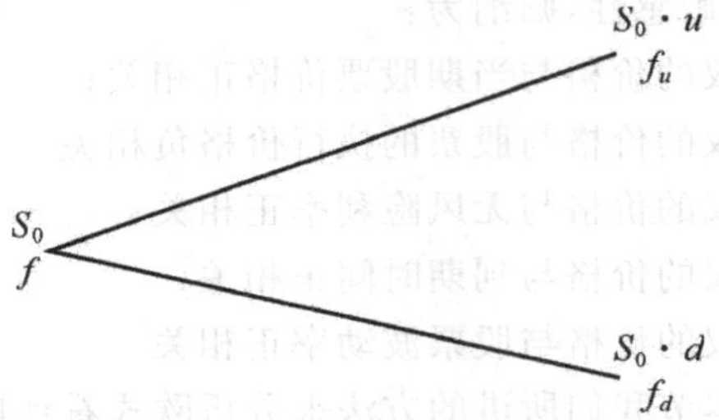

图 7.4.1　单阶段二叉树图中股票价格和期权价格

$$S_0 \cdot d \cdot \Delta - f_d \tag{7.4.2}$$

由于我们构造的是无风险组合，所以期末上述两个值应该相等，即：

$$S_0 \cdot u \cdot \Delta - f_u = S_0 \cdot d \cdot \Delta - f_d \tag{7.4.3}$$

整理得：

$$\Delta = \frac{f_u - f_d}{S_0 \cdot u - S_0 \cdot d} \tag{7.4.4}$$

Δ是期权价格变化额与股票价格变化额之间的比值。我们所构建的组合的现值为：$(S_0 \cdot u \cdot \Delta - f_u)e^{-rT}$，所花费的成本为：$S_0 \cdot \Delta - f$，所以根据无风险定价原则，我们有：

$$S_0 \cdot \Delta - f = (S_0 \cdot u \cdot \Delta - f_u)e^{-rT} \tag{7.4.5}$$

整理得：

$$f = S_0 \cdot \Delta \cdot (1 - ue^{-rT}) + f_u \cdot e^{-rT} \tag{7.4.6}$$

接下来我们讨论欧式看跌期权的定价：

我们构造一个组合：由Δ股的股票多头头寸和一份看跌期权的多头头寸组成。首先，我们确定构造无风险组合的Δ的大小。

若股票价格上升，期末组合的价值为：

$$S_0 \cdot u \cdot \Delta + f_u \tag{7.4.7}$$

若股票价格下跌，期末组合的价值为：

$$S_0 \cdot d \cdot \Delta + f_d \tag{7.4.8}$$

由于我们构造的是无风险组合，所以期末上述两个值应该相等，即：

$$S_0 \cdot u \cdot \Delta + f_u = S_0 \cdot d \cdot \Delta + f_d \tag{7.4.9}$$

整理得：

$$\Delta = \frac{f_d - f_u}{S_0 \cdot u - S_0 \cdot d} \tag{7.4.10}$$

Δ是期权价格变化额与股票价格变化额之间的比值。我们所构建的组合的现值为：$(S_0 \cdot u \cdot \Delta + f_u)e^{-rT}$，所花费的成本为：$S_0 \cdot \Delta + f$，所以根据无风险定价原则，我们有：

$$(S_0 \cdot u \cdot \Delta + f_u)e^{-rT} = S_0 \cdot \Delta + f \tag{7.4.11}$$

整理得：

$$f = S_0 \cdot \Delta(ue^{-rT} - 1) + f_u \cdot e^{-rT} \tag{7.4.12}$$

二、风险中性原则

设 p 为风险中性概率，由风险中性定价原理我们知，在 T 时刻股票价格的预期值 $E(S_T)$ 为：

$$E(S_T) = p \cdot S_0 \cdot u + (1-p)S_0 \cdot d \tag{7.4.13}$$

而且有：

$$E(S_T) = S_0 e^{rT} \tag{7.4.14}$$

由上述两式，我们很容易得出：

$$p = \frac{e^{rT} - d}{u - d} \tag{7.4.15}$$

所以欧式期权的价格为：

$$f = e^{-rT}[p \cdot f_u + (1-p) \cdot f_d] \tag{7.4.16}$$

事实上用无风险原则定价和风险中性原则定价得出的结果是一样的。我们只需把相应的Δ代入 f 的表达式中，我们也可以得到式(7.4.16)，也就是说我们用两种方法得出的结论是一样的。

若令 $\alpha = e^{rT}$，则有：$p = (\alpha - d)/(u - d)$。在实际当中，u 和 d 是由股票价格的波动率 σ 决定的：$u = e^{\sigma\sqrt{\Delta t}}$，但原则上 u 应大过 $\alpha = e^{rT}$，不然的话，风险证券的可能涨幅还不如无风险证券的涨幅，就没有人投资风险证券了。但在 u

这样取时，当 σ 过低时可能会使 $p>1$，此时，我们认为应另取 $u=e^{\sqrt{\sigma\Delta t}}$ 基本上是可以保证 $p<1$ 的，$d=1/u$。当然，当 σ 过低时，这可能意味着风险证券的风险几乎消失掉了，当然也就不可能价格下跌了，所以，价格上涨的概率 $p>1$ 也是说得通的①。

下面我们通过一个例子来具体说明其在Excel中的实现过程。

【例7.4.1】某只股票的当前价格为30元，这只股票价格的波动率为20%，无风险利率为5%，期权的执行价格为35元，期权的到期时间为1年。试问：当该期权分别为欧式看涨和看跌期权时的期权价格是多少？

具体的操作步骤如下：

1.在A1:E1中分别输入："股票价格"、"执行价格"、"无风险利率"、"股票的波动率"、"到期时间"；在A2:E2中分别输入："S"、"X"、"r"、"σ"、"T"。

2.在A5:E5中分别输入："u"、"d"、"α"、"p"、"1－p"。

3.在A6中输入："＝EXP(D3＊SQRT(E3))"，在B6中输入："＝1/A6"，在C6中输入："＝EXP(C3＊E3)"，在D6中输入："＝(C6－B6)/(A6－B6)"，在E6中输入："＝1－D6"。

4.合并A9:C9，在其中输入："期权类型:1＝看涨 0＝看跌"，在D6中输入："1"。D6单元格作为看涨期权和看跌期权之间的转换。

5.在A13中输入："股票价格"，在A14中输入："＝IF($D$9＝1,"看涨期权价格","看跌期权价格")"，在C11中输入："期末价格上升"，在C12中输入："期权收益"，在C14中输入："期末价格下跌"，在C15中输入："期权收益"。

6 在D11中输入："＝$A$3＊$A$6"，在D12中输入："＝IF($D$9＝1,MAX(D11－$B$3,0),MAX($B$3－D11,0))"，在D14中输入："＝$A$3＊$B$6"，在D15中输入："＝IF($D$9＝1,MAX(D14－$B$3,0),MAX($B$3－D14,0))"。

7.在B13中输入："＝A3"，在B14中输入："＝EXP(－$C$3＊$E$3)＊($D$6＊D12＋$E$6＊D15)"。

8.在A18中输入："Δ"，在A19中输入："＝IF($D$9＝1,(D12－D15)/(D11－D14),(D15－D12)/(D11－D14))"。

9.在A3:E3中输入题目中的相关数据，并在D6中输入："1"。我们得到了看涨期权的价格为0.97元，我们构建无风险组合的套期保值率Δ等于0.16，如图7.4.2所示。

---

① 在本章的第六章，我们将根据最小叉熵来推导票 p,d,u。

	A	B	C	D	E
2	S	X	r	σ	T
3	30	35	0.02	0.3	0.5
4					
5	u	d	a	p	1-p
6	1.23631111	0.808858	1.010050167	0.47067671	0.529323
7					
8					
9	期权类型：1=看涨 0=看跌			1	
10					
11			期末价格上升	37.0893333	
12			期权收益	2.089333295	
13	股票价格	30			
14	看涨期权价格	0.973616	期末价格下跌	24.2657368	
15			期权收益	0	
16					
17					
18	Δ				
19	0.162928808				

图 7.4.2 单阶段的二叉树欧式看涨期权定价

10. 将 D9 中的数字改为“0”，我们就得到了欧式看跌期权的价格为5.63元，我们构建无风险组合的套期保值率 Δ 等于 0.84，如图 7.4.3 所示。

	A	B	C	D	E
2	S	X	r	σ	T
3	30	35	0.02	0.3	0.5
4					
5	u	d	a	p	1-p
6	1.23631111	0.808858	1.010050167	0.47067671	0.529323
7					
8					
9	期权类型：1=看涨 0=看跌			0	
10					
11			期末价格上升	37.0893333	
12			期权收益	0	
13	股票价格	30			
14	看跌期权价格	5.62536	期末价格下跌	24.2657368	
15			期权收益	10.7342632	
16					
17					
18	Δ				
19	0.837071192				

图 7.4.3 单阶段的二叉树欧式看跌期权定价

第五节　多阶段的二叉树美式期权定价

上一节，我们着重讨论了单阶段的二叉树欧式期权定价问题，我们用无风险定价原则和风险中性定价原则得出的结论是一致的。本节我们将讨论用多阶段二叉树为期权定价问题。我们知道，美式期权是指可以在成交后有效期内任何一天被执行的期权，也就是说期权持有者可以在期权到期日以前的任何一个工作日选择执行或不执行期权合约；欧式期权是指买入期权的一方必须在期权到期日当天才能行使的期权。美式期权和欧式期权的区别主要在于是否可以提前执行期权合约。欧式期权的定价包含在美式期权的定价当中，所以本节所讨论的多阶段二叉树期权定价主要是关于美式期权的定价。

一、基本思路

初始股票价格为 S，当时间为 Δt 时股票价格要么上涨为 $S\cdot u$，要么下跌为 $S\cdot d$。当时间为 $2\Delta t$ 时，股票的价格有三种可能：$S\cdot u^2$、$S\cdot u\cdot d$（由于 $d=\frac{1}{u}$，所以 $S\cdot u\cdot d=S$）、$S\cdot d^2$。以此类推，在 $i\Delta t$ 时，股票的价格有 $i+1$ 种可能，我们表示为：$S\cdot u^i\cdot d^{i-j}(j=0,1,\cdots,i)$。由于 $d=\frac{1}{u}$，所以二叉树中的很多节点是重合的，图 7.5.1 为三阶段的二叉树图。

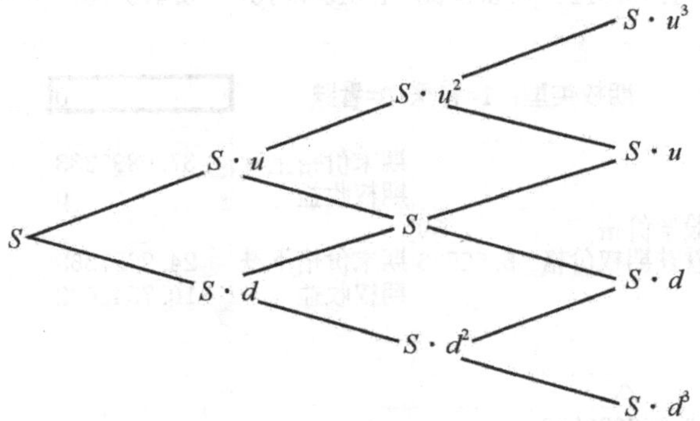

图 7.5.1　三阶段的二叉树图

期权价格的计算是从二叉树的末端往前倒推进行的。在期末 T 时刻，期权的价值我们可以很容易地算出：看涨期权的价值为 $\max(S_T-X,0)$，看跌期权的价值为 $\max(X-S_T,0)$，其中 S_T 为 T 时刻股票的价格，X 为期权的执行价格。然后根据上节我们所讲的方法，我们又可以得到 $T-\Delta t$ 时刻期权的价值，一直进行下去，最后我们就能得到期初时刻期权的价值，也就是期权的价格。如果期权为美式期权的话，我们需要检查每个节点，来确定提前执行是否要比把期权再持有 Δt 更有利。

二、多阶段的二叉树美式期权定价

我们通过例子来具体说明多阶段的二叉树美式期权定价在 Excel 中的实现过程。

【例 7.5.1】 某只股票的当前价格为 50 元，股票价格的波动率为 20%，无风险连续复利年利率为 5%，该股票的 6 个月期的美式看涨期权的执行价格为 55 元、6 个月期的美式看跌期权的执行价格为 55 元，试求该美式看涨期权和美式看跌期权的价格。

解：这里我们把期权的有效期分为 5 个阶段，每阶段为 1.2 个月。

在 Excel 中的具体操作步骤为：

1. 在 A1:F1 中分别输入："股票价格"，"执行价格"，"无风险利率"，"股票的波动率"，"到期时间"，"阶段数"。

2. 在 A2:F2 中分别输入："S"，"X"，"r"，"σ"，"T"，"N"，并将题目中的数据输入到 A3:F3 中去。

3. 在 A5:F5 中分别输入："u"，"d"，"α"，"p"，"$1-p$"，"Δt"。

4. 在 A6 单元格中输入："=EXP(D3 * SQRT(F6))"；

在 B6 单元格中输入："=1/A6"；

在 C6 单元格中输入："=EXP(C3 * F6)"；

在 D6 单元格中输入："=(C6－B6)/(A6－B6)"；

在 E6 单元格中输入："=1－D6"；

在 F6 单元格中输入："=E3/F3"。

5. 合并 A7:C7，并在其中输入："期权类型：1=看涨 0=看跌"，在 D7 单元格中输入："1"。我们这样做是把 D7 单元格作为看涨期权和看跌期权的转换开关。

6. 在 A17 单元格中输入："股票价格"，在 A18 单元格中输入："=IF($D

$7=1,"看涨期权价格","看跌期权价格")”。

7. 在B17单元格中输入：“=A3”；在C15单元格中输入：“=B17＊$A$6”；在C19单元格中输入：“=B17＊$B$6”；然后可以将C15单元格分别复制到D13、E11、F9、G7、D17、E15、F13、G11；再将C19单元格分别复制到D21、E23、F25、G27、E19、F21、G23、F17、G15、G19；这样，我们就完成了二叉树价格图。如果在复制之前先将B17、C15、C19单元格的背景设置为粉色就更好了，设置的方法有两种：其一是将鼠标放在需要设置背景颜色的单元格里，然后点击Excel“格式”菜单里的“单元格”，然后在弹出的菜单里点图案，然后再选择粉色；其二是使用Excel绘图功能的填充图标，通常这个填充图标在Excel屏幕页面的下方，如果屏幕页面上没有，可以将“视图”菜单中“工具栏”里的“绘图”选项勾上，就可以看到了。

8. 在G8单元格中输入：“=IF($D$7=1,MAX(G7－$B$3,0),MAX($B$3－G7,0))”，当D7单元格中的值为1时，G8单元格的值为看涨期权的价值，否则为看跌期权的价值。

在G12单元格中输入：“=IF($D$7=1,MAX(G11－$B$3,0),MAX($B$3－G11,0))”；

在G16单元格中输入：“=IF($D$7=1,MAX(G15－$B$3,0),MAX($B$3－G15,0))”；

在G20单元格中输入：“=IF($D$7=1,MAX(G19－$B$3,0),MAX($B$3－G19,0))”；

在G24单元格中输入：“=IF($D$7=1,MAX(G23－$B$3,0),MAX($B$3－G23,0))”；

在G28单元格中输入：”=IF($D$7=1,MAX(G27－$B$3,0),MAX($B$3－G27,0))。

这样我们就得到了在第五阶段期权的理论值。

9. 计算期权在第四个阶段的价值。在F10单元格中输入：

“=IF($D$7=1,MAX((D6＊G8+E6＊G12)＊EXP(－C3＊F6),MAX((F9－B3),0)),MAX((D6＊G8+E6＊G12)＊EXP(－C3＊F6),MAX((B3－F9),0)))”

当D7单元格的值为1时，F10单元格的值为按风险中性定价得到的期权价值和看涨期权提前执行时的价值中的较大者；当D7单元格的值为0时，F10单元格的值为按风险中性定价得到的期权价值和看跌期权提前执行时的价值中的较大者。然后将F10单元格分别复制到F14、F18、F22、F26、E12、

E16、E20、E24、D14、D18、D22、C16、C20、B18 单元格，这样我们就得到了美式看涨期权的价值，为 1.47 元，如图 7.5.2 所示。如果在复制之前能将 G12、G16、G20、G24、G28、F10 单元格的背景设置为黄色就更好了。

10. 计算第三阶段期权的价值。在 E12、E16、E20 和 E24 单元格中分别输入：

"=IF($D$7=1,MAX((D6*F10+E6*F14)*EXP(-C3*F6),MAX((E11-B3),0)),MAX((D6*F10+E6*F14)*EXP(-C3*F6),MAX((B3-E11),0)))",

"=IF($D$7=1,MAX((D6*F14+E6*F18)*EXP(-C3*F6),MAX((E15-B3),0)),MAX((D6*F14+E6*F18)*EXP(-C3*F6),MAX((B3-E15),0)))",

"=IF($D$7=1,MAX((D6*F18+E6*F22)*EXP(-C3*F6),MAX((E19-B3),0)),MAX((D6*F18+E6*F22)*EXP(-C3*F6),MAX((B3-E19),0)))",

"=IF($D$7=1,MAX((D6*F22+E6*F26)*EXP(-C3*F6),MAX((E23-B3),0)),MAX((D6*F22+E6*F26)*EXP(-C3*F6),MAX((B3-E23),0)))"。

11. 计算第二个阶段期权的价值。在 D14、D18 和 D22 单元格中分别输入：

"=IF($D$7=1,MAX((D6*E12+E6*E16)*EXP(-C3*F6),MAX((D13-B3),0)),MAX((D6*E12+E6*E16)*EXP(-C3*F6),MAX((B3-D13),0)))",

"=IF($D$7=1,MAX((D6*E16+E6*E20)*EXP(-C3*F6),MAX((D17-B3),0)),MAX((D6*E16+E6*E20)*EXP(-C3*F6),MAX((B3-D17),0)))",

"=IF($D$7=1,MAX((D6*E20+E6*E24)*EXP(-C3*F6),MAX((D21-B3),0)),MAX((D6*E20+E6*E24)*EXP(-C3*F6),MAX((B3-D21),0)))"。

12. 计算第一个阶段期权的价值。在 C16、C20 单元格中分别输入：

"=IF($D$7=1,MAX((D6*D14+E6*D18)*EXP(-C3*F6),MAX((C15-B3),0)),MAX((D6*D14+E6*D18)*EXP(-C3*F6),MAX((B3-C15),0)))",

"=IF($D$7=1,MAX((D6*D18+E6*D22)*EXP(-C3*F6),

MAX((C19－B3),0)),MAX((D6 * D18＋E6 * D22) * EXP(－C3 * F6),MAX((B3－C19),0)))”。

13. 计算美式期权的价格。在 B18 中输入：

“＝IF($D$7＝1,MAX((D6 * C16＋E6 * C20) * EXP(－C3 * F6),MAX((B17－B3),0)),MAX((D6 * C16＋E6 * C20) * EXP(－C3 * F6),MAX((B3－B17),0)))”

这样我们就得了美式看涨期权的价格，其为 1.47 元，如图 7.5.2 所示。

A6 =EXP(D3*SQRT(F6))

	A	B	C	D	E	F	G
1	股票价格	执行价格	无风险利率	波动率	到期时间	阶段数	
2	S	X	r	σ	T	N	
3	50	55	5%	0.2	0.5	5	
4			计算结果				
5	u	d	α	p	1-p	△t	
6	1.0653	0.9387	1.0050	0.5238	0.4762	0.1000	
7	期权类型：1=看涨 0=看跌			1			68.60
8							13.60
9						64.39	
10						9.67	
11					60.45		60.45
12					6.38		5.45
13				56.74		56.74	
14				4.03		2.84	
15			53.26		53.26		53.26
16			2.46		1.48		0.00
17	股票价格	50		50.00		50.00	
18	看涨期权价格	1.47		0.77		0.00	
19			46.94		46.94		46.94
20			0.40		0.00		0.00
21				44.06		44.06	
22				0.00		0.00	
23					41.36		41.36
24					0.00		0.00
25						38.82	
26						0.00	
27							36.44
28							0.00

图 7.5.2　多阶段二叉树美式看涨期权定价

10. 我们把 D7 单元格的值改为 0，我们就得到了美式看跌期权的价格，其为 5.54 元，如图 7.5.3 所示。

这里我们仅把期权的有效期分为 5 个阶段，如果把期权的有效期分为更

C6 　fx =EXP(C3*F6)

	A	B	C	D	E	F	G
1	股票价格	执行价格	无风险利率	波动率	到期时间	阶段数	
2	S	X	r	σ	T	N	
3	50	55	5%	0.2	0.5	5	
4			计算结果				
5	u	d	α	p	1-p	Δt	
6	1.0653	0.9387	1.0050	0.5238	0.4762	0.1000	
7	期权类型：1=看涨 0=看跌			0			68.60
8							0.00
9						64.39	
10						0.00	
11					60.45		60.45
12					0.39		0.00
13				56.74		56.74	
14				1.53		0.82	
15			53.26		53.26		53.26
16			3.30		2.80		1.74
17	股票价格	50		50.00		50.00	
18	看跌期权价格	5.54		5.28		5.00	
19			46.94		46.94		46.94
20			8.06		8.06		8.06
21				44.06		44.06	
22				10.94		10.94	
23					41.36		41.36
24					13.64		13.64
25						38.82	
26						16.18	
27							36.44
28							18.56

图 7.5.3　多阶段二叉树美式看跌期权定价

多阶段，我们的计算也将会更复杂，但与此同时我们给出的期权的价值也会更加精确。

第六节　最小叉熵推导二叉树定价模型中的 p,d,u

为了解决二叉树期权定价中所求风险中性概率有时候为负的问题，我们这里介绍一种用最小叉熵法来推导二叉树定价模型中的 p,u,d。我们把标的资产（股票）价格看成一个信息系统，根据以往股票价格的历史信息给出股票价格的一个概率密度作为先验（已知）概率密度，然后在当前股票价格变化的随机变量的矩约束下，用最小叉熵方法来预测 $n\Delta t$ 时间点末的股票价格分布最靠近先验概率的概率密度，从而得到参数 p,u,d。

在二叉树模型中，$n\Delta t$ 时刻末股票在一定概率分布下达到未来的价格状态，在信息不完全的情况下，存在先验概率，我们可以采用最小叉熵方法来求最靠近先验概率的概率分布，这是简洁实效的方法。它强调若想使待求的概率分布在服从已知信息（约束）的条件下，尽可能地靠近一个先验概率的概率分布，则必须令叉熵函数极小化。在已知股票价格变化的历史信息下，依据股票价格变化的均值和方差来求二叉树模型的参数，所以我们的目标函数为股票价格在某个时间点末的概率分布值。具体求解思路如下：

首先根据股票价格的历史数据来计算先验概率 q。我们记 S_h，$h=-1,-2,\cdots,-H$ 为 S_0 前 H 时刻的股票价格，根据二叉树的变化规律有：

$$q_1 u_1 S_{-H}+(1-q_1)d_1 S_{-H}=S_{-H+1} \tag{1}$$

$$q_1^2 u_1^2 S_{-H}+q_1(1-q_1)u_1 d_1 S_{-H}+(1-q_1)^2 d_1^2 S_{-H}=S_{-H+2} \tag{2}$$

$$q_1^3 u_1^3 S_{-H}+q_1^2(1-q_1)u_1^2 d_1 S_{-H}+q_1(1-q_1)^2 u_1 d_1^2 S_{-H}+(1-q_1)^3 d_1^3 S_{-H}=S_{-H+3} \tag{3}$$

由上面的(1)(2)(3)式，我们可以得出 q_1,u_1,d_1，然后就可以计算 $qu_1S_{-H}+(1-q)d_1S_{-H}=e^{r\Delta t}S_{-H}$，求得先验概率 q 的值。其次，我们用最小叉熵方法求最靠近 q 的二叉树期权定价的参数，具体模型为：

$$\begin{cases}\min \quad p\ln\dfrac{p}{q}+(1-p)\ln\dfrac{1-p}{1-q} \\ \qquad pu+(1-p)d=e^{r\Delta t} \\ \qquad pu^2+(1-p)d^2=e^{2r\Delta t+\sigma^2\Delta t} \\ s.\ t. \qquad u>1 \\ \qquad 0<d<1 \\ \qquad 0\leqslant p\leqslant 1\end{cases} \tag{4}$$

在(4)式中，未知变量是 p,u,d，已知变量是 $r,\sigma,\Delta t,q$，目标函数表示股票价格在未来某个时间点末最靠近先验概率的未来价格状态的概率分布；约束1和约束2根据无套利和风险中性条件表示未来某个时间点股票价格变化描述的一、二阶矩约束的变化形式；约束3、4、5分别表示参数 u,d,p 在经济现象中的实际含义，故而有相应的界限。显然由(4)式求出的参数 p 不会为负，这样也就解决了风险中性概率 p 有时出现负值的问题。

下面通过一个例子来具体说明通过最小叉熵确定的 p, u, d[①] 是如何在 Excel 中得以实现的。

这里仅仅介绍当求得先验概率 q 的值后，如何确定 p, u, d。

【例 7.6.1】 已知求得的先验概率 $q=0.4$，无风险收益率为 0.05(连续复利)，波动率 $\sigma=0.3$，$\Delta t=1/6$，求 u, d, p。

解：(1)根据题目的要求和公式(3)输入数据和公式，如图7.6.1所示。

	A	B	C	D	E	F
1	r	0.05	p	0.4	q	0.40
2	σ	0.3	u	2		
3	Δt	1/6	d	0.5		
4						
5	min	0.0000				
6	s.t.	1.1000	p*u+(1-p)*d	=	1.008368	
7		1.7500	p*u^2+(1-p)*d^2	=	1.032173	
8			u	>	1	
9	0	<	d	<=	1	
10	0	<=	p	<=	1	

图 7.6.1　二叉树看涨期权定价的参数表

(2)单击 B5 单元格，然后单击“工具/规划求解”，在弹出的对话框中按要求输入，如图 7.6.2 所示。

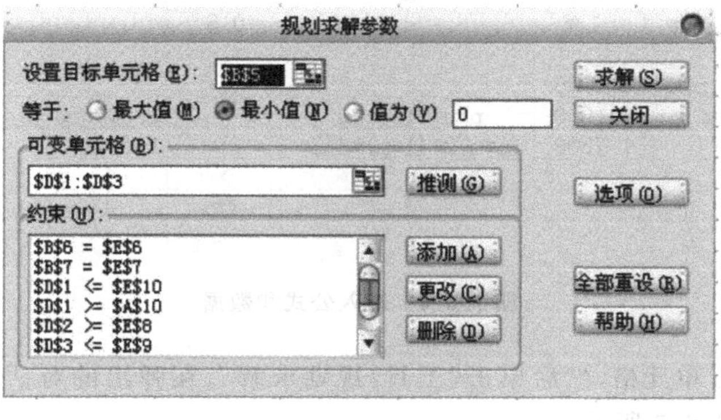

图 7.6.2　规划求解的约束输入

① 这里我们仅仅介绍当我们求得先验概率 q 的值后，如何确定 p, u, d。

(3)最后点击“求解”按钮，就得到所要求的 p,u,d，如图7.6.3所示。

	A	B	C	D	E	F
1	r	0.05	p	0.4	q	0.40
2	σ	0.3	u	1.160192		
3	Δt	1/6	d	0.907152		
4						
5	min	0.0000				
6	s.t.	1.0084	p*u+(1-p)*d	=	1.008368	
7		1.0322	p*u^2+(1-p)*d^2	=	1.032173	
8			u	>	1	
9	0	<	d	<=	1	
10	0	<=	p	<=	1	

图 7.6.3　规划求解的计算结果

如果只将本例的波动率改为 $\sigma=0.01$ 的话，由于波动率 σ 很小，由第四节的公式 $u=e^{\sigma\sqrt{\Delta t}}$、$\alpha=e^{rT}$ 以及 $p=(\alpha-d)/(u-d)$，可得：$u=1.004090828$，$d=0.995926$，$\alpha=1.008368$，$p=1.52386$，这是与我们所熟知的概率的定义相矛盾的。为了克服这个问题，可以采用最小叉熵方法来确定 u,d,p。根据题目的要求和公式(3)输入数据和公式，如图 7.6.4 所示。

	A	B	C	D	E	F
1	r	0.05	p	0.4	q	0.40
2	σ	0.3	u	2		
3	Δt	1/6	d	0.5		
4						
5	min	0.0000				
6	s.t.	1.1000	p*u+(1-p)*d	=	1.008368	
7		1.7500	p*u^2+(1-p)*d^2	=	1.032173	
8			u	>	1	
9	0	<	d	<=	1	
10	0	<=	p	<=	1	

图 7.6.4　输入公式和数据

单击 B5 单元格，然后单击“工具/规划求解”，在弹出的对话框中按要求输入，如图 7.6.5 所示：

最后点击“求解”按钮，就得到我们所要求的 p,u,d，如图 7.6.6 所示：

这样我们就得到了 $p=0.4$，$u=1.1602$，$d=0.9071$，避免了在波动率较低的情况下风险中性概率出现大于 1 的情况。

图 7.6.5　新的规划求解公式和数据输入

	A	B	C	D	E	F
1	r	0.05	p	0.4	q	0.40
2	σ	0.3	u	1.160192		
3	△t	1/6	d	0.907152		
4						
5	min	0.0000				
6	s.t.	1.0084	p*u+(1-p)*d	=	1.008368	
7		1.0322	p*u^2+(1-p)*d^2	=	1.032173	
8			u	>	1	
9	0	<	d	<=	1	
10	0	<=	p	<=	1	

图 7.6.6　新的规划求解公式和数据输入

第八章

房屋抵押按揭贷款及ARM

第一节 按等额摊还法计算的房屋抵押按揭贷款还款表

一、例子与假设

【例 8.1.1】 为了计算等额摊还法之下的房屋商业抵押按揭贷款的还款表，作为一个一般的例子，我们需要进行一些假设。

假设 1：按揭贷款的本金为 10 万元，因为就算是更多的借款基本上也都可以表示为这种“标准借款”的某个倍数。

假设 2：每年计复利 2 次，这是商业银行的一般做法。

假设 3：按揭贷款的期限设定为 10 年也即 120 个月。虽然有些商业银行允许客户进行长达 30 年的商业抵押按揭贷款，但过长的期限利息累计是相当高的，而且有些商业银行还限定不允许提前还款。

假设 4：按揭贷款的年利率为 6%，这与目前国内的情况是相差不多的。当然，按揭的年利率只是一个风向标，是随央行的利率调整而调整的，而真正在按揭贷款的还款现金流计算中起作用的是实际月利率。在我们的 Excel 模板中，年利率只是一个可变的外生参数，月利率是依据年利率计算而得的，这些都是可以调整变化的。而这正是 Excel 所见即所得的优势所在，在构造好的 Excel 模板中可以模拟许多我们感兴趣的情况变化，包括商业按揭利率的调整、贷款的额度、年计复利的次数、贷款的期限甚至是逐期安排的还款现金流。

二、实际的计算过程

在给定年利率 r_Y 的情况下计算实际月利率 r_M，最简单的情况是将年利率 r_Y 除以 12，但这样做是有误差的，这相当于年计复利 12 次。如果计息周期是每年 2 次的话，那么，实际月利率应该这样计算：

$$r_M=(1+r_Y/2)^{1/6}-1 \tag{8.1.1}$$

更一般的情况是：如果每年计复利 m 次的话，实际月利率应为：

$$r_M=(1+r_Y/m)^{m/12}-1 \tag{8.1.2}$$

因为有 $(1+r_Y/m)^m=(1+r_M)^{12}$ 成立。特别当 $m=1$ 或 12 时，(8.1.2)式给出的实际月利率分别为：

$$r_M=(1+r_Y)^{1/12}-1,\ r_M=(1+r_Y/12)^{12/12}-1=r_Y/12 \tag{8.1.3}$$

以上讨论的复利计算，其计息周期都有一定的时间间隔，我们称为间断复利。当复利的时间间隔趋于 0，即上式中的 $m\to\infty$ 时，则为连续复利，此时有：

$$r_{EM}=\lim_{m\to+\infty}[(1+r/m)^m-1]=e^r-1 \tag{8.1.4}$$

当然，在 Excel 里面，A2、B2、C2、D2 单元格里的参数都是可以随时修改的，随着这些参数的修改，后面相关的计算结果也会自动修改见图 8.1.1。

E2 单元格里的计算公式为："=(1+$D$2/$B$2)^$B$2/12)-1"，其实就是(8.1.2)式的计算，然后我们将 D2:E2 单元格用鼠标画黑，点"格式"中的"单元格"，然后会弹出如图 8.1.2 的窗口，点"百分比"，调整"小数位数"为 4，结果得到了实际月利率为：0.4939%(见图 8.1.1 中的 E2 单元格)。

图 8.1.1 中 F2 单元格里的月供则使用 Excel 的内部函数 PMT 来计算。PMT 函数是年金函数，在已知年利率、期数及现值或终值的条件下，返回年金，也即投资(或贷款)的每期付款额(包括本金和利息)。其表达式为：

PMT(rate,nper,pv,fv,type) (8.1.5)

式中：rate 为各期利率；nper 为总投资(或贷款)期数，即付款期总数；pv 为现值，或为最初投资额、资本本金；fv 为终值，或在最后一次支付后希望得

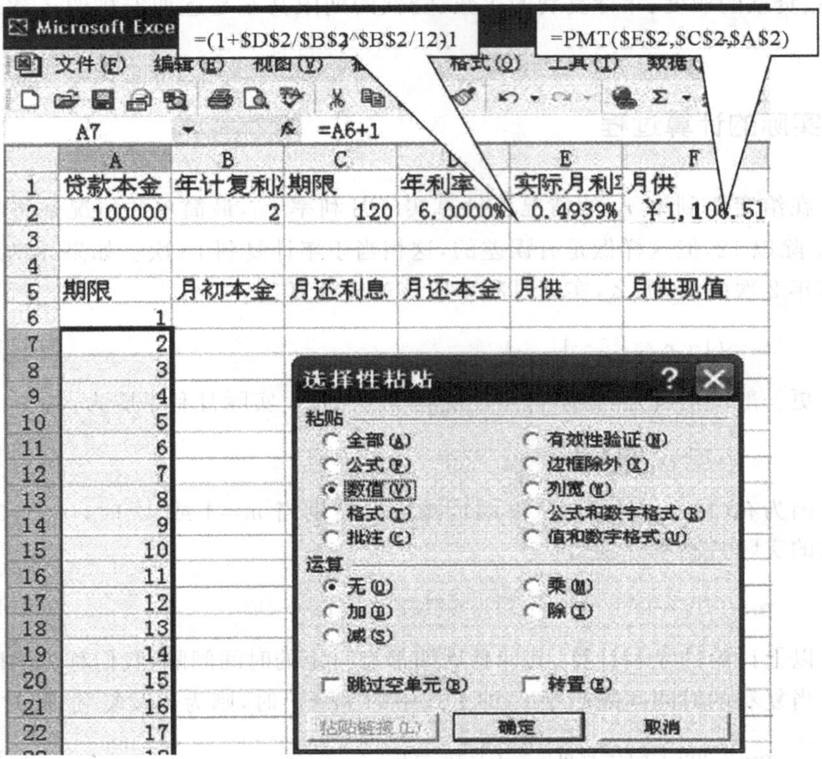

图 8.1.1　房屋按揭例 8.1.1 的表头输入

到的现金余额，如果省略，则假设其值为零；type 为数字 0 或 1，用以指定各期的付款时间是在期初还是期末。

F2 单元格里的实际计算公式为："＝PMT（＄E＄2，＄C＄2，－＄A＄2）"，其单元格格式是自然分币制的货币，计算结果为：￥1 106.51 元（见图 8.1.1 中的 F2 单元格）。

接下来，我们在 A5：F5 区域分别给出变量名："期限"、"月初本金"、"月还利息"、"月还本金"、"月供"和"现值"。然后先在 A6 单元格里输入数字："1"，在 A7 单元格里给出公式："＝A6＋1"，下面就可以将 A7 单元格下拉到 A125 单元格。

由于有公式附着在 A 列变量中会影响后面的单变量求导进程，所以，我们还需要对 A7：A125 区域进行选择性复制粘贴，过程如下：

第一步先画黑 A6：A125 区域（事实上在下拉复制 A6 单元格公式完成

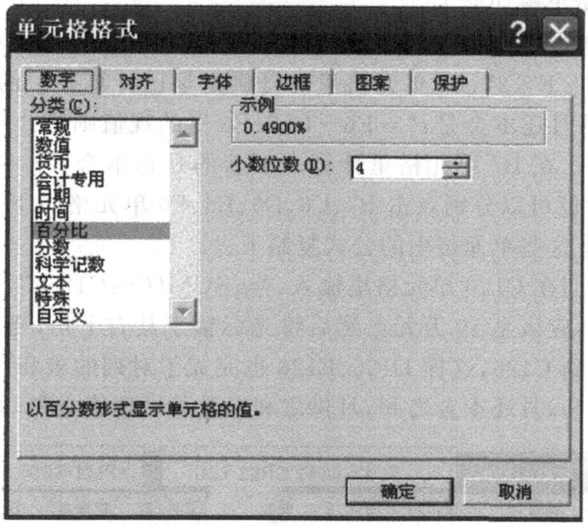

图 8.1.2　百分比的格式调整

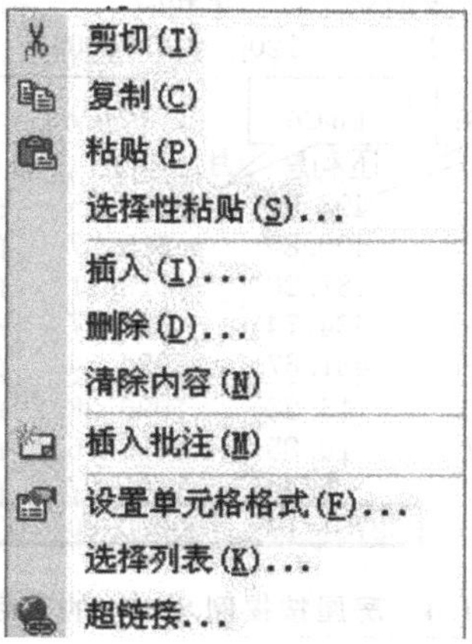

图 8.1.3　右键点击单元格调出可操作的功能窗口

后，这一步也已经完成)；第二步对选定的区域进行复制；第三步右键点击 A7 单元格，会弹出一个窗口，如图 8.1.3。在弹出的窗口里选择："选择性粘贴"，再在弹出的新窗口中选择"粘贴数值"(见图 8.1.1 中下方"选择性粘贴"的窗口)，这样处理之后就可以消除 A 列数字背后所附着的公式，进而可以使用

Excel 的单变量求解功能了。

B6 单元格的月初本金肯定是:“＝＄A＄2”;C6 单元格里利息的计算公式为:“＝B6 * ＄E＄2”;E6 单元格里的月供是早已计算好了的“＝＄F＄2”;D6 单元格里的月还本金是:“＝E6－C6”;F6 里的现值则是:“＝E6/(1＋＄E＄2)^A6”;最后,在 B7 单元格里计算一下新的月初本金:“＝ROUND(B6－D6,2)”。然后就可以分别点击 B7、C6、D6、E6、F6 单元格右下角出现的鼠标十字星,从而将这些单元格中的公式复制下去。

接下来我们在 C126 单元格里输入:“＝SUM(C6:C125)”,计算还款现金流的现值之和,应该是 10 万元。然后将光标置于其右下角,当出现十字星时可将其向左拉到 C126,这样 D126、E126 也完成了对列的求和计算,分别意味着月还利息之和、月还本金之和、月供之和以及月供现值之和(见图 8.1.4)。

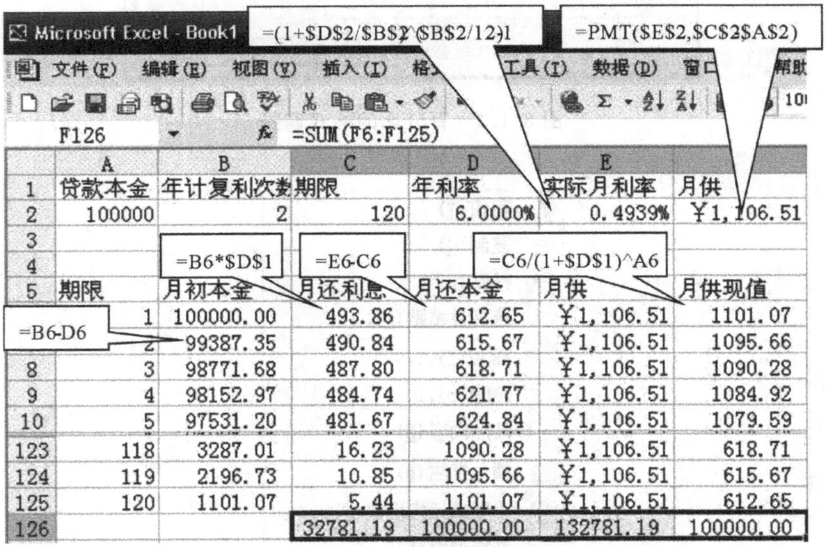

	A	B	C	D	E	F
1	贷款本金	年计复利次数	期限	年利率	实际月利率	月供
2	100000	2	120	6.0000%	0.4939%	￥1,106.51
3						
4						
5	期限	月初本金	月还利息	月还本金	月供	月供现值
	1	100000.00	493.86	612.65	￥1,106.51	1101.07
	2	99387.35	490.84	615.67	￥1,106.51	1095.66
8	3	98771.68	487.80	618.71	￥1,106.51	1090.28
9	4	98152.97	484.74	621.77	￥1,106.51	1084.92
10	5	97531.20	481.67	624.84	￥1,106.51	1079.59
123	118	3287.01	16.23	1090.28	￥1,106.51	618.71
124	119	2196.73	10.85	1095.66	￥1,106.51	615.67
125	120	1101.07	5.44	1101.07	￥1,106.51	612.65
126			32781.19	100000.00	132781.19	100000.00

图 8.1.4　房屋按揭例 8.1.1 的实际计算

三、计算结果的分析与调整

从该图中我们可以发现:

(1)在 6%年利率下(2009 年底 5 年期以上房屋按揭贷款基准利率为年利率 7.2%,但大多数客户可以打到 8～8.5 折),等额摊还法 10 年期 10 万元贷款的月还款额或者说月供为:1 106.51 元,实际月利率为:0.4939%。

(2)每月偿还的利息由高到低,由每月偿还 493.86 元到每月偿还 5.44 元,累计偿还了 32 781.19 元;而每月偿还的本金由低到高,由每月偿还612.65元到每月偿还 1 101.07 元,累计偿还了 100 000 元;月供累计还款132 791.19元是所还利息与本金的和。与后面等本金还款法相比,这里所还的利息是比较高的。因为早期月供中所还的利息比较多,所还的本金比较少,因此加重了后面的利息负担。而等本金还款法由于月供本金还款是等额的,所以,前期还款相对较多,减少了后面的利息负担,但同时加大了前期的还款负担。

(3)如果是提前还款,例如 4 个月后就还款的话应该按照第 5 个月初的本金余额一次性还款 97 531.20 元。当然,相应的银行还应退还 115 个月的按揭保险费,并扣除一定数量的提前还贷手续费。

(4)虽然每月还款额的累计达到了 132 781.19 元,但还款现金流的现值之和仍然只有 10 万元,这意味着银行并没有多收你的钱。图 8.1.1 中 F126 单元格的现金流现值之和是由 F6:F125 区域各单元格计算现值,然后在 F126 单元格将 F6:F125 区域各单元格数字求和两步而成,事实上,我们也可以在 F126 单元格里直接输入公式:"=NPV($D$1,$C$6:$C$125)"一步即可计算到位。

F4 ▼ fx =PMT($E$4,116,-$B$10)

	A	B	C	D	E	F
1	贷款本金	年计复利次数	期限	年利率	实际月利率	月供
2	100000	2	120	6.0000%	0.4939%	¥1,106.51
3				新年利率	新月利率	新月供
4				6.2500%	0.5142%	¥1,118.40
5	期限	月初本金	月还利息	月还本金	月供	月供现值
6	1	100000.00	493.86	612.65	¥1,106.51	1101.07
7	2	99387.35	490.84	615.67	¥1,106.51	1095.66
8	3	98771.68	487.80	618.71	¥1,106.51	1090.28
9	4	98152.97	484.74	621.77	¥1,106.51	1084.92
10	5	97531.20	501.48	616.92	¥1,118.40	1090.09
11	6	96914.28	498.31	620.09	¥1,118.40	1084.51
123	118	3321.00	17.08	1101.33	¥1,118.40	610.62
124	119	2219.67	11.41	1106.99	¥1,118.40	607.50
125	120	1112.68	5.72	1112.68	¥1,118.40	604.39
126			34160.96	100000.00	134160.96	99922.71

图 8.1.5 例 8.1.1 中提前还贷的情况

由于房屋按揭贷款的利率是经常性调整的,在还款期内随着利率的调整,月还款额一般也要变动。如果按揭贷款利率调低,则月还款额也随着调低;如果按揭贷款利率调高，则月还款额也随着调高。在我们的例子里，如果假设客户刚还款 4 个月后就是下一年的年初，按揭利率由年利率 6%调整到 6.25%的话，那么，就需要计算新的月实际利率、新的月供以及新的月供现值了。具体方法是：

第一步：在 E3、D3、E3 单元格里分别输入："新年利率"、"新月利率"、"新月供"；

第二步：在 D4、E4、F4 单元格里分别输入："6.2500%"、"=(1+$D$4/$B$2)^($B$2/12)-1"、"=PMT($E$4,116,-$B$10)"；

第三步：在 C10、E10、F10 单元格里分别输入："=B10*$E$4"、"=$F$4"、"=E10/(1+$E$4)^A10"。

然后将 C10、E10、F10 单元格里向下拉，最后的计算结果如图 8.1.5。结果我们看到，由于调高了年利率，最后造成累计偿还利息由原来的 32 781.19 元上升为 34 160.96 元；累计偿还月供也由原来的 132 781.19 元上升为 134 160.96元；但月供现金流的现值之和由原来的 10 万元下降为 99 922.71 元，只有本金偿还没有变化，因为它是月供偿还与利息偿还之间的差值。在年利率上调 0.25%的情况下，利息和月供的偿还累计值都增加了 1 379.77 元，月供现金流的现值却下降了 77.39 元，这是因为在利率调高之后，现值开始按照新的调高了的贴现率进行贴现了，现值也就降低了。这意味着在调高了的贴现率之下，前面 4 个月的还款是不足的，所以造成还款现金流现值之和的下降。

第二节　按等本金还款法计算的房屋抵押按揭贷款还款表

等额摊还法每个月月供中的本金偿还额是不一样的，利息偿还额也是不一样的，只有月供是一样的。与等额摊还法相比，等本金还款法每个月的月供是不一样的，利息也是不一样的，但月供中的本金偿还是一样的。因此，随着剩余还款期数的减少以及本金的等额偿还，每月需要偿还的利息在不断减少，导致每月的月供也在不断减少，见图 8.2.1。

计算等本金还款法的现金流量可采取如下步骤：

第一步：在 Excel 中将等额摊还法的工作表复制粘贴到另外一个工作表中。

第二步：修改 D6 单元格里的月还本金，现在的计算公式是："=$A$2/

E6 =C6+D6

	A	B	C	D	E	F
1	贷款本金	年计复利次数	期限	年利率	实际月利率	
2	100000	2	120	6.0000%	0.4939%	
3				新年利率	新月利率	
4				6.2500%	0.5142%	
5	期限	月初本金	月还利息	月还本金	月供	月供现值
6	1	100000.00	493.86	833.33	¥1,327.20	1320.67
7	2	99166.67	489.75	833.33	¥1,323.08	1310.11
8	3	98333.33	485.63	833.33	¥1,318.96	1299.61
9	4	97500.00	481.52	833.33	¥1,314.85	1289.19
10	5	96666.67	477.40	833.33	¥1,310.73	1278.84
123	118	2500.00	12.35	833.33	¥845.68	472.87
124	119	1666.67	8.23	833.33	¥841.56	468.25
125	120	833.33	4.12	833.33	¥837.45	463.68
126			29878.66	100000.00	129878.66	00000.00

图 8.2.1 等本金还款法的实际计算

＄C＄2”,这意味着等额摊还。

第三步:修改 E6 单元格里的月供,现在的计算公式是:“＝C6＋D6”,成为后定的而非前定的了。

第四步:只要将 D6、E6 单元格的公式向下复制就可以完成等本金还款法的还款表计算。

此时,我们看到,与等额摊还法相比,等本金还款法的利息偿还只有 29 878.66元,比等额摊还法的 32 781.19 元下降 2 902.53 元;月供偿还也一样,只偿还了 129 878.66 元,也是下降了 2 902.53 元。但本金的偿还以及月供现金流的现值之和都是一样的 10 万元。

但这其实并不意味着等本金还款法要好于等额摊还法,因为虽然等本金还款法所偿还的利息总和要少一些,但其前期还款的压力要大得多。等额摊还法的月供为 1 106.51 元,但等本金还款法的第一个月供高达 1 327.20 元,多出 220.69 元。

那么等本金还款法的月供随利率如何调整呢?我们给出一个利率下调的例子。我们仍然假设客户刚刚还款 4 个月就是面临利率调整的新的年初,利率由 6%下调到 5.75%。此时我们所做的修改只有 C10 和 F10 单元格(见图 8.2.2)。

在 C10 单元格里输入:“＝B10＊＄E＄4”,只是将表示实际月利率参数的＄E＄2 改为了＄E＄4。当月的利息偿还由 53.1 元下降为 47.7 元,当月的月

F10 fx =E10/(1+$E$4)^A10

	A	B	C	D	E	F
1	贷款本金	年计复利次数	期限	年利率	实际月利率	
2	100000	2	120	6.0000%	0.4939%	
3				新年利率	新月利率	
4				5.7500%	0.4735%	
5	期限	月初本金	月还利息	月还本金	月供	月供现值
6	1	100000.00	493.86	833.33	¥1,327.20	1320.67
7	2	99166.67	489.75	833.33	¥1,323.08	1310.11
8	3	98333.33	485.63	833.33	¥1,318.96	1299.61
9	4	97500.00	481.52	833.33	¥1,314.85	1289.19
10	5	96666.67	457.74	833.33	¥1,291.07	1260.94
123	118	2500.00	11.84	833.33	¥845.17	484.01
124	119	1666.67	7.89	833.33	¥841.23	479.48
125	120	833.33	3.95	833.33	¥837.28	474.98
126			28728.62	100000.00	128728.62	100076.76

图 8.2.2 等本金还款法的提前还贷情况

还款额由 477.40 元下降为 457.74 元，整个还款期内的利息还款累计也由 29 878.66元下降为 28 728.62 元，下降了 1 150.04 元。这一变化连带着将月供总额也由 129 878.66 元下降为 128 728.62 元，下降了 1 150.04 元。

在 F10 单元格里输入："＝E10/(1＋＄E＄4)^A10"，也是只将表示贴现率的实际月利率参数由＄E＄2 改为了＄E＄4。此时，月供的现金流现值之和由 10 万元上升为 100 076.76 元。这是因为调低了利率之后，贴现率也相应下调，在下调了的贴现率之下，月供现值的计算结果就上升了，因此月供现值之和也上升了。这也意味着在下调利率之前的月供是超额缴纳了，所以，使得月供的现值提高了。

在上面的分析中，我们利用 Excel 制作了计算的模板，随着参数的改变，Excel 会自动生成新的实际月利率、新的月还款额及其分解、新的净现值等。

第三节　美国的 ARM 与次级债风波

一、美国的 ARM

美国的 ARM(adjustable rate mortgaged)是利率可调的抵押贷款，说是利率可调，其实调整的是月供。因为利率是市场化的，是外生的，是无法人为调整的。但根据净现值为零的无套利原则，只要借款人还给银行的现金流的现值之和等于贷款额，以怎样的一个现金流还款其实是一个很随意的问题。

1981年，美国监管当局授权抵押贷款人可以发放利率可调整的抵押贷款，调整期限一般有3年、5年、7年，还有选择性调整的品种(option ARMs)。该类贷款的初期利率被人为设定得很低，每月按揭支付很低而且固定，但与正常月供相差的利息支付部分被自动转为欠款计入本金追加，这叫做"负分期偿还"(negative amortization)。这样一来，贷款人在每月还款之后会欠银行更多的钱。到了利率重设期时，利率开始被突然调高，按揭还款的数量也陡然增加。

ARM出现之后立刻受到市场的追捧，加之推出该项业务的各商业银行为了占领市场，对贷款人的信用审核流于形式。许多贷款人根本没有正常的收入证明，只要自己报上一个数字就行。这些数字还往往被夸大，因此ARM贷款被业内人士称为"骗子贷款"。之所以出现这种情况，一是人们普遍认为房地产的价格会不断上涨，虽然ARM还款的压力会不断增大，但一方面人们总是预期收入会不断增加；另一方面，人们总是抱着侥幸心理，认为只要能及时将房屋出手，就不会被陡然增加的还款压力所击倒；二是人们总是想当然地认为房地产价格上涨的速度会快于利息负担的增加，房屋出租价格的提升速度也会快过按揭还款增加的速度，因此，ARM的风险被人为地低估了。

其实，在ARM产品中"埋放"着两颗重磅定时炸弹，其一是"月供惊魂"(payment shock)，其二是"最高贷款限额"，如果按揭贷款的市场利率持续走高，而房价持续下滑，将自动引发这两个定时炸弹。随着ARM产品的利率重设，贷款人将发现他们的每月按揭支付额会大幅度增加，贷款人可能会无力继续偿还贷款，这个就叫月供惊魂。即使人们可以暂时不去考虑几年之后的利率定时重设，但是由于在Negative Amortization中有一个限制，就是累积起来的欠债不得超过原始贷款总额的110%到125%，即最高贷款限额。一旦触及这个限额，又会自动触发贷款的利率重设，加快还款节奏。由于贪图低利率的诱惑和第一年还款压力较小的便宜，多数人选择了尽可能低的月供额。例如每月正常的按揭应付1 000美元利息，你可以选择只付500美元，那么，另外500美元利息差额并非被免除，而是被自动计入贷款本金，这种累积的速度会使贷款人在触到5年重设贷款期限之前，就会引爆"最高贷款限额"这颗定时炸弹。

二、美国的次级债危机与ARM的关系

如果我们将最近美国爆发的次级债危机形容成在一个金融产业链条上发

生的相互影响的一连串事件的话，那么，在这个链条上发生的第一件事情可能就是由于房地产市场价格出现拐头向下所引发的ARM次级信用客户违约。

按照客户的信用等级，美国的按揭贷款市场可以分为三个层次：优质贷款市场(prime market)、"ALT－A"贷款市场和次级贷款市场(subprime market)。其中优质贷款市场面向信用等级高(信用分数在660分以上)、收入稳定可靠、债务负担合理的优良客户，这些人主要是选用最为传统的30年或15年固定利率的按揭贷款。次级贷款市场面向信用分数低于620分、收入证明缺失、负债较重的人。而"ALT－A"贷款市场则面向前二者市场之间的庞大灰色客户群，既包括信用分数在620到660之间的主流阶层，又包括分数高于660的高信用度客户中的相当一部分人。

次级市场总规模大致在1.3万亿美元左右，其中有近半数的人没有固定收入的凭证，这些人的总贷款额在5 000～6 000亿美元之间。显然，这是一个高风险的市场，其回报率也较高，它的按揭贷款利率大约比基准利率高2%～3%。

据统计，2006年美国房地产按揭贷款总额中有40%以上的贷款属于"ALT－A"和次级贷款产品，总额超过4 000亿美元，2005年比例甚至更高。从2003年算起，"ALT－A"和次级贷款这类高风险按揭贷款总额超过了2万亿美元。目前，次级贷款超过60天的拖欠率已逾15%，正在快速扑向20%的历史最新纪录，220万次级人士将被银行扫地出门。而"ALT－A"的拖欠率在3.7%左右，但是其幅度在过去的14个月里翻了一番。可见，美国的次级债风波还远远没有过去。

(一)不触动"最高贷款限额"时的情况

【例8.3.1】我们仍然使用例8.1.1的数据，但前5年的月供我们按照300计算，当然并不是银行发善心降低了利率，而是出于扩大市场的需要，提供前5年按揭月供支付较低的贷款品种。但羊毛出在羊身上，前5年支付低月供对银行造成的现金流减少是以后5年高月供增大了的现金流来弥补的。

我们可以将前面等额摊还法的工作表复制粘贴过来，见图8.3.1。与前面第一节不同，为了看起来方便，在那里我们隐去的是7～117行，在这里我们隐去了7～58行以及63～117行。此时F2单元格里的月供不是计算出来的，而是我们约定的300元。当然这是银行的客户经理与次级信用客户面对面谈成的条件，可以是任何客户可以接受的数额，而不一定就是300元。用意在于使那些收入较低的客户在无法偿还每月1 100元月供的情况下，通过设计一个前期较低的月供以便接受贷款。

这种降低了的月供并非意味着降低了的利率，事实上300元的月供根本

F4 fx =PMT($E$2, 60, -$B$66)

	A	B	C	D	E	F
1	贷款本金	年计复利次数	期限	年利率	实际月利率	月供
2	100000	2	120	6.0000%	0.4939%	￥300.00
3					新月利率	新月供
4					0.4939%	￥2,190.39
5	期限	月初本金	月还利息	月还本金	月供	月供现值
6	1	100000.00	493.86	-193.86	￥300.00	298.53
7	2	100193.86	494.82	-194.82	￥300.00	297.06
8	3	100388.68	495.78	-195.78	￥300.00	295.60
9	4	100584.46	496.75	-196.75	￥300.00	294.15
10	5	100781.21	497.72	-197.72	￥300.00	292.70
11	6	100978.93	498.70	-198.70	￥300.00	291.26
64	59	112982.97	557.98	-257.98	￥300.00	224.33
65	60	113240.95	559.25	-259.25	￥300.00	223.23
66	61	113500.20	560.53	1629.86	￥2,190.39	1621.85
67	62	111870.34	552.49	1637.91	￥2,190.39	1613.88
123	118	6506.80	32.13	2158.26	￥2,190.39	1224.78
124	119	4348.54	21.48	2168.92	￥2,190.39	1218.76
125	120	2179.63	10.76	2179.63	￥2,190.39	1212.77
126			49423.51	100000.00	149423.51	100000.00

图 8.3.1 ARM 还款现金流的实际计算

不够支付开始时 10 万元每个月 493.86 元的利息(见图 8.3.1 中的 C6 单元格)。随着低月供的偿还,所欠利息也被计入客户欠银行的本金项目上,因此,客户欠银行的本金越来越多(见图 8.3.1 的 B 列)。

假设银行的客户经理答应了次级信用客户前 5 年每个月只需偿付银行 300 元的月供,后 5 年则重新调整。这里调整的也不是利率,而是月供。所依据的就是经过前 5 年共计 60 个月的还款,次级信用客户欠银行的钱已经累计到 113 500.20元(见图 8.3.1 中 B66 单元格中的月初本金),现在需要客户在 60 个月里偿还,因此,新的月供为 F4 单元格里的计算公式:"=PMT($E$2,60,−$B$66)",等于2 190.39元,这相当于原来 300 元月供的 7 倍多。如果次级信用客户无力偿还这个激增之后的月供,同时又无法卖掉房子的话,也就只有违约一条路了。一旦违约率上升,所有基于房地产商业按揭贷款的衍生金融产品,诸如 MBS、CMO、CDO、CDS 就都会跌价,造成持有这些金融资产的金融机构大面积亏损甚至倒闭。这就是这次美国次级债危机的来源。

ARM 的实际计算其实就是按照等额还款法计算的,月还利息仍然是按照 6%的年利率以及 0.4939%的月实际利率计算的,只不过前面 60 个月的月供不是计算的,而是直接确定的。虽然月供由 1 106.51 元下降到 300 元,但利息的偿还是不会变的,变化的只是本金的偿还降低了还款的速度,导致月初欠银行的本金反而增加了。与原来的等额摊还法相比，相当于在月初本金的序列里追加了少偿还的本金(D 列)累计。

后 5 年的月供改变为2 190.39元之后，马上改变了还款的速度，但由于前期还款较少，使得利息偿还总额上升到49 423.51元。其实月供现金流的现值之和还是 10 万元，银行没有学雷锋，但也没有亏本。如果按照利率调整来完成这个还款表，就相当麻烦了，见图 8.3.2。

D6 =SUM(F8:F127)

	A	B	C	D	E	F
1	贷款本金	年计复利次数	期限	年利率	实际月利率	月供
2	100000	2	120	6.0000%	0.4939%	￥300.00
3				前5年利率	新月利率	新月供
4				1.0000%	0.0832%	￥875.95
5				后5年利率	新月利率	新月供
6				18.4523%	1.4817%	￥2,190.39
7	期限	月初本金	月还利息	月还本金	月供	月供现值
8	1	100000.00	83.16	216.84	￥300.00	298.53
9	2	99783.16	82.98	217.02	￥300.00	297.06
10	3	99566.1			￥300.00	295.60
11	4	99348.9			￥300.00	294.15
12	5	99131.5			￥300.00	292.70
13	6	98914.0			￥300.00	291.26
65	58	87347.9			￥300.00	225.44
66	59	87120.5			￥300.00	224.33
67	60	86892.9			￥300.00	223.23
68	61	86665.25	1284.13	906.27	￥2,190.39	1621.85
69	62	85758.98	1270.70	919.69	￥2,190.39	1613.88
125	118	6381.15	94.55	2095.84	￥2,190.39	1224.78
126	119	4285.31	63.50	2126.90	￥2,190.39	1218.76
127	120	2158.41	31.98	2158.41	￥2,190.39	1212.77
128			49423.51	100000.00	149423.51	100000.00

图 8.3.2 按照利率调整的 ARM 还款现金流

首先，我们插入 2 行，给出新的表头。如果前 5 年我们假设银行客户经理与次级信用客户谈成的年利率为 1%，则月实际利率为0.0832%。此时的月还利息很低，第一个月只有 83.16 元，但这并非意味着银行会吃亏，因为月供的现金流现值的计算还是按照年利率 6%计算出来的实际月利率 0.4939%来贴现的。

此时，月供还是可以随意确定的，例如还是确定的 300 元，那么第一月还本金是 216.84 元。如果按照 1%的年利率计算月供的话，仍然高达 875.95 元。在 E8 单元格里输入“300”后，需要在 E9 单元格里输入：“＝E8”，以保持单元格的内在公式。然后下拉 E9 单元格到 E67，意味着前 5 年都是按照 300 元缴纳月供的。

F 列的计算并不改变，因此，在调整了利率之后 F128 单元格里的月供现金流现值之和并不等于 10 万元。为了确定后 5 年的月供和实际年利率，我们将鼠标放在 F128 单元格上，然后点“工具”中的“单变量求解”，会弹出一个窗口（见图 8.3.2 中的“单变量求解窗口”），目标单元格就是 F128，目标值我们设为100 000（元），将可变单元格设为＄D＄6，然后点“确定”，就可以得到 D6 单元格中的结果：18.4523%，这个就是调整后的年利率。相当于前 5 年给客户 1%的年利率，后 5 年给客户 18.4523%的年利率，相当于前者的 18 倍之多。

此时，新的月供变为2 190.39元，这与前面图 8.3.1 中的计算结果是完全一样的。可见，所谓利率调整其实就是月供调整。只要月供的现金流之和等于 10 万元，其实月供的现金流是可以随意设计的。关于这一点，后面我们还要讨论。

（二）触动“最高贷款限额”时的情况

【例 8.1.3】如果我们假设最高贷款限额是原始贷款的 110%的话，在上面的例子中，月供为 300 元时，到第 48 个月就已经触及 110%的最高贷款限额了。因此，月供的调整是在第 48 个月开始的，此时已还款 47 个月，还有 73 个月，要将剩下的本金110 227.50元还掉的话，新月供为1 802.16元（见图 8.3.3 中的 F4 单元格）。

F4 fx =PMT($E$2,73,-$B$53)

	A	B	C	D	E	F
1	贷款本金	年计复利次数	期限	年利率	实际月利率	月供
2	100000	2	120	6.0000%	0.4939%	￥300.00
3					新月利率	新月供
4					0.4939%	￥1,802.16
5	期限	月初本金	月还利息	月还本金	月供	月供现值
6	1	100000.00	493.86	-193.86	￥300.00	298.53
7	2	100193.86	494.82	-194.82	￥300.00	297.06
8	3	100388.68	495.78	-195.78	￥300.00	295.60
9	4	100584.46	496.75	-196.75	￥300.00	294.15
10	5	100781.21	497.72	-197.72	￥300.00	292.70
11	6	100978.93	498.70	-198.70	￥300.00	291.26
52	47	109984.33	543.17	-243.17	￥300.00	237.99
53	48	110227.50	544.37	1257.78	￥1,802.16	1422.64
54	49	108969.72	538.16	1264.00	￥1,802.16	1415.65
123	118	5353.51	26.44	1775.72	￥1,802.16	1007.69
124	119	3577.79	17.67	1784.49	￥1,802.16	1002.74
125	120	1793.30	8.86	1793.30	￥1,802.16	997.81
126			45657.44	100000.00	145657.44	00000.00

图 8.3.3 触及最高贷款限额的 ARM 还款现金流

此时，月供现金流的现值之和仍然是10万元，本金偿还累计额也是10万元。但利息偿还累计额为45 657.44元，低于第61个月才开始调整的利息累计额49 423.51元。

第四节　理性的ARM设计

其实，美国次级债危机的原因并非是金融衍生产品，金融衍生产品并没有错，错的是设计这些产品的人。例如ARM也可以设计得很人性化，并符合年轻人的收入类型。

【例8.4.1】假设新的ARM面向的是年轻的白领阶层，他们目前的收入虽然还不够高，但每年的收入都有一定的增长，我们设为10%（这个也是可以变的）。如果为了吸引他们接受贷款，我们也可以将第一年的月供定为较低的300元，下面看看还款表是怎样计算的。

我们将第三节里的工作表复制粘贴在新的工作表上，增加A3单元格为："年收入增长"，A4单元格先输入："10%"，E6单元格里第一月的月供仍然是"300"，E7单元格里输入："＝E6"，然后将其下拉至E17单元格。

在E18单元格里输入："＝E17＊(1＋＄A＄4)"，表示月供按10%的增长率增长，在E19单元格里输入："＝E18"，然后将其下拉至E29单元格；如此继续下去，分别在E30、E42、E54、E66、E78、E90、E102、E114单元格里输入等于前一个单元格里的月供乘以(1＋＄A＄4)的计算公式，分别在E30、E42、E54、E66、E78、E90、E102、E114单元格里输入等于前一个单元格的计算公式，然后下拉其至该年的第12个月。最后，将鼠标放在月供现金流的现值之和F126单元格上，使用单变量求解功能，如图8.4.1。

点击"确定"后，计算出月供的年增长率为29.44%。此时，月供现金流的现值之和仍然是10万元，本金偿还累计额也是10万元。但利息偿还累计额为49 261.86元，高于第48个月开始调整月供的ARM利息偿还累计额45 657.44元，低于第61个月才开始调整的利息累计额49 423.51元（见图8.4.2）。

如果我们坚持使用10%的月供增长率的话，那么可以将鼠标放在F126单元格上之后，选择单变量求解中的可变单元格为＄F＄2。此时，在10%收入以及月供增长率的前提下，我们计算出来的初始月供为727.09元，而不应该是300元（见图8.4.3）。

A4 =SUM(F6:F125)

	A	B	C	D	E	F
1	贷款本金	年计复利次数	期限	年利率	实际月利率	月供
2	100000	2	120	6.0000%	0.4939%	¥300.00
3	年收入增长					
4	10%					
5	期限	月初本金	月还利息	月还本金	月供	月供现值
6	1	100000.00	493.86	-193.86	¥300.00	298.53
7	2	100193.86	494.82	-194.82	¥300.00	297.06
16	11	101982.28	503.65	-203.65	¥300.00	284.18
17	12	102185.93	504.66	-204.66	¥300.00	282.78
18	13	102390.5			330.00	309.53
28	23	104186.8			330.00	294.65
29	24	104371.3			330.00	293.20
30	25	104556.8			363.00	320.94
31	26	104710.1			363.00	319.36
52	47	107740.5			399.30	316.77
53	48	107873.3			399.30	315.21
54	49	108006.81	533.40	-94.17	¥439.23	345.03
123	118	106635.03	526.63	180.75	¥707.38	395.54
124	119	106454.27	525.74	181.65	¥707.38	393.60
125	120	106272.62	524.84	182.54	¥707.38	391.66
126			63464.81	(6090.08)	57374.73	41260.49

图 8.4.1 理性的 ARM 设计

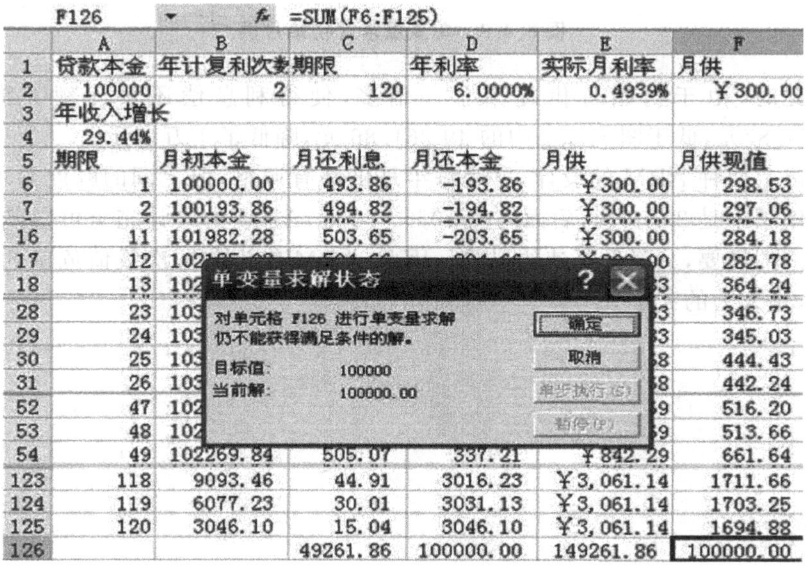

F126 =SUM(F6:F125)

	A	B	C	D	E	F
1	贷款本金	年计复利次数	期限	年利率	实际月利率	月供
2	100000	2	120	6.0000%	0.4939%	¥300.00
3	年收入增长					
4	29.44%					
5	期限	月初本金	月还利息	月还本金	月供	月供现值
6	1	100000.00	493.86	-193.86	¥300.00	298.53
7	2	100193.86	494.82	-194.82	¥300.00	297.06
16	11	101982.28	503.65	-203.65	¥300.00	284.18
17	12	102				282.78
18	13	102				364.24
28	23	103				346.73
29	24	103				345.03
30	25	103				444.43
31	26	103				442.24
52	47	102				516.20
53	48	102				513.66
54	49	102269.84	505.07	337.21	¥842.29	661.64
123	118	9093.46	44.91	3016.23	¥3,061.14	1711.66
124	119	6077.23	30.01	3031.13	¥3,061.14	1703.25
125	120	3046.10	15.04	3046.10	¥3,061.14	1694.88
126			49261.86	100000.00	149261.86	100000.00

图 8.4.2 单变量求解月供的调整增长率

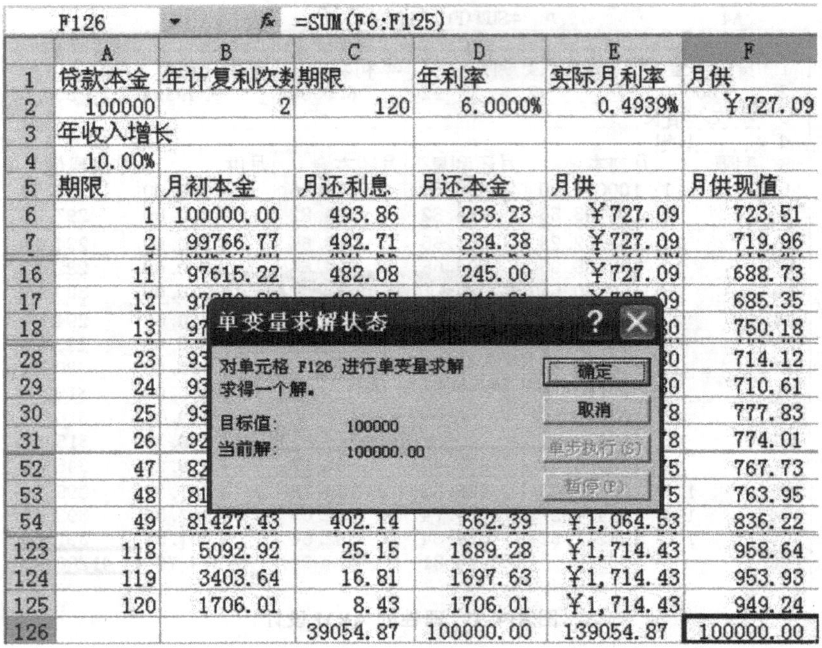
F126
=SUM(F6:F125)
A B C D E F
1 贷款本金 年计复利次数 期限 年利率 实际月利率 月供
2 100000 2 120 6.0000% 0.4939% ￥727.09
3 年收入增长
4 10.00%
5 期限 月初本金 月还利息 月还本金 月供 月供现值
6 1 100000.00 493.86 233.23 ￥727.09 723.51
7 2 99766.77 492.71 234.38 ￥727.09 719.96
16 11 97615.22 482.08 245.00 ￥727.09 688.73
17 12 685.35
18 13 750.18
28 23 714.12
29 24 710.61
30 25 777.83
31 26 774.01
52 47 767.73
53 48 763.95
54 49 81427.43 402.14 662.39 ￥1,064.53 836.22
123 118 5092.92 25.15 1689.28 ￥1,714.43 958.64
124 119 3403.64 16.81 1697.63 ￥1,714.43 953.93
125 120 1706.01 8.43 1706.01 ￥1,714.43 949.24
126 39054.87 100000.00 139054.87 100000.00
单变量求解状态
对单元格 F126 进行单变量求解
求得一个解。
目标值: 100000
当前解: 100000.00
确定
取消
单步执行(S)
暂停(P)

图 8.4.3 单变量求解初始月供

此时，由于初始月供提高了一倍多，使得利息偿还累计额下降为：39 054.87元，低于图 8.4.2 中的 49 261.86 元，降低了 1 万多元。

以上两种 ARM 的设计，虽然每年月供都有调整，但上调的幅度并不大，前面例子中是 29.44%，后面的是 10%。可见，ARM 的设计完全可以既照顾了客户的需要，又降低了违约风险。因此，ARM 作为美国次级债危机的根源之一，是人为的灾难。

第九章

CMO 的份额设计

房地产抵押贷款公司发放贷款,并且不断地把贷款打包卖给商业银行或是直接卖给投资银行,商业银行或是投资银行可以把这些贷款包直接转手给其他金融机构,也可以着手以这些贷款包现金流为抵押在资本市场上发行证券,以获得更高的收益率,本章就金融机构如何把这些贷款进行打包发行住房抵押担保证券(collateralized mortgage obligation,简称 CMO)以及这种证券化产品如何设计的进行简要介绍。

第一节 CMO 概述

一、CMO 的产生背景

为了能更好地把握次级贷款是如何一步一步证券化的以及 CMO 产品在证券化过程中属于哪个环节,本章首先通过图 9.1.1 介绍次级贷款证券化道路的全过程。

从图 9.1.1 能清楚地看出:在美国房市节节攀升的情况下,众多创新型抵押贷款被创造出来。各房地产金融机构持有了大量的房地产抵押贷款,这类贷款收益率非常高,但是缺乏流动性。为了降低贷款风险,各贷款机构开始把这些贷款产品打包出售(让渡部分利润),回笼资金来进行下一轮贷款,从此就走上了抵押贷款证券化的道路。

首先,包括房利美、房地美这“两房”在内的美国贷款机构把住房按揭贷款

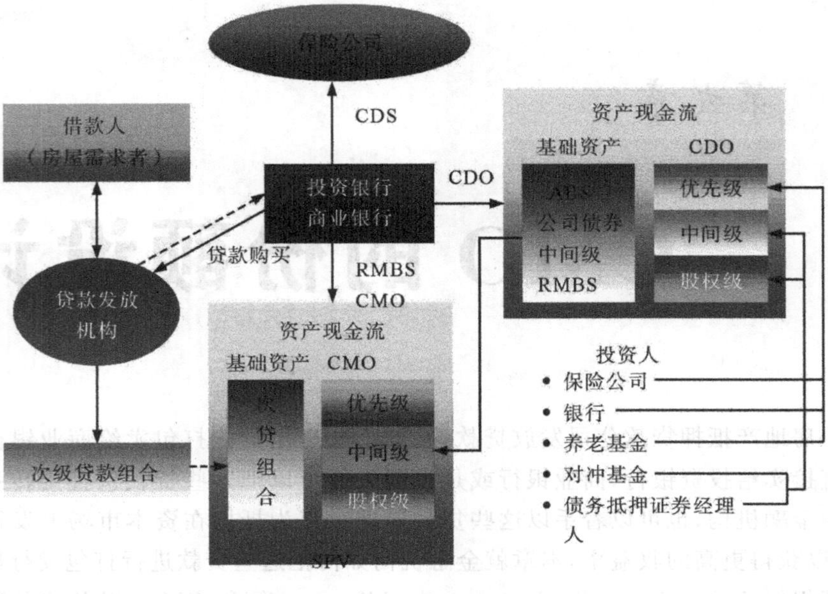

图 9.1.1　美国次级贷款证券化过程路线图

打包成 MBS(住房抵押按揭债券)和具有不同档次或者说不同份额的 CMO(住房抵押担保证券)进行出售回笼资金。投资银行购买了风险低级及中间级的 MBS 以及 CMO 之后,又把它和其他资产支持证券进行组合,设计出风险和收益不同档次的新债券,也就是担保债务凭证 CDO。还可以按照同样的技术衍生出 CDO 的平方、CDO 的立方等证券化产品,然后再推出能够对冲高风险档次 CDO 风险的信用违约互换 CDS,以及二者的结构化产品——合成 CDO。这些结构化的组合产品形成了我们所谓的次贷价值链:MBS(CMO)→CDO→CDO 的平方(等)→CDS→合成 CDO 等。

住房抵押支持债券(residential mortgage-backed security,RMBS)是美国最早的抵押贷款证券化产品,它产生于 20 世纪 60 年代,主要由美国住房专业银行及储蓄机构利用从小型贷款公司购买来的住房抵押贷款,发行的一种资产证券化商品。其基本结构是把住房抵押贷款中符合一定条件的贷款集中起来,形成一个抵押贷款资产池(pool),利用贷款资产池定期产生的本金及利息的现金流入为基础来发行证券,并由政府机构或政府背景的金融机构对该证券进行担保,其具有浓厚的公共金融政策色彩。

其中房利美和房地美就是两家政府担保色彩极浓的房地产贷款公司,前者称为联邦国家抵押协会 FNMA(Federal National Mortgage Association),也即 1938 年就成立的 Fannie Mae;后者是联邦住房抵押贷款公司 FHLM(Federal Home Loan Mortgage Corp.),也即 1970 年成立的公众上市公司 Freddie Mac。

其实代表美国政府的贷款机构还有许多家,例如:

(1)房主贷款公司 HOLC(Home Owners Loan Corporation),接受联邦住房贷款银行委员会的管理,从银行、储蓄贷款协会以及其他贷款者那里购买无法履行债务的房屋抵押借款,然后再以较低的利率和较长的期限为这些抵押提供资金。

(2)联邦房屋管理局 FHA(Federal Housing Administration),以发行补偿性的 20 年到期债券的形式为那些只支付了 50%的保险费用的借款者提供保险并承担全部拖欠的本金,使贷款者免受借款者违约的风险。

(3)美国退役军人管理局 VA(Veterans Administration),提供由预算资金支持的担保,从而提供了更多的抵押保险。

(3)联邦储蓄与贷款保险公司 FSLIC(Federal Savings and Loan Insurance Corp.),专门为住房贷款账户提供保险,最高额可达到 5 000 美元。和由联邦存款保险公司承担保险支付的银行一样,联邦储蓄与贷款保险公司的成员也被要求支付保险费,并要接受定期审查。

(4)信用合作社国民协会 CUNA(Credit Union National Association),通过这一组织使众多的信用合作社联合起来,成立了专为贷款提供私人保险的基金,取代了政府保险。到 1939 年,信用合作社的数目超过了 10 000 个。

(5)1916 年成立的农村信用系统 FCS(Farm Credit System)。

(6)1972 年创建的学生贷款市场化协会 SLMA(Student Loan Marketing Association,简称 Sallie Mae)。

(7)1988 年创建的联邦农业抵押公司 FAMC(Federal Agricultural Mortgage Corporation,简称 Farmer Mac),1997 年私有化为 SLM Corporation。

(8)1968 年成立的政府国民抵押协会 GNMA(Government National Mortgage Association),又被称为吉利美(Ginnie Mae),是一家从房利美中分化出来的行使政府职能的机构,继续负责乡村住房服务公司 RHS、退伍军人管理局 VA 和联邦住宅管理局 FHA 保险的或担保的抵押贷款。

MBS 将抵押资产池所产生的本金和利息原封不动地转移支付给 MBS 的投资人,设计起来比较简单。早期的 MBS 产品主要吸引的是那些愿意接受较高不确定投资期限以换取较高收益率的投资人,这种产品的风险几乎"原封不动"地过手给投资者，中间没有任何"减震"机制。它也没有对抵押贷款的细化组合，难以满足投资者对收益与风险不同组合的多样化需求。恰逢1983年美国房地产抵押贷款利率猛烈下跌，这种产品的吸引力明显下降，为了留住这些投资人，1983年6月，联邦住宅贷款抵押公司在第一波士顿投资银行的帮助下成功发行了第一份分档偿还住房抵押担保证券CMO，这种产品是以MBS或是房地产抵押贷款为标的资产，在此基础上发行一系列不同期限、不同利率、不同信用级别的多层次且依次偿还的债券，从而达到减低投资者所面临的系统风险的目的。

从本质上看，CMO是基于MBS的一种结构型产品，以满足不同投资人对投资时间、投资风险以及现金流的偏好为目的，自此CMO发展非常迅速，近二十年来，有将近40%的MBS市场份额来自CMO。

二、CMO的优点及其运作过程

CMO是把抵押贷款或过手证券产生的现金流按照一定的规则进行重新分配，这样做的好处在于，在过手证券中，由基础抵押贷款产生的本金偿还平均地分配给了过手证券的投资人，这使得借款人提前偿还而造成的现金流不稳定直接体现在过手证券上，并且只要抵押贷款池内有一笔贷款没有得到清偿，所有的过手证券就都没有到期，而CMO通过对贷款池原始现金流重新分配，创造出不同特点的债券类别，归还的本金不再被平均地分配到不同类别的债券之中，从而使得不同的债券类别表现出不同的平均寿命、现金流稳定性等特点，以满足不同的投资者偏好。总的说来，CMO被认为是美国本土债券市场上最为重要的创新之一主要是基于以下原因：

(1)它使得投资者能按其对到期期限的偏好，调整对抵押债券的投资；

(2)它通常有较高的账面收益率，因为抵押贷款存在提前偿还的不确定性；

(3)它通常通过信用增级而得到较高的信用等级，并且大部分抵押品来自三家联邦机构(政府国民抵押贷款协会、联邦住宅贷款抵押公司和联邦全国抵押贷款协会)提供担保的过手证券。

在中介机构的设计下，拥有次级贷款的金融机构按一定标准(贷款的还款期限、还款方式、利率结构、信用等级)将众多贷款进行分类组合，形成抵押贷款池，并出售给特别目的机构(special purpose vehicle，简称SPV)，在出售的过程中金融机构与SPV签订转让协议，对出售的资产的特性作出陈述。SPV

通过一定的信用增级技术(保险、担保、保证金等)为抵押贷款池中的一部分贷款进行信用增级,以使得CMO中部分档获得AAA评级(保险公司和养老基金就可以购买该档的证券了),通过承销商发行或自己直接出售以抵押贷款为基础的证券。银行一般在SPV的授权下,代表SPV收取住宅抵押贷款的本金和利息。SPV从贷款本息中提取一定比例的金额向银行支付服务费和支付相关机构的费用(保险费、评级费等),提取自己的管理费和佣金,并在每一特定时期支付证券购买者利息直至最后支付本息。CMO的最大特点是对债券进行了分档,即一般按期限的不同,设计不同档级的债券,每档债券的特征各不相同,从而能满足不同投资者的偏好和需求。具体的运作过程见图9.1.2所示,从图中可以看出CMO的发行是许多金融机构合作的结果。

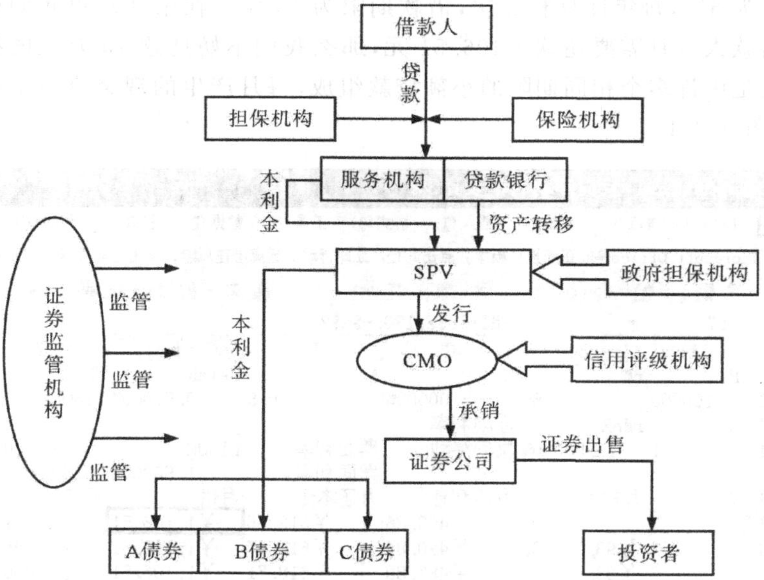

图9.1.2　CMO的运作过程图

第二节　贷款公司的过手证券技术

其实作为抵押贷款的资产证券化的早期品种不是MBS,而是过手证券PTS(pass-through securities)。过手证券比较简单,它将类型、质量、利率和期限等方面类似的资产组合绑在一起并划分成较小的单位,以权益凭证和债权凭证的形式出售给投资者。每个过手证券的购买者都拥有这组抵押贷款的所有权，作为中介的贷款公司在扣除服务费后，将从商业银行收购来的抵押贷款资产池中现金流所产生的月本金支付和利息支付，以及提前偿还的现金流形式"过手"给其所出售的证券持有人。

对作为原始权益人的商业银行而言，将抵押贷款卖给贷款公司，有利于解决其流动性问题，也有利于转移利率风险及违约风险，同时将抵押贷款打包卖给贷款公司，还可以得到较高的收益。而贷款公司依照过手技术将收购的抵押贷款现金流打包做成债券出售给投资者，从中也可获得较高的收益。

为了说明这一点，我们看一个例子。

【例 9.2.2】与例 8.1.1 类似，仍然假定借款人借款 10 万元来购买房产，年利息为 6%，每年计复利 2 次，借款期限为 10 年。在第 8 章里我们曾经计算过借款人每月需要还款 1 106.51 元，那么我们不妨把这 10 万元的抵押贷款看成是由许多个相同期限的小额贷款组成，每月产生的现金流为 1 106.51 元，见图 9.2.1。

Microsoft Excel - 反向浮动利率设计.xls

E7 =PMT($B$2,120,-$A$2)

	A	B	C	D	E	F
1	P	rM	R	A	DetaR	SR
2	100000	0.49386%	6.00000%	0.5	0.50000%	LIBOR
3	N	rMAX	浮动利率			
4	1	11.50000%	反向浮动	票面利率=	LIBOR+	0.50000%
5				票面利率=	11.50000%	-LIBOR*
6	T	月初本金	月还利息	月还本金	月供	现值
7	1	100000	￥493.86	￥612.65	￥1,106.51	￥1,101.07
8	2	￥99,387.35	￥490.84	￥615.67	￥1,106.51	￥1,095.66
9	3	￥98,771.68	￥487.80	￥618.71	￥1,106.51	￥1,090.28
10	4	￥98,152.97	￥484.74	￥621.77	￥1,106.51	￥1,084.92
11	5	￥97,531.20	￥481.67	￥624.84	￥1,106.51	￥1,079.59
124	118	￥3,287.01	￥16.23	￥1,090.28	￥1,106.51	￥618.71
125	119	￥2,196.73	￥10.85	￥1,095.66	￥1,106.51	￥615.67
126	120	￥1,101.07	￥5.44	￥1,101.07	￥1,106.51	￥612.65
127			￥32,781.19	￥100,000.00	￥132,781.19	￥100,000.00
128						
129					年化利润率=	59.41%

图 9.2.1　例 8.1.1 中等额摊还法的还款现金流

为了扩充流动性，商业银行把这 10 万元的抵押贷款包在克扣了一个点之后卖给诸如两房那样的贷款公司，这意味着贷款公司愿意接受年利率为 5% 的现金流，或者为了能接受年利率为 6% 的现金流而愿意为这个贷款包支付超过 10 万元的价格。换句话说，贷款公司衡量这个现金流价值多少时，不是按照 6% 的年利率所算得的有效月利率进行贴现的，而是按照 5% 的年利率所折算出的有效月利率进行贴现的。

如图 9.2.2，F 列从 F7 单元格开始为月供的现值计算，F7 单元格里的公式为："＝$E7/(1＋$B$2)^$A7"，之所有选择绝对列引用，是因为后面的 G 列至 J 列按照不同的贴现率贴现时，F7 单元格里的公式是可以横向复制的。这个公式复制到 G7:J7 区域中各单元格里，就分别成为公式："＝$E7/(1＋G$4)^$A7"、"＝$E7/(1＋H$4)^$A7"、"＝$E7/(1＋I$4)^$A7"、"＝$E7/(1＋J$4)^$A7"，而 G4:J4 区域的单元格分别为按照年利率 5%、4%、3%、2% 折算的有效月利率。

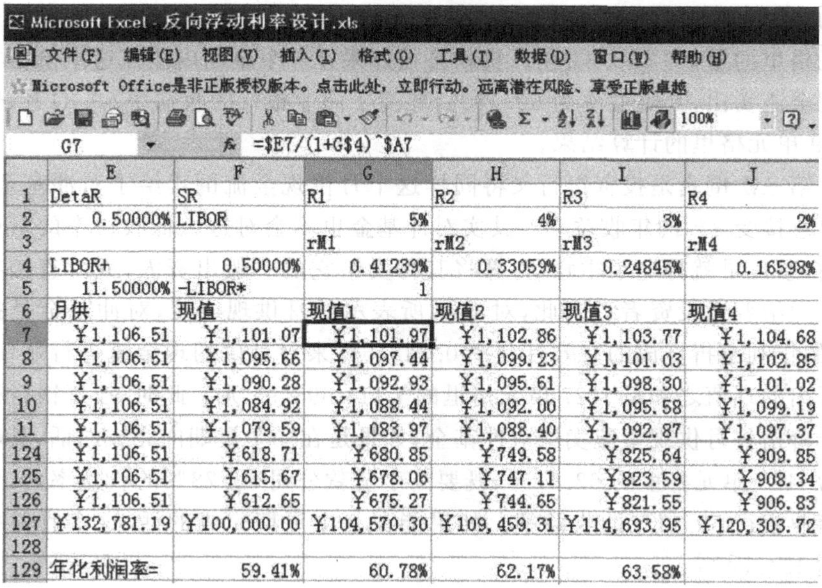

	E	F	G	H	I	J
1	DetaR	SR	R1	R2	R3	R4
2	0.50000%	LIBOR	5%	4%	3%	2%
3			rM1	rM2	rM3	rM4
4	LIBOR+	0.50000%	0.41239%	0.33059%	0.24845%	0.16598%
5	11.50000%	-LIBOR*	1			
6	月供	现值	现值1	现值2	现值3	现值4
7	￥1,106.51	￥1,101.07	￥1,101.97	￥1,102.86	￥1,103.77	￥1,104.68
8	￥1,106.51	￥1,095.66	￥1,097.44	￥1,099.23	￥1,101.03	￥1,102.85
9	￥1,106.51	￥1,090.28	￥1,092.93	￥1,095.61	￥1,098.30	￥1,101.02
10	￥1,106.51	￥1,084.92	￥1,088.44	￥1,092.00	￥1,095.58	￥1,099.19
11	￥1,106.51	￥1,079.59	￥1,083.97	￥1,088.40	￥1,092.87	￥1,097.37
124	￥1,106.51	￥618.71	￥680.85	￥749.58	￥825.64	￥909.85
125	￥1,106.51	￥615.67	￥678.06	￥747.11	￥823.59	￥908.34
126	￥1,106.51	￥612.65	￥675.27	￥744.65	￥821.55	￥906.83
127	￥132,781.19	￥100,000.00	￥104,570.30	￥109,459.31	￥114,693.95	￥120,303.72
128						
129	年化利润率=	59.41%	60.78%	62.17%	63.58%	

图 9.2.2　现金流的过手

我们在这里假设的是商业银行将房地产抵押按揭贷款所形成的现金流卖给诸如两房那样的贷款公司，后者又将其卖给投资银行，投资银行又将其卖给对冲基金，对冲基金还可以将其卖给作为消费者的一般出资人。在这个过程中，每次金融机构似乎都只剥皮了 1%，但其实除了消费者之外的所有金融机构，其收益率都要高得多。到底有多高，取决于它们打包卖出这个现金流的效率。花 2 个星期完成这一过程要比花 4 个星期完成的收益率要高一倍。

我们假设各个金融机构都是花费了 4 个星期完成的这一倒卖过程。

第一次倒卖是商业银行将月供现金流倒卖给了诸如两房那样的贷款公司，而后者愿意接受 5%的年收益率。因此，对 E 列所表示的月供现金流，贷款公司按照 5%的年利率折算成有效月利率 0.41239%来对月供的现金流进行贴现，计算出的现值之和不再是 10 万元，而是 G127 单元格里的￥104 570.30 元。商业银行在 4 个星期内按照这个价格将月供现金流卖出，其收益率为 59.41%，也即 G129 单元格里的计算结果。

第二次倒卖是贷款公司将同样这个月供现金流又倒卖给了投资银行，而后者愿意接受 4%的年收益率。因此，对 E 列所表示的月供现金流，投资银行是按照 4%的年利率折算成有效月利率 0.33059%来对月供的现金流进行贴现的，计算出的现值之和不再是 10 万元，也不再是 10.457 万元，而是 H127 单元格里的￥109 459.31 元。贷款公司如果在 4 个星期内按照这个价格将月供现金流卖出，其收益率为 60.78%，要高于商业银行的收益率 59.41%，也即 G129 单元格里的计算结果。

第三次倒卖是投资银行又将同样这个月供现金流倒卖给了对冲基金，后者愿意接受 3%的年收益率。其实对冲基金也不会对这么低收益率的资产感兴趣，它也早就打定了主意，打算将其再卖给它的一般出资人，或者直接在市场上卖给普通投资者。因此，对 E 列所表示的月供现金流，对冲基金是按照 3%的年利率折算成的有效月利率 0.24845%来对月供的现金流进行贴现的，计算出的现值之和是 I127 单元格里的￥114 693.95 元。此时，投资银行按照这个价格将月供现金流卖给对冲基金，如果是在 4 个星期内完成的话，其收益率为 I129 单元格里的 62.17%，既要高于贷款公司 60.78%的收益率，又要高于商业银行 59.41%的收益率。如果能在 2 个星期完成的话，这个收益率要高达 124.34%。

第四次倒卖终于轮到对冲基金了，作为这个生意链上的最后一环，一般投资者基本上愿意接受 2%的年收益率，因为这仍然要比储蓄利率高不少。所以，对于一般投资者来说，用 0.16598%的有效月利率来对月供现金流贴现，这个现金流价值￥120 303.72 元。对冲基金如果能在 4 个星期内完成这次倒卖的话，其收益率为 J129 单元格里的 63.58%。当然，我们的假定可能有问题，各家金融机构在倒卖这个由房地产抵押按揭贷款形成的月供现金流时，可能并不是按照这样一种心平气和的方式达到双赢的，可能要争吵，要还价，最后达成的价格可能不是相差 1 个点这么简单。但在这个倒卖月供现金流的故事里，各金融机构都赚得钵满盆满，只有最终的消费者或者说投资者是没有其他选择的，也没有其他的出售对象的。

但由于这种交易结构不对基础资产所产生的现金流进行任何处理，而是将其简单地“过手”给投资者，因此，是由投资者自行承担基础资产的早偿风险(prepayment risk)。那么，如何解决过手证券 PTS 的早偿风险呢？

办法 1 是由第三方 SPV(special purpose vehicle)对证券的偿付进行担保，产生经过调整的权益凭证型过手证券，包括部分调整的和完全调整的过手证券。前者不管是否收到原始债务人的偿付资金，投资者都可获得一定偿付。后者不管是否收到借款人的偿付资金，都保证按计划分期向投资者完全偿付。

办法 2 是发行债权凭证形式的过手证券，例如 CMO，以基础资产为担保，超额担保品由独立受托人 SPV 管理。一旦出现违约，受托人可将担保品变现对投资者进行偿付；一旦出现早偿，受托人可将早偿资金用于其他渠道的投资，或者赎回其发行在外的成本较高的债券，都是不错的选择。因此，这种凭证可以降低投资者的风险。但它却存在着一个降低金融机构获利的致命缺陷：即由于存在超额担保，所以基础资产的利用效率不高，而且没有实现风险的转移。因此，转付证券 PTS 应运而生。

转付证券 PTS(pay-through securities)与过手证券还有前面介绍过的抵押支持证券 MBS(mortgage-backed securities)，是资产证券化的三大类，而抵押担保债券 CMO(collateralized mortgage obligation)既可以是转付证券 PTS 的 CMO，也可以是抵押支持证券 MBS 的 CMO。

转付证券与过手证券的缩写是一样的，但其结构完全不同。过手证券的中介机构不承担风险，只是简单地将现金流过手。当然，学雷锋的事情金融机构是不会做的，在过手的过程中它们或者收取手续费，或者克扣几十个基本点甚至 1 个点。

转付证券 PTS 兼有权益凭证型和债权凭证型过手证券的特点，它是发行人的债务，用于偿付证券本息的资金来源于经过了重新安排的住房抵押贷款组合产生的现金流。它与过手型证券的最大区别在于：它根据投资者对风险、收益和期限等的不同偏好对基础资产组合产生的现金流进行了重新安排和分配，使本金与利息的偿付机制发生了变化；而后者则没有进行这种处理。两者都有提前还款和资金流量不确定的特点,CMO也是转付证券中的一大类。

转付证券是过手证券与房产抵押贷款的结合,兼有两者的特点。它是一种债务,购买者是债权人而非所有人。转付证券每半年付息一次,这一点与MBS相同,也与过手证券相同,其最大的品种仍然是CMO。1983年,市场上开始出现了第一份被分成不同等级(tranches)的CMO,它是由作为基础证券的房产抵押贷款或房产抵押贷款债券所派生的,既可以看成是抵押支持证券MBS的品种,又可以看成是转付证券PTS的品种。

目前,广泛使用的转付证券包括有抵押担保债券CMO、仅付息债券IO(interest only)、仅付本金债券PO(principal only)、计划摊还债券PAC(planned amortization class)以及目标摊还债券TAC(targeted amortization class)等,它们的一个重要特征就是采用了分档技术(tranching)。

所谓分档就是指根据投资者对期限、风险和收益的不同偏好,而将债券设计成不同的档级。每档债券的特征各不相同,从而能够满足不同投资者的偏好。CMO各档债券的偿付期限不同,期限越短则风险越小,收益越小;期限越长,风险越大,潜在收益越大。CMO这种分档结构不仅充分利用了抵押品,提高了资产的使用效率,而且较好地解决了过手型证券化产品的同质性问题。

1983年6月开始出现第一份被分档的CMO,总量为1.69亿美元,它是由作为基础证券的房产抵押贷款或房产抵押贷款债券所派生的,合作的双方是美国的Freddie Mac和波士顿第一银行。接下来,不仅有投资银行商、住宅建筑商、抵押银行商发行CMO,还有保险公司、储蓄贷款机构以及担保公司也开始发行CMO,使当年发行总量达到18.32亿美元。

第三节 CMO的现金流拆分

对抵押贷款和过手证券现金流进行拆分,就形成了抵押担保债券的现金流,这些抵押贷款产生的现金流是多种多样的,拆分抵押贷款现金流的方式也会变得多变,本文接下来介绍几种常见的现金流拆分方法,包括浮动利率和反向浮动利率CMO、多份标准息票债券CMO,以及本金和利息分别拆分形式的CMO。

一、单份标准息票债券拆分的 CMO

【例 9.3.1】 仍然假定借款人借款 10 万元来购买房产，年利息为 6%，每年计复利 2 次，借款期限为 10 年。在第 8 章里我们曾经计算过借款人每月需要还款 1 106.51 元，那么我们不妨把这 10 万元的抵押贷款看成是由许多个相同期限的小额贷款组成，每月产生的现金流为 1 106.51 元。

为了扩充流动性，商业银行把这 10 万元的抵押贷款包在克扣了一个点之后卖给诸如两房那样的贷款公司，这意味着贷款公司愿意接受年利率为 5% 的现金流，或者为了能接受年利率为 6% 的现金流而愿意为这个贷款包支付超过 10 万元的价格。

那么贷款公司支付给商业银行 10.457 万元，如果这笔交易是在贷款发放后 1 个月之后完成，那么贷款公司的年化收益率为（10.457－10）×12/10×100%＝54.84%，商业银行拿到这笔贷款之后，如果直接转手那么就可以构造过手证券，当然也可以把这笔不变的现金流进行拆分，满足不同需求的投资人。

首先，每月 1 106.51 元的现金流可以拆分为一个标准的息票债券，以及 119 个零息票债券。具体的拆分过程如图 9.3.1 所示，图中 1 106.51 元的现金流拆分为两块：H 列表示的是标准债券，J 列表示的是 119 份期限分别为 1 个月、119 个月的零息债券。

H 列的最后 1 期表示本息和的现金流为 1 106.51 元，我们设计其等于月供的现金流，而前 119 期仅为表示利息的现金流为 4.54 元，是根据 H125 单元格中的计算公式算出来的："＝＄H＄126＊＄G＄4/(1＋＄G＄4)"。我们可以将 H125 单元格向上拉至 H7 单元格，就可以将这个公式复制上去。如果将最初房地产抵押按揭贷款的月供作为标准债券的本息和的话，应有：

$$P(1+r_m)=\text{月供}$$

也即：

$$P=\text{月供}/(1+r_m)$$

其中 P 为标准息票债券的本金，r_m 为月有效利率，那么知道了本金之后，月息票现金流则可以按照下列公式计算出来：

$$C=P\times r_m=\text{月供}\times r_m/(1+r_m)$$

Microsoft Excel - 反向浮动利率设计.xls

H125 = $H$126*$G$4/(1+$G$4)

	E	F	G	H	I	J	K
1	DetaR	SR	R1				
2	0.50000%	LIBOR	5%				
3			rM1				
4	LIBOR+	0.50000%	0.41239%				
5	11.50000%	-LIBOR*	1				
6	月供	现值	现值1	标准债券	现值	零息债券	现值
7	¥1,106.51	¥1,101.07	¥1,101.97	¥4.54	¥4.53	¥1,101.97	¥1,097.44
8	¥1,106.51	¥1,095.66	¥1,097.44	¥4.54	¥4.51	¥1,101.97	¥1,092.93
9	¥1,106.51	¥1,090.28	¥1,092.93	¥4.54	¥4.49	¥1,101.97	¥1,088.44
10	¥1,106.51	¥1,084.92	¥1,088.44	¥4.54	¥4.47	¥1,101.97	¥1,083.97
123	¥1,106.51	¥621.77	¥683.66	¥4.54	¥2.81	¥1,101.97	¥680.85
124	¥1,106.51	¥618.71	¥680.85	¥4.54	¥2.80	¥1,101.97	¥678.06
125	¥1,106.51	¥615.67	¥678.06	¥4.54	¥2.78	¥1,101.97	¥675.27
126	¥1,106.51	¥612.65	¥675.27	¥1,106.51	¥675.27	¥0.00	¥0.00
127	¥132,781.19	¥100,000.00	¥104,570.30		¥1,101.97		¥103,468.33
128							
129	年化利润率=	59.41%					¥104,570.30

图 9.3.1 将月供现金流拆分为一个标准债券和 119 份零息债券

二、多份标准息票债券 CMO

与前面的例题类似,一份等额摊还法计算的月供现金流还可以拆成若干份标准息票债券与多种期限的零息票债券的组合,下面通过举例来说明。

【例 9.3.2】假设等额月供现金流为每月 1 106.51 元,抵押贷款的期限为 12 年,年利率为 5%,每年计息两次,月利率近似为 0.41239%,现确定 10 份标准息票债券,其本金和息票见下图 9.3.2 所示,图中的本金数值根据投资者需要来确定,息票率近似为 0.41239%,那么这 10 个标准息票债券的到期期限依次为 1 年,2 年,……,10 年,那么这 10 个标准息票债券的现金流见图 9.3.3 所示。

	C	D	E	F	G	H	I	J	K	L
1	p1	p2	p3	p4	p5	p6	p7	p8	p9	p10
2	500	600	650	700	750	800	850	900	950	1000
3	c1	c2	c3	c4	c5	c6	c7	c8	c9	c10
4	2.1	2.5	2.7	2.9	3.1	3.3	3.5	3.7	3.9	4.10

图 9.3.2 标准息票债券的本金与息票

从第 C 列到第 L 列为这 10 个标准息票债券的现金流,图中第 M 列为月供扣除 10 个标准息票债券现金流之后的余额,单元格 M6 的计算公式为"=

	A	B	C	D	E	F	G	H	I	J	K	L	M
1	P0	100000	p1	p2	p3	p4	p5	p6	p7	p8	p9	p10	
2	n	2	500	600	650	700	750	800	850	900	950	1000	
3	nper	120	c1	c2	c3	c4	c5	c6	c7	c8	c9	c10	
4	N	0	2.1	2.5	2.7	2.9	3.1	3.3	3.5	3.7	3.9	4.10	
5	T	月供	债券1	债券2	债券3	债券4	债券5	债券6	债券7	债券8	债券9	债券10	剩余现金流
6	1	1,106.51	2.10	2.50	2.70	2.90	3.10	3.30	3.50	3.70	3.90	4.10	1,074.71
16	11	1,106.51	2.10	2.50	2.70	2.90	3.10	3.30	3.50	3.70	3.90	4.10	1,074.71
17	**12**	1,106.51	502.10	2.50	2.70	2.90	3.10	3.30	3.50	3.70	3.90	4.10	574.71
18	13	1,106.51		2.50	2.70	2.90	3.10	3.30	3.50	3.70	3.90	4.10	1,076.81
29	**24**	1,106.51		602.50	2.70	2.90	3.10	3.30	3.50	3.70	3.90	4.10	476.81
30	25	1,106.51			2.70	2.90	3.10	3.30	3.50	3.70	3.90	4.10	1,079.31
41	**36**	1,106.51			652.70	2.90	3.10	3.30	3.50	3.70	3.90	4.10	429.31
42	37	1,106.51				2.90	3.10	3.30	3.50	3.70	3.90	4.10	1,082.01
53	**48**	1,106.51				702.90	3.10	3.30	3.50	3.70	3.90	4.10	382.01
54	49	1,106.51					3.10	3.30	3.50	3.70	3.90	4.10	1,084.91
65	**60**	1,106.51					753.10	3.30	3.50	3.70	3.90	4.10	334.91
66	61	1,106.51						3.30	3.50	3.70	3.90	4.10	1,088.01
77	**72**	1,106.51						803.30	3.50	3.70	3.90	4.10	288.01
78	73	1,106.51							3.50	3.70	3.90	4.10	1,091.31
89	**84**	1,106.51							853.50	3.70	3.90	4.10	241.31
90	85	1,106.51								3.70	3.90	4.10	1,094.81
101	**96**	1,106.51								903.70	3.90	4.10	194.81
102	97	1,106.51									3.90	4.10	1,098.51
113	**108**	1,106.51									953.90	4.10	148.51
114	109	1,106.51										4.10	1,102.41
125	**120**	1,106.51										1,004.10	102.41

图 9.3.3　标准息票债券现金流

B6－SUM(C6:L6)”。这一列的现金流可以构造 120 个零息票债券，经过拆分之后，1 个等额月供现金流就可以拆分为 10 个标准息票债券和 120 个零息票债券，这些不同的债券将卖给不同需要的投资人，有些投资人希望得到定期利息支付以及到期本金支付，那么标准息票债券符合其要求，他们还可以选择不同到期时间、不同本金面值的标准息票债券；有些投资人喜欢一次支付折扣发行的债券，那么零息票债券符合他们的要求。总之，市场上需要什么样的债券品种，都可以通过现金流拆分来满足市场的需要。

经过验算，拆分现金流现值加总之和等于未拆分现金流现值之和，图 9.3.4给出了具体的验算结果，图 9.3.4 中 Z 列为等额月供根据年利率为 5% 水平下的贴现值，其最终求和为 104 570.30 美元，把现金流分解为 10 个标准息票债券和 120 个零息票债券之后，得到 11 列现金流，把这些现金流分别贴现后得到第 N 列到第 X 列，然后再把这些现金流的现值分别加总得到单元格 N126:X126，单元格 Z128 的计算公式为“＝sum(N126:X126)”，至此我们已经计算出了这 130 个债券的现值和为单元格 Z128，与之前等额月供现值之和 104 570.30 美元两者相等，由此同样可以验证商业银行在将抵押贷款拆分为不同的债券出售，在满足了不同投资者的投资需求的同时还保证了 5%的年收益率。

	A	N	O	T	U	V	W	X	Z
5	T	现值1	现值2	现值7	现值8	现值9	现值10	剩余现值	月供现值1
6	1	2.09	2.49	3.49	3.68	3.88	4.08	1,070.30	1,101.97
16	11	2.01	2.39	3.35	3.54	3.73	3.92	1,027.14	1,057.54
17	**12**	477.91	2.38	3.33	3.52	3.71	3.90	547.02	1,053.19
18	13		2.37	3.32	3.51	3.70	3.89	1,020.71	1,048.87
29	**24**		545.84	3.17	3.35	3.53	3.71	431.97	1,002.44
30	25			3.16	3.34	3.52	3.70	973.79	998.33
77	**72**			2.60	2.75	2.90	3.05	214.15	822.75
78	73			2.59	2.74	2.89	3.04	808.12	819.37
89	**84**			604.05	2.62	2.76	2.90	170.78	783.11
90	85				2.61	2.75	2.89	771.64	779.89
101	**96**				608.75	2.63	2.76	131.23	745.37
102	97					2.62	2.75	736.94	742.31
113	**108**					611.61	2.63	95.22	709.46
114	109						2.62	703.92	706.54
125	**120**						612.77	62.50	675.27
126	求和	500.44	600.58	849.62	899.09	948.46	997.74	96,872.70	**104,570.30**
127									
128							现值和再求和：		**104,570.30**

图 9.3.4　标准息票债券和零息债券现金流现值验算

三、利息、本金分别拆分的 CMO

我们知道市场利率的变化通过本金和利息对投资者总收益的影响是刚好相反的，于是，市场上出现了两类金融衍生产品——付本证券 PO 和付息证券 IO。其特点是将作为基础资产的房地产抵押按揭贷款的本金现金流和利息现金流分别独立出来，以各自为支撑分别发行 PO 证券与 IO 证券。当市场利率上升时，房地产抵押按揭贷款的利率也会上调，于是按揭贷款还款的现金流中，来自利息的现金流增大，IO 的收益上升，其价格也上升；但来自本金的现金流不变，所以 PO 的收益不变，价格下降。当市场利率下降时，房地产抵押按揭贷款的利率也会下调，于是按揭贷款还款的现金流中，来自利息的现金流变小，IO 的收益下降，其价格也下降；但来自本金的现金流不变，所以 PO 的收益不变，价格上升。

PO 证券与 IO 证券的设计可以有两条途径，一是将过手证券的本息进行分割，以各自的本金和利息为支撑发行 PO 证券与 IO 证券，另一种是将 CMO 证券中任何一档的本息进行分割，以此来发行 PO 证券与 IO 证券。由于 PO 证券与 IO 证券的现金流最终还是来源于抵押贷款组合的现金流，所以对于 IO 付息证券而言，利息与本金余额有关，本金余额大小又与贷款组合的提前还款速度有关，提前还款速度越快，本金余额减少的越快，将来利息就越少，而当抵押贷款利率降低的时候，提前还款的速度明显提高，从而使得 IO 付息证券的投资风险就增大，所以当抵押贷款利率提高时 IO 证券的价值就增加，当抵押贷款利率降低时，IO 证券的价值就降低。对于 PO 证券，现金流来自基础资产的本金部分，提前还款速度变化只影响其收到本金的时间和数量，如果不考虑资金时间价值，各个时刻的本金支付流相加之和不变。但在提前还款条件下，由于证券的平均期限发生了变化，在总投资收益不变的情况下，PO 付本证券的收益率也会跟着发生变化，当抵押贷款利率下降时，提前还款速度增加，使得本金的还款增加，从而增加了 PO 证券的价值，所以 PO 付本证券与市场利率为负相关关系，而付息证券的价格和利率呈现正相关关系，由于付息证券的这一特点，在资产组合中配备一定的 IO 证券，可以规避利率上升给投资者带来的损失。

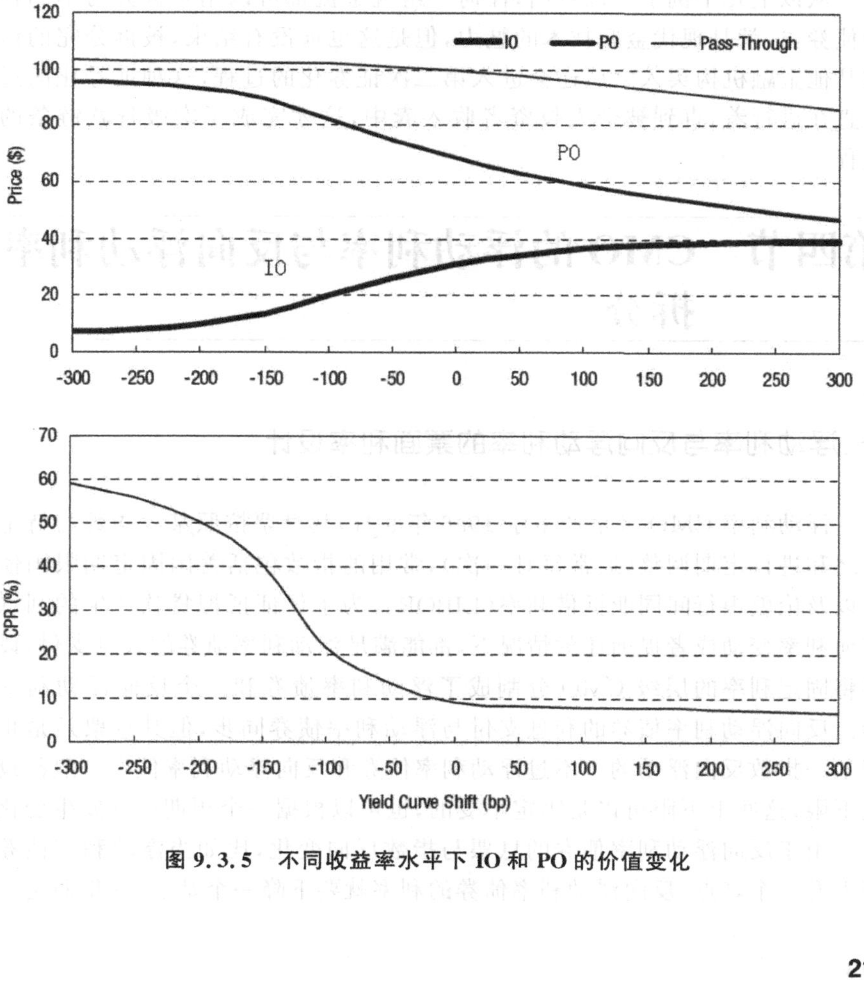

图 9.3.5　不同收益率水平下 IO 和 PO 的价值变化

下面通过具体的例子来说明PO证券和IO证券的现金流情况，还是沿用前面的例子：假设住房抵押贷款公司向借款人贷出一笔100美元的按揭贷款，要求贷款年利息为5.5%，通过变动抵押贷款利率来变动提前还款速度来决定PO证券和IO证券的价格，具体的结果见图9.3.5所示。

从图中可以看出IO随着收益率的上升其价值也在上升，而PO和过手证券的价值随着收益率的上升其价值在降低，同时可以看出收益率从目前状态下降50个基点和收益率从下降100个基点到下降150个基点，提前还款率的变化是不一样的，提前还款率经历了一个缓慢上涨到加速上涨再缓慢上涨的过程，而当收益率上升时，提前还款速度几乎不变，这种提前还款速度的变化导致了IO证券和PO证券的价值出现了极为不同的变化。

从以上几个例子可以看出，任何一组现金流都可以用来拆分为不同种类的债券，这就是现代金融技术的魅力，但是这也远没有结束，被拆分完的债券被其他金融机构买入之后还会进入第二次证券化的过程，这种证券化的过程一直在进行着，直到被个人投资者收入囊中，这才完成了次级贷款链条的全过程。

第四节　CMO的浮动利率与反向浮动利率拆分

一、浮动利率与反向浮动利率的票面利率设计

浮动利率CMO最早产生于1986年9月，其息票按照某一指数与特定利差之和进行定期调整（通常每月一次），常用的指数包括美国固定期限国债利率以及伦敦银行间同业拆借利率（LIBOR），为了保证抵押贷款产生的利息在任何利率变动或者提前还款情况下，都能满足浮动利率债券的利息支付，设计者将固定利率的层级CMO分割成了浮动利率债券和一个反向浮动利率债券。反向浮动利率债券的利息支付与浮动利率债券同步，但其息票乃是相对于某一指数反向浮动的。不过浮动利率债券和反向浮动利率债券一般都设有上下限，这些上下限可以是固定不变的，也可以根据一个预期计划发生变化。

由于反向浮动利率债券的息票与指数反向变化，比如当浮动利率债券利率上升一个基点，反向浮动利率债券的利率就要下降一个基点，这里假定浮动

利率债券与反向浮动利率债券的票面利率分别为：

$$floating\ rate = SR + \Delta R \quad (13.4.1)$$

$$inverse\ floating\ rate = r_{max} - N \times SR \quad (13.4.2)$$

其中SR作为基准利率可以是伦敦银行间同业拆借利率LIBOR，也可以是美国大额存单利率CD，或者是美国国库券利率TN；ΔR为浮动利率的浮动部分；r_{max}为反向浮动利率的上限利率；N为反向浮动利率中基准利率的权数，它的存在是为了使浮动利率债券的票面利率与反向浮动利率的票面利率相加之后，可以还原为作为基础证券的固定利率抵押贷款的票面利率。

假设浮动利率债券与作为基础资产的固定利率抵押贷款总额的比为A，固定利率抵押贷款的利率为R，则在反向浮动利率票面利率公式中的N和r_{max}可以通过下面的公式来计算：

$$N = A/(1-A) \quad (13.4.3)$$

$$r_{max} = (R - A \times \Delta R)/(1-A) \quad (13.4.4)$$

【例9.4.1】 如果我们以10万元月利率为0.41239%的固定利率抵押贷款作为基础债券，发行5万元的浮动利率债券和5万元的反向浮动利率债券，假如浮动利率债券的票面利率为LIBOR+0.0416%，则反向浮动利率债券的票面利率为0.7832%－LIBOR。浮动利率－反向浮动利率债券组合的收益率＝(LIBOR+0.0416%)×0.5+(0.7832%－LIBOR)×0.5＝0.41239%。

可以用Excel表格来进行计算，如图9.4.1所示。A1:F1区域为例9.3.1的表头，分别放置表示抵押贷款数额的P、抵押贷款的月利率rM、年利率R、浮动利率债券占抵押贷款的份额A、浮动利率债券票面利率中的浮动部分ΔR（写作DetaR）以及表示基准利率的SR；A2单元格里即是抵押贷款的数额10万元；B2单元格里是抵押贷款的月利率0.41239%；C2单元格里是根据月利率计算的年利率，计算公式为："=2*((1+B2)^6-1)"（因为年计复利2次，所以有：(1+B2)^12=(1+C2/2)^2)，计算结果为：4.99998%。

D2单元格里是浮动利率债券占抵押贷款数额的比，也即0.5；E2单元格里为浮动利率债券票面利率中的浮动部分：0.0416%；F2单元格里是LIBOR。A3、B3为N和rMAX的表头，A4单元格里的公式与(9.3.3)式一致："=$D$2/(1-$D$2)"，计算结果为1；B4单元格里的公式与(9.3.4)式一致："=($C$2-$D$2*$E$2)/(1-$D$2)"，计算结果为9.95836%。

在D3:G4区域里，我们分两行给出了浮动利率债券与反向浮动利率债券

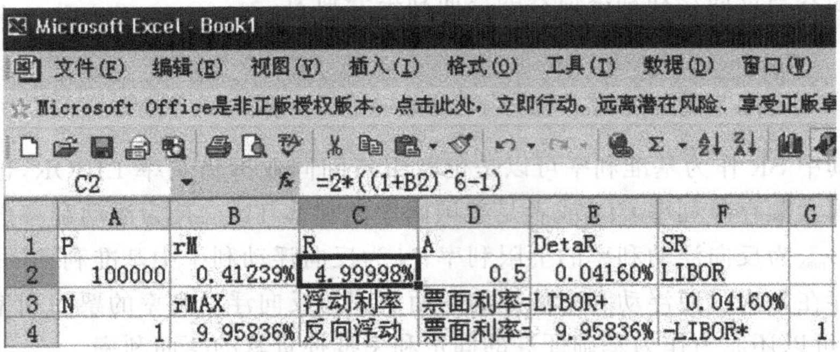

图 9.4.1　反向浮动利率票面利率的计算

的票面利率，其中 E4 单元格里为反向浮动利率债券票面利率中的上限利率 rMAX，而 G4 单元格里为反向浮动利率债券票面利率中基准利率的权数 N。

模板做好后，我们可以随意改变参数，例如，如果我们将这 10 万元固定利率抵押贷款分拆为 8 万元浮动利率债券和 2 万元反向浮动利率债券的话，则有：N＝4，rMAX＝24.83351％，见图 9.4.2。

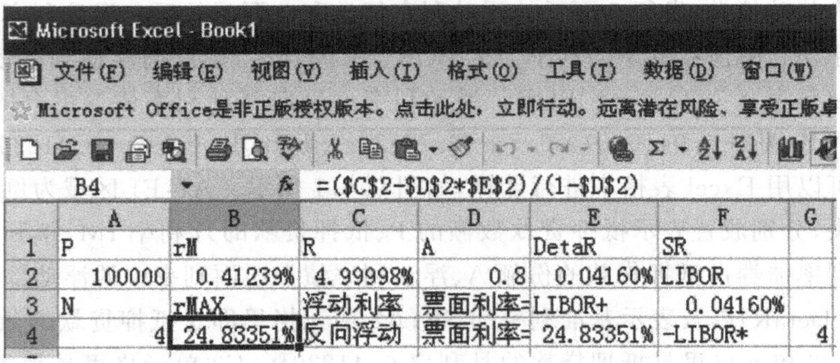

图 9.4.2　8:2 分拆的例 9.3.1

如果年利率为 6％且 5∶5 拆分浮动利率债券和反向浮动利率债券的话，则有：N＝1，rMAX＝11.9584％，见图 9.4.3。

或者，如果我们将浮动利率的票面利率设计为 LIBOR＋0.5％的话，则在 5∶5 拆分浮动利率债券和反向浮动利率债券的情况下，N＝1，rMAX＝11.5％，见图 9.4.4。

在搞清浮动利率债券和反向浮动利率债券的票面利率设计之后，我们来

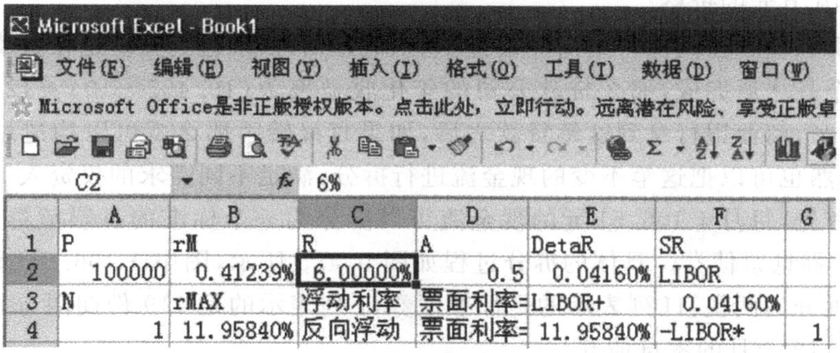

	A	B	C	D	E	F	G
1	P	rM	R	A	DetaR	SR	
2	100000	0.41239%	6.00000%	0.5	0.04160%	LIBOR	
3	N	rMAX	浮动利率	票面利率=	LIBOR+	0.04160%	
4	1	11.95840%	反向浮动	票面利率=	11.95840%	-LIBOR*	1

图 9.4.3　年利率 6%的例 9.3.1

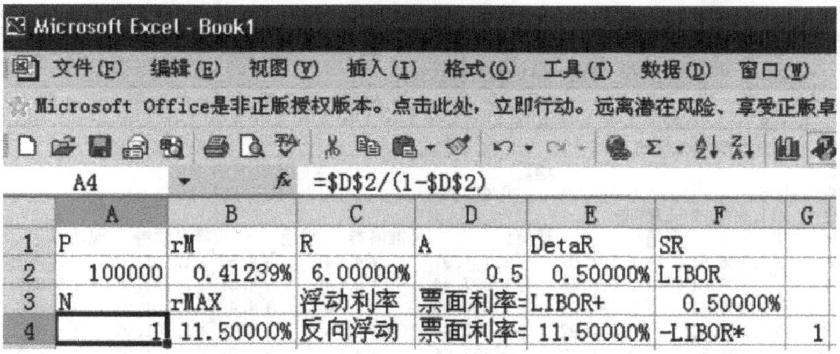

	A	B	C	D	E	F	G
1	P	rM	R	A	DetaR	SR	
2	100000	0.41239%	6.00000%	0.5	0.50000%	LIBOR	
3	N	rMAX	浮动利率	票面利率=	LIBOR+	0.50000%	
4	1	11.50000%	反向浮动	票面利率=	11.50000%	-LIBOR*	1

图 9.4.4　基于 LIBOR 上浮 50 基点的例 9.3.1

看一个将固定利率的抵押贷款还款现金流拆成浮动利率债券与反向浮动利率债券的例子。

二、浮动利率与反向浮动利率的 CMO

【例 9.4.2】仍然假定借款人借款 10 万元来购买房产，年利息为 6%，每年计复利 2 次，借款期限为 10 年。在第 8 章里我们曾经计算过借款人每月需要还款 1 106.51 元，那么我们不妨把这 10 万元的抵押贷款看成是由许多个相同期限的小额贷款组成，每月产生的现金流为 1 106.51 元。

为了扩充流动性，商业银行把这 10 万元的抵押贷款包在克扣了一个点之后卖给诸如两房那样的贷款公司，这意味着贷款公司愿意接受年利率为 5%的现金流，或者为了能接受年利率为 6%的现金流而愿意为这个贷款包支付超过 10 万元的价格。

那么贷款公司支付给商业银行 10.457 万元，如果这笔交易是在贷款发放后 1 个月之后完成，那么贷款公司的年化收益率为(10.457－10)＊12/10＝54.84％，商业银行拿到这笔贷款之后，如果直接转手那么就可以构造过手证券，当然也可以把这笔不变的现金流进行拆分，满足不同需求的投资人。

首先，每月 1 106.51 元的现金流可以拆分为一个标准的息票债券，以及 119 个零息票债券。具体的拆分过程如图 9.4.5 所示，图中 1 106.51 元的现金流拆分为两块：H 列表示的是标准债券，J 列表示的是 119 份期限分别为 1 个月、119 个月的零息债券。

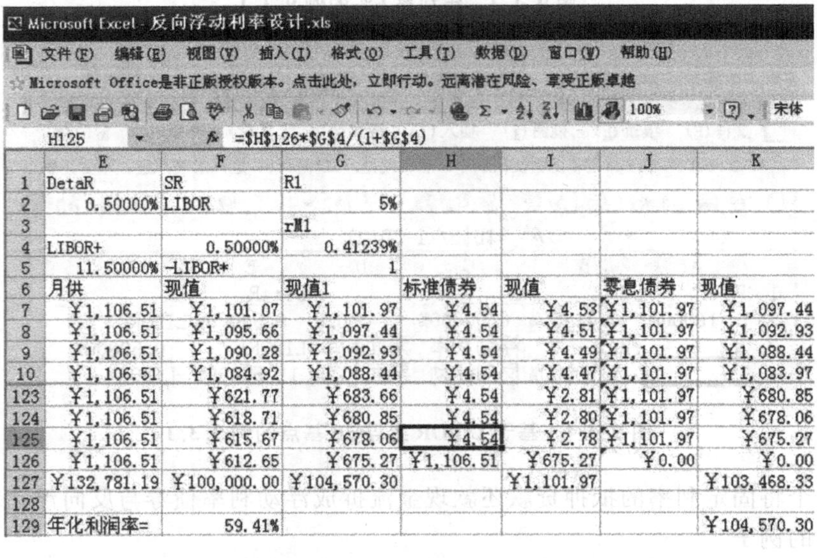

	E	F	G	H	I	J	K
1	DetaR	SR	R1				
2	0.50000%	LIBOR	5%				
3			rM1				
4	LIBOR+	0.50000%	0.41239%				
5	11.50000%	-LIBOR*	1				
6	月供	现值	现值1	标准债券	现值	零息债券	现值
7	￥1,106.51	￥1,101.07	￥1,101.97	￥4.54	￥4.53	￥1,101.97	￥1,097.44
8	￥1,106.51	￥1,095.66	￥1,097.44	￥4.54	￥4.51	￥1,101.97	￥1,092.93
9	￥1,106.51	￥1,090.28	￥1,092.93	￥4.54	￥4.49	￥1,101.97	￥1,088.44
10	￥1,106.51	￥1,084.92	￥1,088.44	￥4.54	￥4.47	￥1,101.97	￥1,083.97
123	￥1,106.51	￥621.77	￥683.66	￥4.54	￥2.81	￥1,101.97	￥680.85
124	￥1,106.51	￥618.71	￥680.85	￥4.54	￥2.80	￥1,101.97	￥678.06
125	￥1,106.51	￥615.67	￥678.06	￥4.54	￥2.78	￥1,101.97	￥675.27
126	￥1,106.51	￥612.65	￥675.27	￥1,106.51	￥675.27	￥0.00	￥0.00
127	￥132,781.19	￥100,000.00	￥104,570.30		￥1,101.97		￥103,468.33
128							
129	年化利润率=	59.41%					￥104,570.30

图 9.4.5　将月供现金流拆分为一个标准债券和 119 份零息债券

H 列的最后 1 期表示本息和的现金流为 1 106.51 元，我们设计其等于月供的现金流，而前 119 期仅为表示利息的现金流，为 4.54 元，是根据 H125 单元格中的计算公式算出来的："＝＄H＄126＊＄G＄4/(1＋＄G＄4)"。我们可以将 H125 单元格向上拉至 H7 单元格，就可以将这个公式复制上去。如果将最初房地产抵押按揭贷款的月供作为标准债券的本息和的话，应有：

$$P(1+r_m)=\text{月供}$$

也即：

$P=$ 月供$/(1+r_m)$

其中 P 为标准息票债券的本金，r_m 为月有效利率，那么知道了本金之后，月息票现金流则可以按照下列公式计算出来：

$C=P\times r_m=$ 月供$\times r_m/(1+r_m)$

当然这个标准息票债券也可以拆分为一个浮动利率债券和一个反向浮动利率债券，根据上文中计算的浮动利率和反向浮动利率，以及假设的条件，把计算出来的标准息票债券的本金 1 101.97 元分成两份，权重各为 0.5(即上文中给的 A 的值)，那么两份债券的本金都为 550.98 元。

假定基础利率的变动如图 9.4.6 所示，此基准利率通过在 Excel 中生成正态随机数的方式模拟得到，均值为 0.37%，方差为 0.05%，首先在工具选项中加载宏，再在宏的选项中加载“数据分析”一项，然后打开数据分析选择随机数发生器，然后就可以得到以下模拟数据作为 LIBOR 的近似。浮动利率与反向浮动利率的票面利率设计在上节中已经计算过了，在此不再赘述，浮动利率债券每月的息票为本金乘以浮动利率，反向浮动利率债券的息票为本金乘以反向浮动利率。由此可以计算出浮动利率债券和反向浮动利率债券的息票，得到如图 9.4.7 所示的结果。

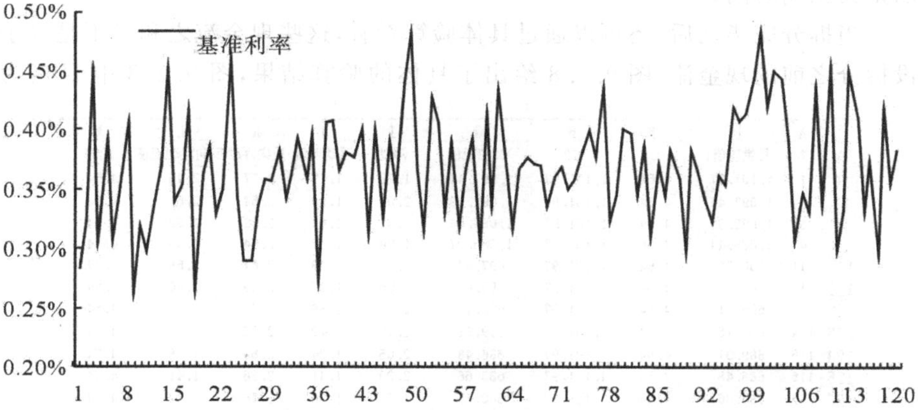

图 9.4.6 LIBOR 的利率变动

图 9.4.7 中 I 列为浮动利率债券现金流，K 列为反向浮动利率债券现金流，I10 单元格的计算公式为“= \$F\$3 * (H10+ \$D\$5)”，I120 单元格的计算公式有别于前面行要加上本金，计算公式为“= \$F\$3 * (1+(H129+ \$D\$5))”，同理 K10 单元格的计算公式为“= \$F\$4 * (\$B\$6－H10 * \$B

	A	E	H	I	K
9	T	C1	基准利率	浮动	反向浮动
10	1	￥4.54	0.281%	￥1.78	￥2.77
11	2	￥4.54	0.323%	￥2.01	￥2.54
12	3	￥4.54	0.453%	￥2.72	￥1.82
13	4	￥4.54	0.304%	￥1.90	￥2.64
14	5	￥4.54	0.392%	￥2.39	￥2.16
15	6	￥4.54	0.307%	￥1.92	￥2.63
121	112	￥4.54	0.331%	￥2.05	￥2.49
122	113	￥4.54	0.451%	￥2.71	￥1.83
123	114	￥4.54	0.410%	￥2.49	￥2.06
124	115	￥4.54	0.330%	￥2.05	￥2.50
125	116	￥4.54	0.373%	￥2.29	￥2.26
126	117	￥4.54	0.294%	￥1.85	￥2.70
127	118	￥4.54	0.419%	￥2.54	￥2.01
128	119	￥4.54	0.355%	￥2.19	￥2.36
129	120	￥1,106.51	0.382%	￥553.32	￥553.19

图 9.4.7 浮动和反向浮动利率债券现金流

$4)”,K120 单元格的计算公式有别于前面行要加上本金,计算公式为“=$F$4*(1+($B$6－H129*$B$4))”。至此,等额摊还法抵押贷款的现金流就被拆分为了一个浮动利率债券、一个反向浮动利率债券,以及 119 个零息票债券,这 119 个零息票债券的到期价格都为 1 101.97 美元,但是不同的是其到期时间。

当拆分完毕之后,还可以通过具体验算看看,这些现金流之和是不是等于没拆分之前的现金流,图 9.4.8 给出了具体的验算结果,图 9.3.8 中 D 列为

	A	D	E	F	G	I	J	K	L	M
9	T	月供现值1	C1	C2	C2的现值	浮动	浮动现值	反向浮动	反向浮动现值	验算
10	1	1,101.97	4.54	1,101.97	1,097.44	1.78	1.77	2.77	2.75	4.54
11	2	1,097.44	4.54	1,101.97	1,092.93	2.01	1.99	2.54	2.51	4.54
12	3	1,092.93	4.54	1,101.97	1,088.44	2.72	2.68	1.82	1.80	4.54
13	4	1,088.44	4.54	1,101.97	1,083.97	1.90	1.88	2.64	2.59	4.54
120	111	700.75	4.54	1,101.97	697.87	1.87	1.29	2.67	1.56	4.54
121	112	697.87	4.54	1,101.97	695.01	2.05	1.35	2.49	1.50	4.54
122	113	695.01	4.54	1,101.97	692.15	2.71	1.56	1.83	1.26	4.54
123	114	692.15	4.54	1,101.97	689.31	2.49	1.49	2.06	1.34	4.54
124	115	689.31	4.54	1,101.97	686.48	2.05	1.34	2.50	1.48	4.54
125	116	686.48	4.54	1,101.97	683.66	2.29	1.41	2.26	1.41	4.54
126	117	683.66	4.54	1,101.97	680.85	1.85	1.25	2.70	1.52	4.54
127	118	680.85	4.54	1,101.97	678.06	2.54	1.48	2.01	1.31	4.54
128	119	678.06	4.54	1,101.97	675.27	2.19	1.36	2.36	1.42	4.54
129	120	675.27	1,106.51	0.00	0.00	553.32	333.01	553.19	342.32	1,106.51
130		**104,570.30**		现值之和	**103,468.33**		**542.80**		**558.20**	
131										
132										
133			三个现金流现值之和		**104,569.34**					

图 9.4.8 现金流之和验算结果

等额月供根据年利率为5%水平下的贴现值,其最终求和为104 570.30元,把现金流分解为浮动利率债券和反向浮动利率债券之后,浮动利率债券和反向浮动利率债券现金流之和为标准息票债券的现金流,把这两个债券的现金流按年收益率为5%进行贴现得到J列和L列,其中J10单元格的公式为"=I10/(1+(H10+$D$5))^A10",L10单元格的公式为"=K10/(1+($B$6-H10*$B$4))^A10"。

由此,浮动利率债券现金流贴现值之和为542.80元;反向浮动利率债券现金流贴现值之和为558.20元;G列为119个零息票债券的现金流贴现值,其中G10单元格的公式为"=F10/(1+$E$2)^A10",零息票债券现金流贴现值之和为103 468.33元;把这三个现金流贴现值之和再加总得到总和为104 569.34元,与之前等额月供现值之和104 570.30元相差不到1元。造成这一误差的原因在于在年利率转化成月利率时有一点小偏差,抛开这一因素则可以认为两者基本相等,由此验证商业银行在将抵押贷款拆分为不同的债券出售后,在满足了不同投资者的投资需求的同时还保证了5%的年收益率。

第五节　中国建行首例CMO简介

2005年12月15日,中国建设银行以其发放的个人住房抵押贷款为支持资产,在银行间债券市场发行了"建元2005-1个人住房抵押贷款证券化信托",这标志着我国信贷资产证券化试点工作取得了阶段性成果,我国正式建立起了个人住房抵押贷款支持证券(MBS)市场。

一、交易结构

建设银行作为发起机构,将其上海、无锡、福州、泉州等四家分行符合相关条件的15 162笔个人按揭贷款共计37.12亿元,集合成为资产池,委托给受托机构——中信信托投资有限公司,受托机构以此设立信托,并在银行间市场发行信托收益凭证形式的MBS,MBS的持有人取得相应的信托收益权。交易结构见图9.5.1。

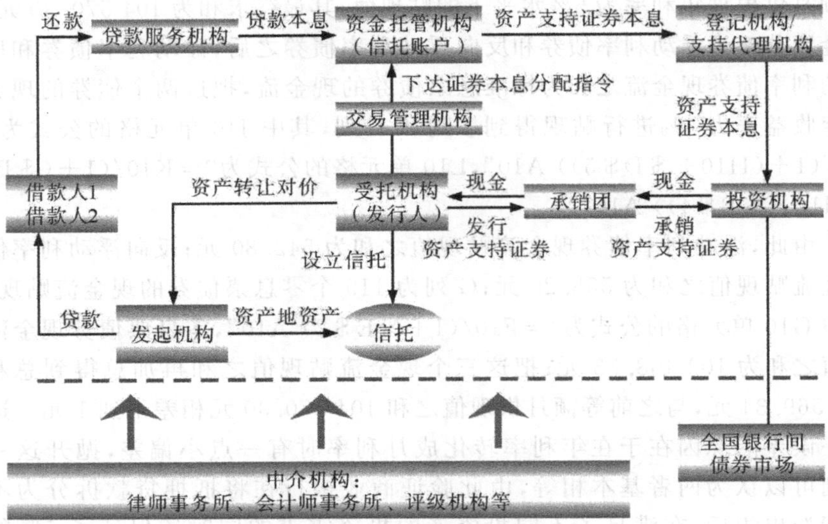

图 9.5.1　建行 CMO 的交易结构图

表 9.5.1　与资产支持证券发行有关的机构

发起机构/贷款服务机构/安排人/联合簿记管理人	中国建设银行股份有限公司
受托机构/发行人	中信信托投资有限责任公司
交易管理机构	香港上海汇丰银行有限公司北京分行
资金保管机构	中国工商银行股份有限公司
登记机构/支付代理机构	中央国债登记结算有限责任公司
联合簿记管理人	中国国际金融有限公司
信用评级机构	北京穆迪投资者服务有限公司
信用评级机构	中诚信国际信用评级有限责任公司
发起机构、贷款服务机构、交易管理机构、安排人和联合簿记管理人法律顾问	金杜律师事务所
国际结构融资法律顾问	富而德国际律师事务所
受托机构法律顾问	竞天公诚律师事务所
财务顾问	渣打银行(香港)有限公司
会计顾问	德勤.关黄陈方会计师行

建行此次推出总额超过30.16亿元的个人住房抵押贷款证券化信托，信托的法定最终到期日为2037年11月26日。建行本身将购买其中9 050万元的次级资产支持证券，其余的29.26亿元优先级资产支持证券将按照不同信用评级分为A、B、C三级。A级为26.69亿元，B级为2.03亿元，C级为5 279万元。CMO采取每月付息还本，并采用浮动利率。各级别的优先级资产支持证券的本息支付先于次级资产支持证券。

二、定价机制

证券浮动的票面利率为“基准利率”加上“基本利差”，计算票面利率的“基准利率”采用中国外汇交易中心每天公布的7天回购加权利率20个交易日的算术平均值，而“基本利差”则是通过“簿记建档”集中配售的方式进行最后的确定。同时发行人为规避自身的风险，对A、B、C档债券的票面利率设置了上限（CAP），分别为资产池加权平均利率减去1.19%、0.6%、0.3%。债券首次付息还本日为2006年1月26日，按照债券起息日确定的首个计息期基准利率1.42%计算，A、B、C档债券的票面利率分别为2.52%，3.12%，4.22%。

三、提前偿还风险分析

由于CMO的现金流来源于最开始的抵押贷款，如果按揭贷款人提前还款，就会影响贷款，从而影响现金流和CMO的价值。建行根据自身发放的按揭贷款提前还款的历史数据，给出了提前还款的假设，为每年有固定的12.98%按揭贷款人提前还款。按照这一假设，A级证券的平均回收期为3.15年，B级为10.08年，C级为12.41年。利率变化对提前还贷率的影响在国内和国外有所不同：国外，当市场利率下降时，就会导致贷款人提前偿付，转而借入利率更低的贷款，但是国内贷款人由于缺少其他融资模式，市场利率下降并不会导致大规模的还贷，反而是当市场利率上升时，国内贷款人倾向于提前还贷。

表 9.5.2 CMO 层次设计

	发行金额（人民币：元）	评级（中诚信国际）	发行方式	发行利率		加权平均期限
				形式	水平	
A 级	2 669 764 500	AAA	簿记建档	浮动	基准+1.1%	3.15 年
B 级	203 626 100	A	簿记建档	浮动	基准+1.7%	10.08 年
C 级	52 791 900	BBB	簿记建档	浮动	基准+2.8%	12.41 年
次级	90 500 638	未评级	建行自留	—	—	—

表 9.5.3 区域结构分布

担保物（抵押物）所在城市	贷款余额（元）	余额占比（%）	贷款笔数	笔数占比（%）	平均每笔余额（元）	加权平均初始抵押率（%）
上海	1 694 500 935	56.17	5 862	38.66	289 065	68.03
无锡	146 062 056	4.84	1 357	8.95	107 636	61.56
泉州	444 979 746	14.75	3 222	21.25	138 107	67.13
福州	731 140 401	24.24	4 721	31.14	154 870	66.41
合计	3 016 683 138	100.00	15 162	100.00	198 963	67.19

四、"资产池"情况介绍

资产池中的按揭贷款的抵押物来自上海、无锡、福州、泉州四地。这些贷款均为建行在2000年1月1日到2004年12月31日之间发放，单笔贷款金额最高为200万元，贷款期限在5到30年之间。在这些贷款中，大部分的贷款期限在20年之内，贷款人年龄大部分在30～35岁，贷款金额在20万元到30万元以及50万元到100万元之间的比例最高。其中，抵押物在上海的个人按揭贷款余额为16.94亿元，占所有贷款余额的比例为56.17%，平均每笔贷款余额为28.9万元。

按照建行2004年12月31日的统计，建行按揭贷款的不良贷款率为1.23%，另外，根据建行上海长宁支行、徐汇支行、普陀支行、浦东支行，江苏无锡分行、福建广达支行和福建泉州分行进行的预期贷款统计数据表明，一般拖欠1～3个月的贷款本金余额在整个贷款本金余额中的比例在8%左右。一般逾期6个月的贷款，才会进行起诉、仲裁等法律行动。但建行的数据也表明，拖欠 6 个月以上按揭款的比例远小于 1%。总的来说，按揭贷款的坏账率很低。

A 级证券票面利率在 2.52%左右，这一资金成本比银行从市场可以融到的资金成本高。对建行来说，短期来看，发行 CMO 所得收益可能并不如持有这些按揭贷款收益高，但从长远看，将按揭贷款证券化，为银行提供了经营上的另外一种盈利模式。

表 9.5.4 "资产池"中"抵押贷款"总体特征分析

贷款笔数	15 162
本金余额(人民币元)	3 016 683 138
单笔贷款最高本金余额(人民币元)	1 868 239
单笔贷款平均本金余额(人民币元)	198 963
合同金额(人民币元)	3 721 203 071
单笔贷款最高合同金额(人民币元)	2 000 000
单笔贷款平均合同金额(人民币元)	245 430
加权平均贷款年利率(%)	5.31
加权平均贷款合同期限(月)	205
加权平均贷款剩余期限(月)	172
加权平均贷款账龄(月)	32
加权平均贷款初始抵押率(%)	67.19
加权平均借款人年龄(岁)	36

资料来源：根据《21 世纪经济报道》2005 年 12 月 12 日的报道整理。

第十章 在险价值量VaR的计算

风险价值 VaR(value at risk),又称在险价值量,是指在正常市场环境下,一项投资或投资组合在给定置信水平和持有期间内预期的最大损失。例如,某一银行交易组合的日 VaR 在 99%的置信水平下是 100 万元,也就是说,该银行日经营业务的损失超过 100 万元的概率为 1%,换句话说,对于 100 次交易只有 1 次日损失超过 100 万元。

本章通过三种常用的风险价值估计方法对投资组合的风险价值进行估计,这三种方法分别是方差—协方差法、历史模拟法、蒙特卡洛模拟法。

第一节 在险价值量概述

一、VaR 的计算公式

投资组合的在险价值量 VaR 的基本公式为:

$$\mathrm{VaR}=W_0(\mu+\sigma Z) \tag{10.1.1}$$

其中 W_0 是初始投资金额;μ 是投资组合的预期投资收益率;σ 是投资组合的收益率的标准差;Z 是标准正态分布的分位数,可以由下面的公式得出:

$$1-\alpha=\int_{-\infty}^{Z}\frac{1}{\sqrt{2\pi}}e^{-\frac{x^2}{2}}dx \tag{10.1.2}$$

其中,α 是置信水平。对于标准正态分布的分位数 Z 的计算可以通过

Excel 软件中的 NORMSINV 函数实现：

$$Z=\text{NORMSINV}(1-\alpha) \tag{10.1.3}$$

二、VaR 的计算实例

(一)Excel 的计算

【例 10.1.1】 利用 Excel 软件求解下面的问题。已知投资总额为 100 万元，投资组合期望收益率为 12%，投资收益率标准差为 5%，求在 98%的置信水平下投资组合的 VaR 是多少？

首先在表格中输入以上数据，如图 10.1.1 所示。

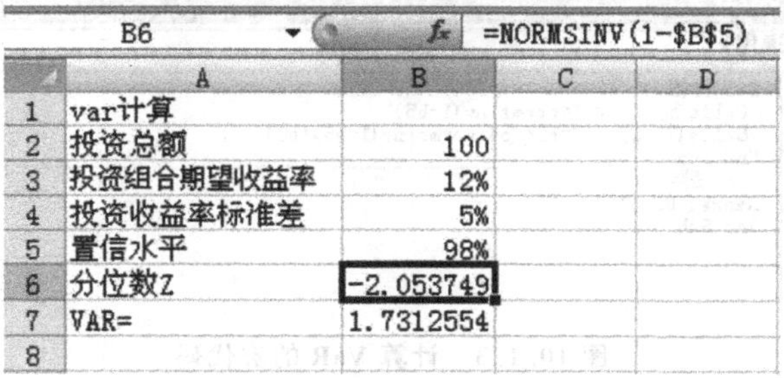
B6 =NORMSINV(1-$B$5)

	A	B	C	D
1	var计算			
2	投资总额	100		
3	投资组合期望收益率	12%		
4	投资收益率标准差	5%		
5	置信水平	98%		
6	分位数Z	-2.053749		
7	VAR=	1.7312554		
8				

图 10.1.1　例 10.1.1

在单元格 B6 中输入："＝NORMSINV(1－＄B＄5)"；

在单元格 B7 中输入："＝B2 * (B3＋B6 * B4)"，计算得此项投资的 VaR 为 1.73 万元。

(二)VBA 的计算

本题也可以设计 VBA 程序来计算 VaR 的模型。方法如下：

1. 模型结构的设计

设计如图 10.1.2 所示的结构。

这个模型和上面的例题的区别在于添加了两个命令按钮，即命令按钮"计算"和命令按钮"清除"，这样，在输入已知数据后，单击命令按钮"计算"即可计算出结果，单击命令按钮"清除"即可清除已知数据，回复模型初始状态，方便下一轮的计算。

2. 宏的设置

分别对命令按钮"计算"和命令按钮"清除"指定名为"计算"和"清除"的

	A	B	C	D
1	var计算			
2	投资总额		计算	
3	投资组合期望收益率			
4	投资收益率标准差		清除	
5	置信水平			
6	分位数Z			
7	VAR=			
8				

图 10.1.2　VaR 的 VBA 计算

宏,均放在同一模块下,并编辑如图 10.1.3 的程序代码。

```
var计算1-2.xls - 模块1 (代码)
(通用)    清除

Sub 计算()
 Cells(6, 2) = "=normsinv(1-b5)"
 Cells(7, 2) = "=b2*(b4*normsinv(1-b5)+b3)"
End Sub
Sub 清除()
Range("b2:b7") = ""
End Sub
```

图 10.1.3　计算 VaR 的宏代码

3. 数据输入

这样就可以在单元格 B2 到 B5 中输入已知的数据,然后单击命令按钮"计算",即可计算出这项投资的风险 VaR。结果与上面的方法一致,如图 10.1.4所示。

	A	B	C	D
1	var计算			
2	投资总额	100	计算	
3	投资组合期望收益率	12%		
4	投资收益率标准差	5%	清除	
5	置信水平	98%		
6	分位数Z	-2.05		
7	VAR=	1.73		

图 10.1.4　VBA 的计算结果

第二节 计算 VaR 的方差—协方差法

一、基于 EXCLE 的建模

计算 VaR 的方差—协方差法又称模型构建法，该方法是计算 VaR 最常用的方法。在观察期资产收益率的概率密度函数已经知道的情况下，计算 VaR。上面的假设就是概率密度函数符合正态分布。对于投资资产组合的期望和方差的求解方法可以参见资产组合相关章节。

我们通过例题来理解这种方法，我们计算一个投资组合的风险价值。

【例 10.2.1】利用 Excel 软件计算下面的问题。某个投资者用 10 万元投资到一个由 3 种证券组成的资产，期限为一年，经测算，各证券的收益率符合正态分布，有关数据如下面的表 10.2.1 和表 10.2.2 所示。计算在 95%的置信水平下投资组合的最大损失。

表 10.2.1 各证券的预期收益率、标准差和投资比例

	证券 1	证券 2	证券 3
预期收益率	6.00%	15.00%	9.00%
标准差	4.10%	5.34%	5.83%
投资比例	40.00%	30.00%	30.00%

表 10.2.2 各证券的相关系数矩阵

	证券 1	证券 2	证券 3
证券 1	100.00%	20.00%	−30.00%
证券 2	20.00%	100.00%	10.00%
证券 3	−30.00%	10.00%	100.00%

计算过程如下。

第一步：在 Excel 中输入已知数据，如图 10.2.1 所示。

	A	B	C	D
1	已知数据			
2	投资额（元）	100000		
3	证券数量	3		
4	置信水平	95%		
5	各证券的预期收益率、标准差和投资比例			
6		证券1	证券2	证券3
7	预期收益率	6.00%	15.00%	9.00%
8	标准差	4.10%	5.34%	5.83%
9	投资比例	40.00%	30.00%	30.00%
10	各证券的相关系数矩阵			
11		证券1	证券2	证券3
12	证券1	100.00%	20.00%	-30.00%
13	证券2	20.00%	100.00%	10.00%
14	证券3	-30.00%	10.00%	100.00%

图 10.2.1　例 10.2.1 的数据输入

第二步：计算组合的协方差矩阵、组合的收益率和标准差。关于协方差矩阵的计算，先列出标准差矩阵如图 10.2.2 所示。

15	计算过程			
16	标准差矩阵			
17		证券1	证券2	证券3
18	证券1	4.10%	0.00%	0.00%
19	证券2	0.00%	5.34%	0.00%
20	证券3	0	0	5.83%

图 10.2.2　计算协方差矩阵

在 B23 单元格输入公式："＝MMULT(B18:D20,MMULT(B12:D14,B18:D20))"，然后返回时矩阵运算需要同时按"ctrl＋shift＋enter"键。结果如图 10.2.3 所示。

21	协方差矩阵			
22		证券1	证券2	证券3
23	证券1	0.17%	0.04%	-0.07%
24	证券2	0.04%	0.29%	0.03%
25	证券3	-0.07%	0.03%	0.34%

图 10.2.3　协方差阵的计算结果

第三步：组合收益率和方差的计算。在 A27 单元格输入汉字"组合预期收益率"，在 B27 单元格中输入计算公式"＝B7 * B9＋C7 * C9＋D7 * D9"，结果为 9.6%；在 A28 单元格输入汉字“组合标准差”，在 B28 单元格中输入计算公式“＝SQRT(MMULT(B9:D9，MMULT(B23:D25，TRANSPOSE(B9:D9))))”，然后同时按“ctrl＋shift＋enter”键，得到结果 0.028645(如图 10.2.4 所示)。

B30　fx =B2*(B27+B28*NORMSINV(1-B4))

	A	B	C	D	E
26					
27	组合预期收益率	9.600%			
28	组合标准差	0.028645			
29					
30	VaR=	4888.34			

图 10.2.4　组合预期收益率与其标准差的计算

第四步：计算 VaR。方法和例 10.1.1 相同，在 A30 单元格中输入“VaR＝”，在 B30 单元格中输入公式“＝B2＊(B27＋B28＊NORMSINV(1－B4))”，计算结果为－4 888.34 元。这说明在 95%的置信水平下该投资的最大损失为－4 888.34，也就是说这一年的投资收益最低为－4 888.34 元。

二、基于 VBA 的建模

另一种建模方法是利用 Excel 的 VBA 来实现，它可以设计一个通用的模型，然后把数据输入直接计算出风险价值。模型设计如下：

(一)设计模型的结构

建立一个名为“投资风险价值方差—协方差方法计算模型”的工作簿，在 sheet1 中设计模型结构，如图 10.2.5 所示。

	A	B	C	D	E	F	G	H
1	已知数据			命令按钮		计算结果		
2	输入投资组合数据					预期收益率		
3	投资额（元）			准备		标准差		
4	证券数量					VAR		
5				计算		分散标准差		
6	输入置信水平					分散VAR		
7	置信水平			清除		非分散标准差		
8						非分散VAR		
9								
10								
11								

图 10.2.5　设计 VBA 的模型结构

这个模型中有三个命令按钮，其中"准备"按钮功能是在输入证券数量后，模型自动对工作表格格式化，方便用户输入数据。"计算"按钮的功能是计算出图10.2.5中F2到F8单元格的结果，其中在G4单元格中的结果就是本题的结果。"清除"按钮的功能是输入清除数据和计算结果，使模型恢复到上图的初始状态。

（二）编写"准备"的宏代码

对这三个命令按钮分别指定名为"准备""计算"和"清除"的宏，均放在同一模块下，并编辑如下的程序代码：

对于"准备"命令按钮指定一个名为"准备"的宏，并编写如下代码：

```
Sub 准备()
Dim n,i,j As Integer
n=Cells(4,2)
Cells(10,1)="输入各证券的预期收益率和投资比例"
Cells(10,1).HorizontalAlignment=xlCenter
Range(Cells(10,1),Cells(10,1+n)).Select
Selection.Merge
With Selection.Borders(xlEdgeBottom)
.LineStyle=xlContinuous
.Weight=xlMedium
End With
For i=1 To n
Cells(11,1+i)="证券" & i
Cells(11,1+i).HorizontalAlignment=xlCenter
Next i
Cells(12,1)="预期收益率"
Cells(13,1)="标准差"
Cells(14,1)="投资比例"
Range(Cells(12,1),Cells(14,1)).HorizontalAlignment=xlCenter
Range(Cells(12,1),Cells(14,1+n)).Select
With Selection.Borders(xlEdgeBottom)
.LineStyle=xlContinuous
.Weight=xlMedium
End With
```

```
Cells(15,1)="输入各投资证券间的协方差矩阵"
Cells(15,1).HorizontalAlignment=xlCenter
Range(Cells(15,1),Cells(15,1+n)).Select
Selection.Merge
With Selection.Borders(xlEdgeBottom)
.LineStyle=xlContinuous
.Weight=xlMedium
End With
For i=1 To n
Cells(16,1+i)="证券" & i
Cells(16,1+i).HorizontalAlignment=xlCenter
For j=1 To n
  Cells(16+j,1)="证券" & j
  Cells(16+j,1).HorizontalAlignment=xlCenter
Next j
Next i
For i=1 To n
For j=1 To n
Cells(16+i,1+j).Select
With Selection.Interior
  .ColorIndex=36
  .Pattern=xlSolid
End With
With Selection.Borders(xlEdgeLeft)
  .LineStyle=xlContinuous
  .Weight=xlMedium
  .Weight=xlThin
End With
With Selection.Borders(xlEdgeTop)
  .LineStyle=xlContinuous
  .Weight=xlMedium
  .Weight=xlThin
End With
```

```
With Selection. Borders(xlEdgeBottom)
  . LineStyle=xlContinuous
  . Weight=xlMedium
  . Weight=xlThin
End With
With Selection. Borders(xlEdgeRight)
  . LineStyle=xlContinuous
  . Weight=xlMedium
  . Weight=xlThin
End With
Next j
Next i
Range(Cells(16+n,1),Cells(16+n,1+n)). Select
With Selection. Borders(xlEdgeBottom)
. LineStyle=xlContinuous
. Weight=xlMedium
End With
End Sub
```

(三)编写"计算"的宏代码

对于"计算"命令按钮指定一个名为"计算"的宏,并编写如下代码:

```
Sub 计算()
Dim a,i,j As Integer
Dim myrange1,myrange2,myrange3,myrange4 As String
n=Cells(4,2)
For i=1 To n
For j=1+i To n
Cells(16+j,1+i)="=" & Chr(65+j)& 16+i
Next j
Next i
myrange1=Chr(66)& 12 & ":" & Chr(65+n)& 12
myrange2=Chr(66)& 13 & ":" & Chr(65+n)& 13
myrange3=Chr(66)& 14 & ":" & Chr(65+n)& 14
myrange4=Chr(66)& 17 & ":" & Chr(65+n)& 16+n
```

```
Cells(2,7)="=sumproduct(" & myrange1 & "," & myrange3 & ")"
Cells(3,7)="=sqrt(sumproduct(" & myrange3 & ",mmult(" & myrange3 & "," & myrange4 & ")))"
Cells(4,7)="=b3*(normsinv(1-b7)*g3+g2)"
Cells(5,7)="=g3"
Cells(6,7)="=b3*abs(normsinv(1-b7)*g5)"
Cells(7,7)="=sumproduct(" & myrange2 & "," & myrange3 & ")"
Cells(8,7)="=b3*abs(normsinv(1-b7)*g7)"
Range("g2:g3").NumberFormat="0.00%"
Range("g4").NumberFormat="0.00"
Range("g5").NumberFormat="0.00%"
Range("g6").NumberFormat="0.00"
Range("g7").NumberFormat="0.00%"
Range("g8").NumberFormat="0.00"
    Windows("VaR 计算 2.xls").Activate
    Windows("Book2").Activate
    Range("D8").Select
    ActiveSheet.Shapes("Button 3").Select
    ActiveSheet.Shapes("Button 3").Select
    Selection.Characters.Text="清除"
    With Selection.Characters(Start:=1,Length:=2).Font
        .Name="宋体"
        .FontStyle="常规"
        .Size=12
        .Strikethrough=False
        .Superscript=False
        .Subscript=False
        .OutlineFont=False
        .Shadow=False
        .Underline=xlUnderlineStyleNone
        .ColorIndex=xlAutomatic
    End With
    Range("D6").Select
```

```
ActiveSheet. Shapes("Button 3"). Select
End Sub
```

(四)编写“清除”的宏代码

对于“清除”命令按钮指定一个名为“清除”的宏，并编写如下代码：

```
Sub 清除()
Range(Cells(3,2),Cells(4,2))=""
Cells(7,2)=""
Range("g2:g8")=""
Rows("10:10000"). Select
Selection. Delete shift:=xlUp
End Sub
```

(五)利用此模型计算本节的例题

在B3单元格中输入初始投资额“100 000”，在B4单元格输入证券数量“3”，在B7单元格输入置信水平“95%”，然后单击“准备”按钮。得到如图10.2.6的结果。

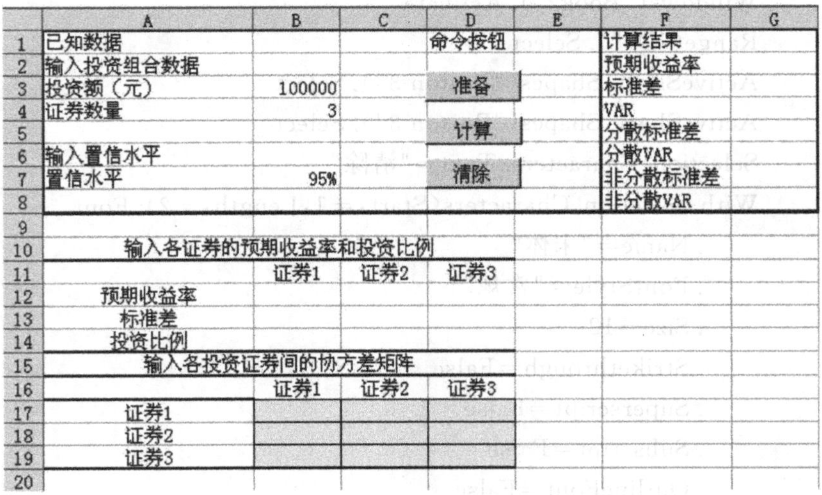

	A	B	C	D	E	F	G
1	已知数据			命令按钮		计算结果	
2	输入投资组合数据					预期收益率	
3	投资额（元）	100000		准备		标准差	
4	证券数量	3				VAR	
5				计算		分散标准差	
6	输入置信水平					分散VAR	
7	置信水平	95%		清除		非分散标准差	
8						非分散VAR	
9							
10	输入各证券的预期收益率和投资比例						
11		证券1	证券2	证券3			
12	预期收益率						
13	标准差						
14	投资比例						
15	输入各投资证券间的协方差矩阵						
16		证券1	证券2	证券3			
17	证券1						
18	证券2						
19	证券3						
20							

图 10.2.6　VBA 的计算

然后输入证券的预期收益率、标准差和投资比例，以及证券间的协方差矩阵。其中协方差矩阵在例题10.2.1的计算过程中已经得出。输入全部的已知数据后，单击“计算”命令按钮，我们可以计算出如图10.2.7的结果。其中 G4 单元格的结果就是风险价值 VaR。结果为 4 888.34，和上面例题的计算结果一致。

	A	B	C	D	E	F	G
1	已知数据			命令按钮		计算结果	
2	输入投资组合数据					预期收益率	9.60%
3	投资额（元）	100000		准备		标准差	2.86%
4	证券数量	3				VAR	4888.34
5				计算		分散标准差	2.86%
6	输入置信水平					分散VAR	4711.66
7	置信水平	95%		清除		非分散标准差	4.99%
8						非分散VAR	8209.46
9							
10	输入各证券的预期收益率和投资比例						
11		证券1	证券2	证券3			
12	预期收益率	6%	15%	9%			
13	标准差	4.10%	5.34%	5.83%			
14	投资比例	40%	30%	30%			
15	输入各投资证券间的协方差矩阵						
16		证券1	证券2	证券3			
17	证券1	0.17%	0.04%	-0.07%			
18	证券2	0.04%	0.29%	0.03%			
19	证券3	-0.07%	0.03%	0.34%			
20							

图 10.2.7 VBA 的计算结果

方差—协方差法的优点在于方法简单计算量小，不需要详细的历史数据，但是假设前提过于简单和理想化，可以用于快速估计一些包含大量彼此相同又独立的结构简单的资产组合的风险。

第三节 计算 VaR 的历史模拟法

一、基于 Excel 的建模

（一）VaR 的历史模拟法

所谓历史模拟法就是以历史数据为依据，通过已经实现的收益率和市场价值变化来模拟下一期的市场价值变化，从而计算出风险价值。历史模拟法的前提假设是历史数据在将来可能重演。其主要步骤为：

第一步：选择一定时间段内影响资产或组合的历史收益率的时间序列。

第二步：采用实际价格计算未来一天的变化可能。例如我们利用过去 n

+1天的市场价格可以得到n个价格变化，这n个价格变化就是未来一天股票变化的n种可能。然后再以当前的价格为基准，我们就可以模拟出来未来一天的价格变化情况了。

第三步：利用n个变化我们可以建立未来股票变化的概率分布，对于在一定置信水平下的VaR就可以找到一个可能的损失来对应。对于95%置信水平下的VaR，就是第$5\%\times n$个最坏的价值变化情况。

下面通过例题来理解一下历史模拟法的模拟计算过程。

(二)历史模拟法的Excel算法

【例10.3.1】利用Excel软件计算下面的问题。某投资者投资10万元到两种证券，证券1的投资比例为40%，证券2的投资比例为60%，两种证券过去201天的历史数据如表10.3.1所示，利用历史模拟法计算该项投资在95%置信水平下明天的风险价值VaR。

表10.3.1　两种证券201天的历史价格数据

时　期	证券1	证券2
0	7	10.31
1	6.94	10.19
2	6.5	9.5
3	7.12	10.81
4	7	10.81
5	7.41	10.63
6	7	10.69
…	…	…
198	75	13.53
199	73.13	12.5
200(今日)	70.25	12.22

计算过程如下。

第一步：在 Excel 中输入已知数据，如图 10.3.1 所示（数据太多，只列出部分数据）。

	A	B	C	D
1	初始投资10万元 投资比例为40%证券1，60%证券2			
2	两只证券201天的历史价格数据			
3	时期	证券1	证券2	
4	0	7	10.31	
5	1	6.94	10.19	
6	2	6.5	9.5	
7	3	7.12	10.81	
8	4	7	10.81	
9	5	7.41	10.63	
10	6	7	10.69	
11	7	7.44	11.88	
12	8	7.53	11.31	
13	9	7.31	11.69	
14	10	7.72	11.75	
15	11	8.84	11.5	
16	12	8.44	11.44	
17	13	8.44	10.88	
18	14	8.97	10.13	

图 10.3.1 数据的输入

第二步：计算过去 201 天股票价格变化的日收益率：

$$r=\frac{P_t}{P_{t-1}}-1$$

其中，r 为日收益率，P_t 为第 t 日的股票价格，P_{t-1} 为第 $t-1$ 日的股票价格。

如图 10.3.2 所示，在 B5 单元格输入公式“＝B5/B4－1”，然后利用自动填充功能得到证券 1 的 200 个日收益率数据，同理在 F5 单元格输入公式“＝C5/C4－1”，利用自动填充功能得到证券 2 的 200 个日收益率数据。在 Excel 中的计算结果如图 10.3.2 所示。

第三步：计算明日证券的 200 种情况。若今日的证券 1 价格为 70.25 元，证券 2 的价格为 10.22 元，则过去 201 天的日收益率变化为明日股票价格的 200 种变化可能，从而可以得到一个明日价格的概率分布。

如图 10.3.3 所示，在 H5 单元格输入公式：“＝(E6＋1) * 70.25”，然后利用自动填充功能得到明日证券 1 的 200 个可能的价格数据，同理在 I5 单元格

E5 =B5/B4-1

	A	B	C	D	E	F	G
1	初始投资10万元 投资比例为40%证券1，60%证券2						
2	两只证券201天的历史价格数据				证券的变化率[（P_t/P_{t-1}）-1]		
3	时期	证券1	证券2		证券1	证券2	
4	0	7	10.31				
5	1	6.94	10.19		-0.008571	-0.011639	
6	2	6.5	9.5		-0.063401	-0.067713	
7	3	7.12	10.81		0.0953846	0.1378947	
8	4	7	10.81		-0.016854	0	
9	5	7.41	10.63		0.0585714	-0.016651	
10	6	7	10.69		-0.055331	0.0056444	
11	7	7.44	11.88		0.0628571	0.111319	
12	8	7.53	11.31		0.0120968	-0.04798	
13	9	7.31	11.69		-0.029216	0.0335986	
14	10	7.72	11.75		0.0560876	0.0051326	
15	11	8.84	11.5		0.1450777	-0.021277	
16	12	8.44	11.44		-0.045249	-0.005217	
17	13	8.44	10.88		0	-0.048951	
18	14	8.97	10.13		0.0627962	-0.068934	

图 10.3.2 计算收益率

输入公式："＝(F5＋1) ＊ 12.22"，利用自动填充功能得到证券 2 的 200 个可能的价格数据。在 Excel 中的计算结果如图 10.3.3 所示。

H5 =(E5+1)*70.25

	H	I	J	K	L
1	今日证券价格			两只证券的初始投资额（元）	
2	证券1	证券2		证券1	证券2
3	70.25	12.22		40000	60000
4	明日的证券价格200种可能			明日两证券投资收益的200种可能	
5	69.64786	12.07777		-342.8571429	-698.3511154
6	65.79611	11.39254		-2536.023055	-4062.806673
7	76.95077	13.90507		3815.384615	8273.684211
8	69.06601	12.22		-674.1573034	0
9	74.36464	12.01652		2342.857143	-999.0749306
10	66.36302	12.28897		-2213.225371	338.664158
11	74.66571	13.58032		2514.285714	6679.139383
12	71.0998	11.63369		483.8709677	-2878.787879
13	68.19754	12.63057		-1168.658699	2015.915119
14	74.19015	12.28272		2243.502052	307.9555175
15	80.44171	11.96		5803.108808	-1276.595745
16	67.07127	12.15624		-1809.954751	-313.0434783

图 10.3.3 计算结果

第四步：计算明日投资收益的 200 种可能。方法类似于上一步，已知初始投资到证券 1 的资金为 4 万元，投资到证券 2 的资金为 6 万元，如图 10.3.4 所示，在 K5 单元格输入公式：“＝$K$3＊E5”，然后利用自动填充功能得到明日证券 1 的 200 个可能的投资收益数据，同理在 I5 单元格输入公式：“＝$L$3＊F5”，利用自动填充功能得到证券 2 的 200 个可能的投资收益数据。所以我们可以得出总投资收益，在 M5 单元格内输入公式：“＝K5＋L5”，然后利用自动填充功能得到明日总投资收益的 200 种可能。

fx =K5+L5

K	L	M
两只证券的初始投资额（元）		
证券1	证券2	总投资
40000	60000	100000
明日两证券投资收益的200种可能		总收益
-342.8571429	-698.3511154	-1041.21
-2536.023055	-4062.806673	-6598.83
3815.384615	8273.684211	12089.07
-674.1573034	0	-674.157
2342.857143	-999.0749306	1343.782
-2213.225371	338.664158	-1874.56
2514.285714	6679.139383	9193.425
483.8709677	-2878.787879	-2394.92
-1168.658699	2015.915119	847.2564
2243.502052	307.9555175	2551.458
5803.108808	-1276.595745	4526.513
-1809.954751	-313.0434783	-2123

图 10.3.4 总投资收益的模拟

第五步：我们对总收益进行升序排列，在 95%的置信水平下，对于这 200 个总投资可能构成的概率分布，第 10 个最差的投资收益为－7 925.92 元，所以风险价值 VaR 为 7 925.92 元。

方法如图 10.3.5 所示：选定这 200 个数据，然后在工具栏中选定升序排列 键，得到如下的结果，在 O14 单元格中的结果就是第 10 个最差的投资收益。

通过这题我们还可以回顾一下一些常用统计量的计算方法，我们利用 AVERAGE 函数、STDEV 函数、CORREL 函数、COVAR 函数可以分别计算两只证券的证券日变化率、证券价格和投资收益的平均值、标准差、相关系数和协方差，同时也可以求出总投资收益的期望和标准差。所有计算结果如图 10.3.6 所示。

O14 | f_x | -7925.92564249241

	N	O	P
1			
2			
3			
4		总收益(降序排列)	
5		-12503.76691	
6		-12498.95891	
7		-10633.2306	
8		-9942.462601	
9		-9897.142857	
10		-9359.769642	
11		-8394.972555	
12		-8278.713291	
13		-7942.001564	
14		-7925.925642	
15		-7684.98367	
16		-7197.101449	
17		-6598.829728	
18		-6462.957116	

图 10.3.5　计算最差的收益率

统计量	证券价格日变化率	证券1	证券2
	期望收益	0.0126285	0.00291
	标准差	0.0458912	0.0636814
	相关系数	0.2877605	
	协方差	0.0008368	
	明天证券价格	证券1	证券2
	期望价格	0.014109	0.0030797
	标准差	0.0492131	0.0633618
	相关系数	0.2718995	
	协方差	0.0007783	
	明天证券收益	证券1	证券2
	期望收益	0.0156424	0.0029146
	标准差	0.0521663	0.0633784
	相关系数	0.2737982	
	协方差	0.0007807	
	该历史模拟的预期平均收益为	679.74084	
	标准差	4690.9828	
	置信区间	0.95	
	第十个最差的收益	-7925.926	
	VAR=	7925.9256	

图 10.3.6　最后的计算结果

二、基于 VBA 的计算

本题也可以用 Excel 的 VBA 程序设计一个模型。过程类似于第二节介绍的步骤，模型设计具体方法如下：

（一）模型结构的设计

建立一个名为“投资风险价值历史模拟方法计算模型”的工作簿，在 sheet1 中设计模型结构，如图 10.3.7 所示。

	A	B	C	D	E	F	G	H
1	已知数据		命令按钮		计算结果			
2	输入投资组合的数据		准备		投资组合计算		风险价值计算	
3	初始投资额				期望均值		第(x)个最坏的收益	
4	证券数量		计算		收益率均值		风险价值VAR	
5	历史数据量-1 (m-1)				投资总股数			
6	置信水平		清除		期望投资收益			
7								
8								

图 10.3.7　模型的结构

这个模型中有三个命令按钮，其中“准备”按钮功能是在输入证券数量后，模型自动对工作表格格式化，方便用户输入数据。“计算”按钮的功能是计算出上图 F2 到 F6 单元格以及 H3 和 H4 单元格的结果，其中在 H4 单元格中的结果就是本题的结果。“清除”按钮的功能是输入清除数据和计算结果，使模型恢复到上图的初始状态。

（二）三个宏代码的编写

对这三个命令按钮分别指定名为“准备”“计算”和“清除”的宏，均放在同一模块下，并编辑如下的程序代码：

1.“准备”命令按钮的宏代码

```
Sub 准备()
Dim n,m,i As Integer
n=Cells(4,2)
m=Cells(5,2)
Cells(10,1)="输各个证券的投资比例"
Cells(10,1).HorizontalAlignment=xlCenter
Range(Cells(10,1),Cells(10,1+n)).Select
Selection.Merge
With Selection.Borders(xlEdgeBottom)
```

```
.LineStyle=xlContinuous
.Weight=xlMedium
End With
Cells(11,1)="证券"
For i=1 To n
Cells(11,1+i)="证券" & i
Cells(11,1+i).HorizontalAlignment=xlCenter
Next i
Cells(12,1)="投资比例"
Range(Cells(12,1),Cells(12,1+n)).Select
With Selection.Borders(xlEdgeBottom)
.LineStyle=xlContinuous
.Weight=xlMedium
End With
Cells(14,1)="输入各证券的历史数据"
Cells(14,1).HorizontalAlignment=xlCenter
Range(Cells(14,1),Cells(14,1+n)).Select
Selection.Merge
With Selection.Borders(xlEdgeBottom)
.LineStyle=xlContinuous
.Weight=xlMedium
End With
Cells(15,1)="日期"
Cells(15,1).HorizontalAlignment=xlCenter
For i=0 To m
Cells(16+i,1)=i
Cells(16+i,1).HorizontalAlignment=xlCenter
Next i
For i=1 To n
Cells(15,1+i)="证券" & i
Cells(15,1+i).HorizontalAlignment=xlCenter
Next i
Range(Cells(16+m,1),Cells(16+m,1+n)).Select
```

```
With Selection. Borders(xlEdgeBottom)
. LineStyle=xlContinuous
. Weight=xlMedium
End With
End Sub
```

2."计算"命令按钮的宏代码

```
Sub 计算()
Dim n,m,nm,i,j As Integer
Dim myrange1,myrange2,myrange3 As String
n=Cells(4,2)
m=Cells(5,2)
Cells(14,2+n)="计算过程"
Cells(14,2+n). HorizontalAlignment=xlCenter
Range(Cells(14,2+n),Cells(14,3+n)). Select
Selection. Merge
With Selection. Borders(xlEdgeBottom)
. LineStyle=xlContinuous
. Weight=xlMedium
End With
Cells(15,2+n)="投资组合价格"
Cells(15,3+n)="每期收益"
Range(Cells(15,2+n),Cells(15,3+n)). HorizontalAlignment=xl-
Center
For i=1 To m+1
sumt=0
For j=1 To n
sumt=sumt+Cells(12,1+j) * Cells(15+i,1+j)
Cells(15+i,2+n)=sumt
Next j
Next i
For i=1 To m
Cells(16+i,3+n)=Cells(16+i,2+n)-Cells(15+i,2+n)
Next i
```

```
Range(Cells(16+m,2+n),Cells(16+m,3+n)).Select
With Selection.Borders(xlEdgeBottom)
.LineStyle=xlContinuous
.Weight=xlMedium
End With
myrange1=Chr(66+n)& 17 & ":" & Chr(66+n)& 16+m
myrange2=Chr(67+n)& 17 & ":" & Chr(67+n)& 16+m
myrange3=Chr(66+n)& 16+m
Range("f3")="=average(" & myrange1 & ")"
Range("f4")="=average(" & myrange2 & ")"
Range("f5")="=b3/" & myrange3
Range("f6")="=f4 * f5"
Range("f3:f6").NumberFormat="00.0"
nm=Int(Cells(5,2) * (1-Cells(6,2)))
Range("g3")="第" & nm & "个最坏的收益"
Range("h3")="=small(" & myrange2 & "," & nm & ")"
Range("h4")="=f5 * abs(h3)"
Range("h3:h4").NumberFormat="00.0"
End Sub
```

3."清除"命令按钮的宏代码

```
Sub 清除()
Range("b3:b6").ClearContents
Range("f3:f6").ClearContents
Range("h3:h4").ClearContents
Range("g3")="第(x)个最坏的收益"
Rows("10:10000").Delete shift:=xlUp
End Sub
```

(三)模型应用

利用此模型可计算本节的例题。步骤如下。

第一步:在 B3 到 B6 单元格分别输入已知条件,初始投资额 10 万元,证券数量 2,历史数据个数为 201 个,所以在 B5 单元格输入 200,置信水平 95%,然后单击"准备"按钮。得到如图 10.3.8 的结果。

第二步:在 B12 和 C12 单元格中输入投资比例,注意,此处的投资比例实

已知数据
输入投资组合的数据
初始投资额
100000
证券数量
2
历史数据量-1 (m-1)
200
置信水平
95%
命令按钮
准备
计算
清除
计算结果
投资组合计算
期望均值
收益率均值
投资总股数
期望投资收益
风险价值计算
第(x)个最坏的收益
风险价值VAR
输入个证券的投资比例
证券
证券1
证券2
投资比例
输入各证券的历史数据
日期
证券1
证券2
0
1
2
3
4
5
6
7
8
9
199
200

图 10.3.8　输入已知条件

际是投资者购买股票数量的比例，而不是投资额的比例，所以，当今日证券 1 价格为 70.25，证券 2 的价格为 12.22 时，投资 40%的初始金额到证券 1，投资 60% 初始金额到证券 2 就意味着购买的股票数的比例约等于 1∶9，所以在 B12 单元格中输入 10%，而不是 40%，在 C12 单元格中输入 90%，而不是 60%。然后输入两只证券价格的历史数据。

输入已知数据后，单击“计算”命令按钮，我们可以计算出如图 10.3.9 的结果。其中 H4 单元格的结果就是风险价值 VaR。在置信区间为 95%的风险价值为第 10 个最坏的收益所对应的 VaR＝7 190.8，和上面的例题计算结果基本一致。

第四节　计算 VaR 的蒙特卡洛法

在第三节介绍的利用投资组合的历史数据来模拟计算风险价值，它是以股票价格的历史数据为基础，直接计算股票价格的变动率来得到每期的绝对收益，并以历史数据的最坏情况来确定投资组合的风险价值，这种方法尽管简单易行，但是由于证券市场千变万化，过去的股票价格并不能代表未来的情

L9

	A	B	C	D	E	F	G	H
1	已知数据		命令按钮		计算结果			
2	输入投资组合的数据		准备		投资组合计算		风险价值计算	
3	初始投资额	100000			期望均值	13.1	第10个最坏的收益	-01.3
4	证券数量	2	计算		收益率均值	00.0	风险价值VAR	7190.8
5	历史数据量-1（m-1）	200			投资总股数	5548.5		
6	置信水平	95%	清除		期望投资收益	223.2		
7								
8								
9								
10	输入个证券的投资比例							
11	证券	证券1	证券2					
12	投资比例	10%	90%					
13								
14	输入各证券的历史数据			计算过程				
15	日期	证券1	证券2	资组合价	每期收益			
16	0	7	10.31	9.979				
17	1	6.94	10.19	9.865	-0.114			
18	2	6.5	9.5	9.2	-0.665			
19	3	7.12	10.81	10.44	1.241			
20	4	7	10.81	10.43	-0.012			
21	5	7.41	10.63	10.31	-0.121			

图 10.3.9　计算结果

况，而对于蒙特卡洛方法，它的优点就是结合了方差—协方差法和历史模拟法，通过模拟随机数组构建一个未来价格的变化路径，即未来价格变化是满足随机过程的假设的，利用产生的随机价格通过历史模拟法的计算方法来计算投资组合的风险价值。实际上蒙特卡洛方法是上面两种方法的结合，它的优点就是在处理非线性的价格变化以及极端事件中发挥重要作用，但是也会产生模型设定风险。

一、蒙特卡洛方法的基本步骤

蒙特卡洛模拟的主要内容就是选择随机过程和其随机变量的分布，并估计相应的参数。例如我们可以利用下面的股票价格模型来估计未来一段时期的股票价格：

$$S_t = S_0 \exp\left[\left(\mu - \frac{\sigma^2}{2}\right)t + \sigma\varepsilon\sqrt{t}\right] \tag{10.4.1}$$

其中，μ 为股票在风险中性世界里的期望收益率，σ 为标准差，t 为时间间隔。若 μ 和 σ 为年收益率的期望和标准差，则 n 天的时间间隔表示为 $t=n/250$，此处 250 指的是一年股票交易的大约天数为 250 天，若 μ 和 σ 为日收益率的期望和标准差，则 n 天的时间间隔表示为 $t=n$。

产生一个随机变量的序列 $\varepsilon_i(i=1,2,3,\cdots,n)$。利用随机过程计算出未

来 t 时刻股票价格的 n 种可能 $S_{t\,1}, S_{t\,2}, \cdots, S_{t\,n}$。

利用这 n 种可能的价格来计算未来 t 时刻投资组合的价值变化，从而得出 n 种可能的投资收益。

在这 n 种可能的投资收益中，对于在一定置信水平下的 VaR 就可以找到一个可能的损失来对应。对于 95% 置信水平下的 VaR，就是第 $5\% \times n$ 个最坏的价值变化情况。

二、蒙特卡洛模拟的例子

（一）基于 Excel 的模拟计算

我们通过例题来理解这种方法，我们计算一个投资组合的风险价值。

【例 10.4.1】 利用 Excel 软件计算下面的问题。某投资者投资 10 万元到两种证券，证券 1 的投资比例为 40%，证券 2 的投资比例为 60%，两种证券有关数据如表 10.4.1 所示，利用蒙特卡洛法计算该项投资在 95% 置信水平下明天的风险价值 VaR。

表 10.4.1　例 10.4.1 中的数据

	证券 1	证券 2
今日价格	70.25	12.22
日期望收益	3%	1%
日标准差（波动率）	5%	6%

计算过程如下：

第一步：在 Excel 中输入已知数据，如图 10.4.1 和 10.4.2 所示。

	A	B	C
1		证券1	证券2
2	今日价格	70.25	12.22
3	日期望收益	3%	1%
4	日标准差（波动率）	5%	6%

图 10.4.1　例 10.4.1 中的价格与收益率数据

第二步：利用蒙特卡洛方法模拟明日价格。我们利用公式：

$$S_t = S_0 \exp\left[\left(\mu - \frac{\sigma^2}{2}\right)t + \sigma\varepsilon\sqrt{t}\right] \tag{10.4.2}$$

H	I	J
两只证券的初始投资额（元）		
证券1	证券2	总投资
40000	60000	100000

图 10.4.2　例 10.4.1 中的投资比例数据

其中已知股票的今日价格 S_0，日期望收益率 μ 和日波动率 σ，时间 $t=1$。利用 Excel 中的 NORMSINV(RAND()) 函数产生一个随机变量的序列 ε_i（$i=1,2,3,\cdots,n$），其中 NORMSINV(RAND()) 给出的是一个服从标准正态分布的抽样。这样就可以模拟出明天的股票价格的随机价格。如图 10.4.3 所示，在 B7 单元格输入公式"=＄B＄2＊EXP(＄B＄3－＄B＄4＊＄B＄4/2＋＄B＄4＊NORMSINV(RAND()))"，然后利用自动填充功能得到明日证券 1 的 1 000 个可能的价格数据。同理，在 C7 单元格输入公式"=＄C＄2＊EXP(＄C＄3－＄C＄4＊＄C＄4/2＋＄C＄4＊NORMSINV(RAND()))"，然后利用自动填充功能得到明日证券 2 的 1 000 个可能的价格数据。

得到的数据如图 10.4.3 所示（数据太多，只列出部分数据）。

B7　fx　=$B$2*EXP($B$3-$B$4*$B$4/2+$B$4*NORMSINV(RAND()))

	A	B	C	D	E	F	G
5	明日证券的蒙特卡洛模拟				证券的变化率[（Pt/Pt-1）-1]		
6	模拟次数	证券1	证券2		证券1	证券2	
7	1	65.2633	12.62806		-0.07099	0.033393	
8	2	73.12008	11.91432		0.040855	-0.02501	
9	3	73.94204	12.43929		0.052556	0.017945	
10	4	77.91989	11.45737		0.10918	-0.06241	
11	5	73.86359	12.8708		0.051439	0.053257	
12	6	75.99933	12.57962		0.081841	0.029429	
13	7	68.91408	12.31969		-0.01902	0.008158	
14	8	73.66091	13.1068		0.048554	0.072569	
15	9	68.59131	11.5858		-0.02361	-0.0519	
16	10	74.30668	12.51552		0.057746	0.024183	
17	11	73.25945	12.64568		0.042839	0.034835	
18	12	76.72687	12.47462		0.092197	0.020837	
19	13	69.57882	12.20876		-0.00955	-0.00092	
20	14	71.85717	12.6433		0.022878	0.03464	

图 10.4.3　蒙特卡洛模拟价格数据

第三步：计算过去 201 天股票价格变化的日收益率。其公式为：

$$r=\frac{P_t}{P_{t-1}}-1 \qquad (10.4.3)$$

其中，r 为日收益率，P_t 为第 t 日的股票价格，P_{t-1} 为第 $t-1$ 日的股票价格。

在 E7 单元格输入公式"＝B7/＄B＄2－1"，然后利用自动填充功能得到证券 1 的 1 000 个可能的明日收益率数据，同理在 F7 单元格输入公式"＝C7/＄C＄2－1"，利用自动填充功能得到证券 2 的 1 000 个可能的明日收益率数据。在 Excel 中的计算结果如图 10.4.3 所示。

第四步：计算明日投资收益的 1 000 种可能。

方法类似于上一步，已知初始投资到证券 1 的资金为 4 万元，投资到证券 2 的资金为 6 万元，如图 10.4.4 所示，在 H7 单元格输入公式"＝E7 * ＄H＄3"，然后利用自动填充功能得到明日证券 1 的 1 000 个可能的投资收益数据，同理在 I7 单元格输入公式"＝＄I＄3 * F7"，利用自动填充功能得到证券 2 的1 000个可能的投资收益数据。所以我们可以得出总投资收益，在 J7 单元格内输入公式"＝H7＋I7"，然后利用自动填充功能得到明日总投资收益的 1 000种可能。然后可以利用 RANK() 函数对这 1 000 个可能的收益进行排序，在 K6 单元格输入汉字"第 n 差收益"，然后在 K7 单元格输入公式"＝RANK(J7,＄J＄7:＄J＄1006,1)"，然后利用自动填充功能得到对这 1 000 个收益的升序排序，如图 10.4.4 所示。

LOOKUP =E7*$H$3

	H	I	J	K
5	明日两证券投资收益的1000种可能			
6	证券1	证券2	总收益	第n差收益
7	=E7*$H$3	4143.564029	1988.696	536
8	7519.002659	-1709.731067	5809.272	835
9	-113.3582895	-113.8811374	-227.239	317
10	5236.703789	-2009.038902	3227.665	651
11	-817.2159218	-450.4302609	-1267.65	232
12	1485.21784	2760.421978	4245.64	729
13	-46.91604973	1207.460899	1160.545	454
14	1804.177702	2435.060067	4239.238	727
15	2700.089492	4854.980451	7555.07	916
16	62.14499266	-285.6654679	-223.52	319
17	5948.636927	3726.327387	9674.964	972
18	1737.876968	-588.3220216	1149.555	452
19	1161.194612	1100.294058	2261.489	574
20	271.6551159	-3067.86198	-2796.21	142

图 10.4.4　计算明日收益的 1 000 种可能

第五步:对总收益率进行降序排列,计算 VaR。

如图 10.4.5 所示,在 M7 单元格输入公式"=SMALL($J$7:$J$1006,ROW(1:1))",然后在 N7 单元格输入公式"=SMALL($K$7:$K$1006,ROW(1:1))",所以在 95%的置信水平下,对于这 1 000 个总投资可能构成的概率分布,第 50 个最差的投资收益为-5 129.28 元,所以风险价值 VaR 为 5 129.28 元。通过键盘上的 F9 键,我们可以不断地重新抽样,从而可以重复上面的过程得出不同的风险价值 VaR。

M7 = =SMALL($J$7:$J$1006,ROW(1:1))

	M	N	O
3	置信区间	95%	
4	第50个最差的收益	-5129.28	
5	VAR=	5129.2802	
6	总收益(升序排列)	第n差收益	
7	-10942.93567	1	
8	-9811.885593	2	
9	-9651.220292	3	
10	-9118.428729	4	
11	-8812.782483	5	
12	-8514.575006	6	
13	-8459.025285	7	
14	-8305.172655	8	
15	-8285.867547	9	
16	-8053.650329	10	
17	-7532.23909	11	
18	-7450.808172	12	
19	-7445.144277	13	
20	-7336.994324	14	

图 10.4.5 VaR 的计算

此题也可以通过模拟的数据得出常见统计量,我们利用 AVERAGE 函数、STDEV 函数、CORREL 函数、COVAR 函数可以分别计算两只证券的证券日变化率、证券价格和投资收益的平均值、标准差、相关系数和协方差,同时也可以求出总投资收益的期望和标准差。结果如图 10.4.6 所示。

(二)基于 VBA 的模拟计算

对于蒙特卡洛方法也可以设计一个简单的 VBA 模型,从而简化计算过程,模型设计过程如下。

1. 设计模型的结构

建立一个名为"投资风险价值蒙特卡洛方法的计算模型"的工作簿,在

	O	P	Q	R
1	统计量	证券价格日变化率	证券1	证券2
2		期望收益	0.032538	0.012841
3		标准差	0.052367	0.061232
4		相关系数	-0.01255	
5		协方差	-4E-05	
6		明天证券价格	证券1	证券2
7		期望价格	72.53577	12.37692
8		标准差	3.678755	0.748252
9		相关系数	-0.01255	
10		协方差	-0.03452	
11		明天证券收益	证券1	证券2
12		期望收益	1301.506	770.474
13		标准差	2094.665	3673.907
14		相关系数	-0.01255	
15		协方差	-96504	
16		该历史模拟的预期平均收益为	2071.98	
17		标准差	4206.187	

图 10.4.6 最后的计算结果

sheet1 中设计模型结构，如图 10.4.7 所示。

	A	C	D	E	F	G
1	已知数据	命令按钮		计算结果		
2	输入投资组合的数据	准备		投资组合计算	风险价值计算	
3	初始投资额（元）			价格均值	第(x)个最坏的收益	
4	证券数量	计算		收益率均值	风险价值VAR	
5	未来计算的总期数			投资组合单位		
6	时间间隔	清除		期望投资收益		
7	置信水平					
8	总模拟次数					

图 10.4.7 VBA 的模型结构

这个模型中有三个命令按钮，其中"准备"按钮功能是在输入证券数量后，模型自动对工作表格格式化，方便用户输入数据。"计算"按钮的功能是计算出上图 F2 到 F6 单元格以及 H3 和 H4 单元格的结果，其中在 H4 单元格中的结果就是本题的结果。"清除"按钮的功能是输入清除数据和计算结果，使模型恢复到上图的初始状态。

2. 设计进度条

在利用蒙特卡洛方法计算投资组合的风险价值时，一般要进行多次循环计算，计算时间的长短取决于模拟的次数，我们可以设计一个进度条来反映模拟的进程。具体步骤如下。

第一步：在 VBA 编辑器中插入一个用户窗体 Userform1（见图 10.4.8），将 Caption 属性设置为“正在进行模拟运算”（见图 10.4.9）。

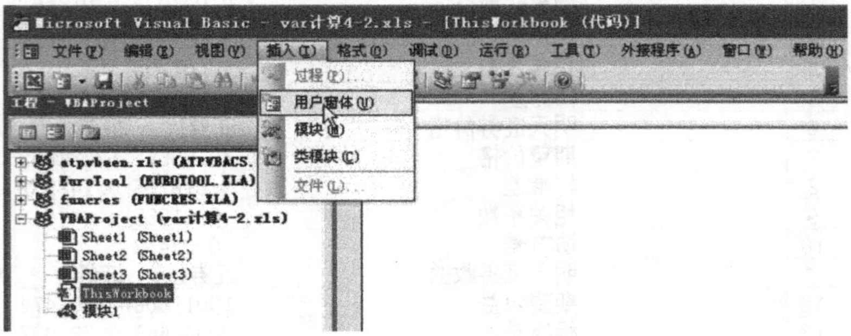

图 10.4.8 插入用户窗体

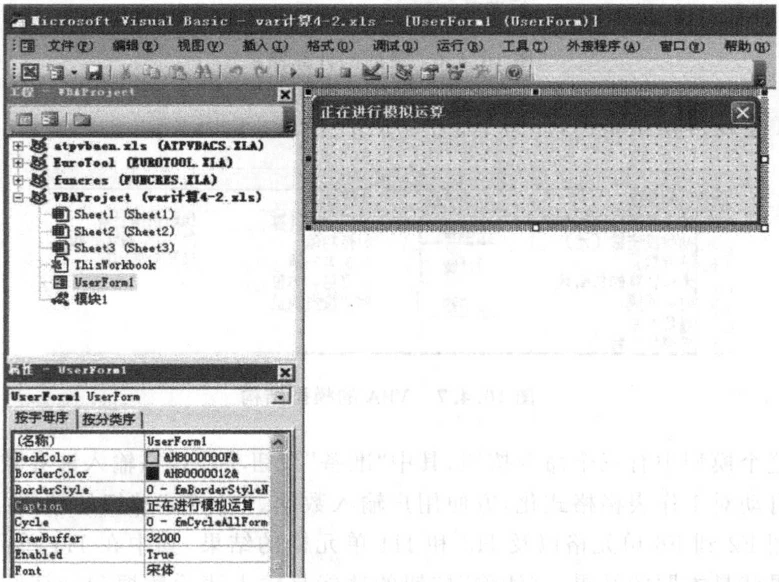

图 10.4.9 设置 Caption 属性

第二步：然后在窗体中插入两个文本框 Textbox1 和 Textbox2，将其 Height 属性设为 15，Width 属性设置为 225，见图 10.4.10，形成如图 10.4.11 所示的窗体。

图 10.4.10　设置 height 属性和 width 属性

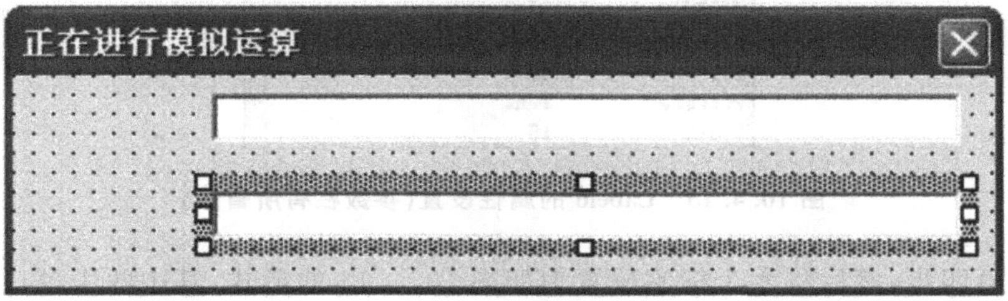

图 10.4.11　初步的窗体显示图

第三步:在用户窗体中再插入 6 个标签 Label1－Label6,设置成如图 10.4.12 所示。

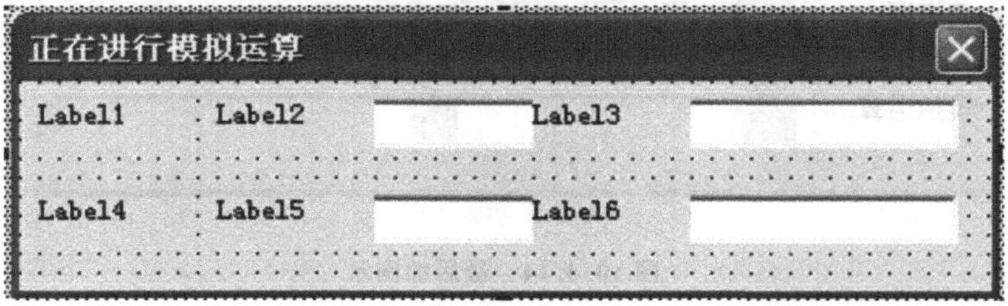

图 10.4.12　6 个 Label 初步的窗体显示图

Label1 和 Label4 的 Caption 属性分别设置为“总进度”和“模拟运算”。Label2 和 Label5 的 Caption 属性设置为空，Backcolor 设置为蓝色，Height 设置为 15，Width 设置为 20。Label3 和 Label6 的 Caption 属性设置为 0%，Backcolor 设置为蓝色，Height 设置为 15，Width 设置为 15。以 Label6 的设置为例，如图 10.4.13 所示。

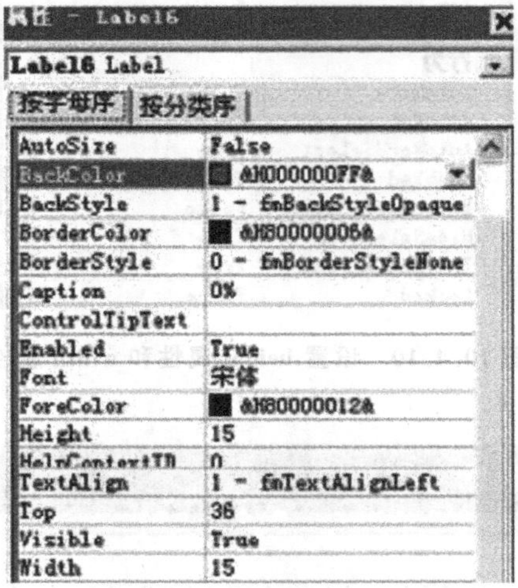

图 10.4.13 Label6 的属性设置(参数栏有所省略)

第四步：然后将六个标签放置为如图 10.4.14 的形式，其中两个窗口名表示的是 Label1 和 Label4；两个窗口左首的蓝色区域表示的是 Label2 和 Label5；两个窗口中部的红色区域表示的是 Label3 和 Label6。

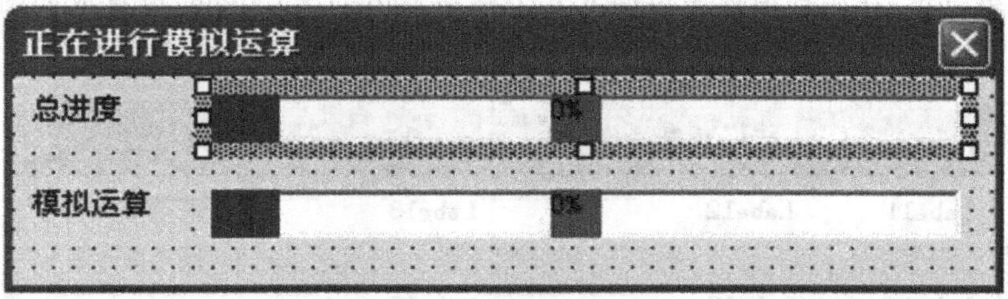

图 10.4.14 最后的图示

3. 三个宏代码的编写

对这三个命令按钮分别指定名为“准备”“计算”和“清除”的宏，均放在同一模块下，并编辑如下的程序代码：

(1)对于“准备”命令按钮指定一个名为“准备”的宏，并编写如下代码：

```
Sub 准备()
Dim n,m,i As Integer
n=Cells(4,2)
m=Cells(5,2)
Cells(10,1)="输入各证券的投资比例、初始价格、投资收益期望和标准差"
Cells(10,1).HorizontalAlignment=xlCenter
Range(Cells(10,1),Cells(10,1+n)).Select
Selection.Merge
With Selection.Borders(xlEdgeBottom)
.LineStyle=xlContinuous
.Weight=xlMedium
End With
Cells(11,1)="证券"
For i=1 To n
Cells(11,1+i)="证券" & i
Cells(11,1+i).HorizontalAlignment=xlCenter
Next i
Cells(12,1)="投资比例"
Cells(13,1)="年投资收益期望"
Cells(14,1)="年标准差"
Cells(15,1)="初始价格"
Range(Cells(15,1),Cells(15,1+n)).Select
With Selection.Borders(xlEdgeBottom)
.LineStyle=xlContinuous
.Weight=xlMedium
End With
End Sub
```

(2)对于“计算”命令按钮指定一个名为“计算”的宏，并编写如下代码：

```
Sub 计算()
Dim i,j,n,m,nm,nt As Integer
Dim dt,rd,z,sumt,sum1,sum2 As Single
```

```
Dim x1,x2,x3,x4,y1,y2 As Single
Dim myrange1,myrange2,myrange3 As String
n=Cells(4,2)
m=Cells(5,2)
nt=Cells(8,2)
dt=Cells(6,2)/250
ReDim w(n),p0(n),p1n(n),pcn(n),p(n,m),pp(m),rp(m)As Single
For i=1 To n
w(i)=Cells(12,i +1)
p1n(i)=Cells(13,i+1)
pcn(i)=Cells(14,i+1)
p(i,0)=Cells(15,i+1)
Next i
sumt=0
For i=1 To n
sumt=sumt+w(i) * p(i,0)
Next i
pp(0)=sumt
Rem UserForm1. Show
Rem UserForm1. Label2. Width=0
For j=1 To m
sum1=0
sum2 =0
For t=1 To nt
sumt=0
rd=Rnd()
z=Worksheets. Application. WorksheetFunction. NormSInv(rd)
For i=1 To n
p(i,j)=p(i,j-1) * Exp((p1n(i)-pcn(i) * pcn(i)/2) * dt+pcn(i) * z
* Sqr(dt))
sumt=sumt+w(i) * p(i,j)
Next i
sum1=sum1+sumt
```

```
Rem UserForm1. Label5. Width=Int(t/nt * 225)
UserForm1. Label6. Caption=CStr(Int(t/nt * 100))+"%"
Rem doevents
Next t
pp(j)=sum1 /nt
Rem UserForm1. Label2. Width=Int(j/m * 225)
Rem UserForm1. Label3. Caption=CStr(Int(j/m  * 100))+"%"
Rem DoEvents
Next j
Rem unload useform1
For j=1 To m
rp(j)=pp(j)-pp(j-1)
Next j
Cells(17,1)="计算过程——(模拟运算)" & nt & "次的平均值"
Cells(17,1). HorizontalAlignment=xlCenter
Range(Cells(17,1),Cells(17,3)). Select
Selection. Merge
With Selection. Borders(xlEdgeBottom)
. LineStyle=xlContinuous
. Weight=xlMedium
. ColorIndex=xlAutomatic
End With
For j=1 To m
Cells(17+j,1)=j
Cells(17+j,1). HorizontalAlignment=xlCenter
Cells(17+j,2)=pp(j)
Cells(17+j,3)=rp(j)
Range(Cells(17+j,2),Cells(17+j,3)). NumberFormat="0. 00"
Next j
myrange1="b18" & ":" & "b" & 17+m
myrange2="c18" & ":" & "c" & 17+m
myrange3="b18"
Range("f3")="=average(" & myrange1 & ")"
```

```
Range("f4")="=average(" & myrange2 & ")"
Range("f5")="=b3/" & myrange3
Range("f6")="=f4 * f5"
Range("f3:f6").Select
Selection.NumberFormat="0.00"
nm=Int(Cells(5,2) * (1-Cells(7,2)))
Range("g3")="第" & nm & "个最坏的收益"
Range("h3")="=small(" & myrange2 & "," & nm & ")"
Range("h4")="=f5 * abs(h3)"
Range("h3:h4").Select
Selection.NumberFormat="0.00"
MsgBox("模拟运算结束")
End Sub
```

(3)对于"清除"命令按钮指定一个名为"清除"的宏，并编写如下代码：

```
Sub 清除()
Range("b3:b8").ClearContents
Range("f3:f6").ClearContents
Range("h3:h4").ClearContents
Range("g3")="第(x)个最坏的收益"
Rows("10:10000").Delete shift:=xlUp
End Sub
```

4.通过例题来理解此模型

利用本模型可以计算下面例题的投资组合的风险价值。

【例 10.4.2】某个投资者用10万元投资到一个由3种证券组成的资产，期限为一年，有关数据如表10.4.2和图10.4.15所示。利用蒙特卡洛方法计算在95%的置信水平下投资组合的最大损失。

表 10.4.2 各证券的预期收益率、标准差和投资比例(股票数量比)和股票的现值

	证券 1	证券 2	证券 3
预期收益率	6%	15%	9%
标准差	4.10%	5.34%	5.83%
投资比例	40%	30%	30%
目前股票价格	20 元	15 元	30 元

	A	B	C	D	E	F	G
1	已知数据		命令按钮		计算结果		
2	输入投资组合的数据		准备		投资组合计算		风险价值计算
3	初始投资额（元）	100000			价格均值		第(x)个最坏的收益
4	证券数量	3	计算		收益率均值		风险价值VAR
5	未来计算的总期数	52			投资组合单位		
6	时间间隔	7			期望投资收益		
7	置信水平	95%	清除				
8	总模拟次数	200					
9							
10	输入各证券的投资比例、初始价格、投资收益期望和标准差						
11	证券	证券1	证券2	证券3			
12	投资比例						
13	年投资收益期望						
14	年标准差						
15	初始价格						
16							

图 10.4.15 例 10.4.2 的工作表

利用上面的模型，假设对模型进行模拟是以 7 天为间隔的，则一年的时间未来计算的总期数为 52，假设进行 200 次模拟，将已知条件输入 B3 到 B8 单元格，然后单击“准备”命令按钮，得到如图 10.4.15 的工作表格。

然后将表 10.4.2 中的数据输入单元格，然后单击“计算”按钮，得到如图 10.4.16 中的结果。

	A	B	C	D	E	F	G	H
1	已知数据		命令按钮		计算结果			
2	输入投资组合的数据		准备		投资组合计算		风险价值计算	
3	初始投资额（元）	100000			价格均值	23.29	第2个最坏的收益	-0.27
4	证券数量	3	计算		收益率均值	0.05	风险价值VAR	1252.82
5	未来计算的总期数	52			投资组合单位	4642.34		
6	时间间隔	7			期望投资收益	234.88		
7	置信水平	95%	清除					
8	总模拟次数	200						
9								
10	输入各证券的投资比例、初始价格、投资收益期望和标准差							
11	证券	证券1	证券2	证券3				
12	投资比例	40%	30%	30%				
13	年投资收益期望	6%	15%	9%				
14	年标准差	4.10%	5.34%	5.83%				
15	初始价格	20	15	30				
16								
17	计算过程--(模拟运算)200次的平均值							
18	1	21.54	0.04					
19	2	21.34	-0.20					
20	3	21.24	-0.10					
21	4	21.62	0.38					
22	5	21.60	-0.02					
23	6	21.72	0.12					
24	7	21.79	0.06					

Microsoft Excel

模拟运算结束

确定

图 10.4.16 计算结果

所以该投资在 95％的置信水平下的风险价值 VaR 为 1 252.82 元。

蒙特卡洛方法是金融衍生品定价的一种很重要的基本数值方法，尤其在处理非线性的金融产品定价和预测时有其独特的优势。

图书在版编目(CIP)数据

Excel 与金融工程学/周爱民,张晓斌编著. —厦门:厦门大学出版社,2010.7(2019.1 重印)

(南开大学金融学本科教材系列)

ISBN 978-7-5615-3592-9

Ⅰ.①E… Ⅱ.①周…②张… Ⅲ.①电子表格系统,Excel-应用-金融学-高等学校-教材 Ⅳ.①F830-39

中国版本图书馆 CIP 数据核字(2010)第 123756 号

出 版 人 蒋东明
责任编辑 吴兴友
封面设计 陈 凌 陶晓锋
技术编辑 朱 楷

出版发行 厦门大学出版社
社　　址 厦门市软件园二期望海路 39 号
邮政编码 361008
总 编 办 0592-2182177 0592-2181406(传真)
营销中心 0592-2184458 0592-2181365
网　　址 http://www.xmupress.com
邮　　箱 xmupress@126.com
印　　刷 三明市华光印务有限公司

开本 720mm×970mm 1/16
印张 17.25
插页 2
字数 300 千字
印数 9 001～12 000 册
版次 2010 年 7 月第 1 版
印次 2019 年 1 月第 4 次印刷
定价 35.00 元

厦门大学出版社
微信二维码

厦门大学出版社
微博二维码